W0083294

Daniel Hell

Welchen Sinn macht Depression?

Das depressive Geschehen als Schutz und Botschaft

Ein integrativer und
evolutionärer Ansatz

Rowohlt

1. Auflage August 1992
Copyright © 1992 by Rowohlt Verlag GmbH,
Reinbek bei Hamburg
Alle Rechte vorbehalten
Umschlag- und Einbandgestaltung von Rainer Uhlen
Umschlagfoto: Jörg Reichardt
Foto des Autors: Lauris Muischneck
Satz aus der Bembo (Linotronic 500)
Gesamtherstellung Clausen & Bosse, Leck
Printed in Germany
ISBN 3 498 02916 9

Die Depression ist gleich einer Dame in Schwarz. Tritt sie auf, so weise sie nicht weg, sondern bitte sie als Gast zu Tisch und höre, was sie zu sagen hat.

C. G. Jung zugeschrieben

Inhaltsverzeichnis

Einführung

Depressionen spielen sich im verborgenen ab. Sie gehören zur dunklen Seite des Lebens. Von der lichten Seite her sind sie nur unscharf wahrzunehmen. Selbst schwerere Leidensformen können von geblendeten Augen übersehen werden. Wer aber das drückende Gewicht von Depressionen erfahren hat, weiß um ihre Macht. Er wird sich gegen sie zur Wehr setzen wollen.

Trotz aller Abwehrversuche und trotz Blendung oder Verleugnung scheinen depressive Leidensformen heute immer häufiger zu werden. Müssen wir uns also verstärkt der Depression zuwenden und uns mit ihr auseinandersetzen?

Ich bin überzeugt, daß dies nötig ist. Ich versuche in diesem Buch aufzuzeigen, daß sich die Auseinandersetzung mit der dunklen Seite des Lebens lohnt. Dies ist nicht neu. Seit jeher haben Dichter und Denker die Grundfragen des menschlichen Lebens mit dem Schattenbereich der Welt in Beziehung gebracht. Auch die Depressionsproblematik hat die Menschen, seit es schriftliche Zeugnisse gibt, nie losgelassen. Sie ist «der Geheimnisspiegel, in dem sich der Mensch sehen will»[1].

Angesichts der großen dunklen Bedeutung depressiver Dynamik ist es einleuchtend, daß jede Zeit nach ihrem eigenen Verständnis dieses grundlegenden menschlichen Rätsels gesucht hat. Heute erscheint mir ein neuer Versuch vor dem Hintergrund veränderter psychologischer, sozialer und biologischer Einsichten lohnenswert. Viele Einzelbeobachtungen lassen mich die These vertreten, daß die Depression eine besondere Reaktionsmöglichkeit darstellt, die den Menschen vor Desintegration schützt, wenn eine Verlustsituation nicht mehr anders bewältigt werden kann. Meine eigene biographische Auseinandersetzung mit der Thematik, die ärztliche Begleitung vieler Depressiver in Klinik und Ambulanz und die familienorientierten Forschungsbemühungen haben meine Faszination für das depressive Geschehen stetig wachsen lassen. Dies hat mir schließlich den Mut gegeben, in diesem Buch einen neuen Zugang zu einer altbekannten Problematik zu beschreiben, einen Zugang, der das depressive Leiden nicht einfach auflösen will, sondern zu seinem Verständnis beitragen soll – und hoffentlich auch zu seiner Linderung.

Worin unterscheidet sich nun mein Vorgehen von anderen Versuchen in der psychiatrischen Literatur, die es in großer Zahl gibt?

Ausblick auf das Umfassendere

Zuvörderst liegt mir daran, die wichtigsten aktuellen Untersuchungsresultate ganz unterschiedlicher Forschungsbereiche zu einem sinnvollen Ganzen zu verbinden. Die meisten wissenschaftlichen Autoren beschränken sich auf psychologische, soziologische oder biologische Teilaspekte depressiver Erkrankungen. Oder sie tragen summarisch die Ergebnisse verschiedener Forschungsbereiche zusammen, indem sie sie nebeneinanderstellen, ohne eine Integration, d. h. die Herstellung einer Ganzheit zu versuchen. Sie tun dies zum Teil mit gutem Grund. Dennoch haben diese Vorgehensweisen auch ihre Nachteile: So kann sich die kundige Selbstbeschränkung auf ein Teilgebiet so auswirken, daß dieser Teilaspekt mangels anderer Sichtweisen in den Augen des Lesers – und mitunter auch des Forschers – überhandnimmt und als größeres Ganzes statt als kleiner Ausschnitt (pars pro toto) bewertet wird. Umgekehrt kann die korrekte Sammlung von möglichst vielen Daten eines Autors, der die Forschungsergebnisse umfassend zusammenstellen will, nicht nur ermüdend wirken, sondern unbesehen in der Wahrnehmung des Lesers doch ein – allerdings zufälliges – Muster erhalten, weil das menschliche Gehirn nicht ungeordnet tausend Daten nebeneinander speichern kann.

Aber auch mein Vorgehen ist nicht ohne Risiko. In dem Anspruch, das körperliche, seelische und soziale Geschehen bei depressiven Menschen in einer integrierten Gesamtschau zu erfassen, lauert auch immer die Gefahr, ganz unterschiedliche Forschungsdaten in naiv-forscher Weise zu einem beliebigen Sammelsurium zu verarbeiten, ohne die Unvereinbarkeit der einbezogenen Forschungsebenen zu beachten.[2]

Um das Ziel einer integrativen Perspektive möglichst ohne Abgleiten ins Beliebige zu erreichen, ist ein mehrstufiges Vorgehen angezeigt. Im vorliegenden Buch sollen die unterschiedlichen Ebenen, also das psychologische, das soziale und das biologische System, zuerst je für sich dargestellt werden, bevor eine Koppelung unter gemeinsamer Klammer angestrebt wird. Beim Zusammentragen der grundlegenden Depressionsbefunde benütze ich die einzelnen Wissenschaften der Psychologie, der Kommunikationslehre und der biologischen Psychiatrie gleichsam als Landkarten, um in der Depressionslandschaft eine Orientierung zu haben. So ist der zweite Teil des Buches dem subjektiven Erleben des Depressiven gewidmet. Der dritte Teil faßt die zwischenmenschlichen Beziehungsweisen Depressiver zusammen. Der vierte konzentriert sich auf körperliche Veränderungen in der Depression.

Erst nachdem jede Ebene gemäß ihrer eigenen Logik besprochen worden ist, soll in einem zweiten Schritt Ausschau gehalten werden nach dem Ganzen, das bekanntlich mehr ist als bloß die Summe seiner Teile. Dieses «Mehr» bildet in sinngebend–verbindenden Strukturen eine Art höhere Ordnung. Der Suche nach diesem «Mehr», nach dieser übergeordneten Dynamik, ist der fünfte Teil des Buches gewidmet. Entsprechend seiner vernetzenden Aufgabe trägt er den Titel «Depression – integrativ gesehen».

Alle noch so weit vorangetriebenen Bemühungen um das Erklären und Verstehen depressiver Probleme würden jedoch Selbstzweck bleiben, wenn sie nicht auf therapeutischen Erfahrungen gründeten und in therapeutische (Be-)Handlungsanweisungen mündeten. Deshalb werde ich im Schlußkapitel auch Folgerungen aus der Gesamtschau für die Behandlung und die Betreuung depressiver Menschen zu ziehen versuchen.

Der systematische Aufbau des Buches bringt es mit sich, daß die einzelnen Teile geschlossene Einheiten bilden. Trotzdem wird der gedankliche Inhalt des Werkes – wie in einem Roman – fließend entwickelt. Er bildet ein Ganzes. Grundlagen und Erkenntnisse werden Schritt für Schritt herbeigeleitet, bis sie in eine einheitliche Schlußfolgerung münden. Mit dieser fließenden Darstellungsform ist ein zweites inhaltliches Charakteristikum verbunden, das mein Depressionsbuch von anderen unterscheidet.

Veränderte Fragestellungen

Gewöhnlich versuchen Depressionsforscher Antwort auf die Frage zu geben, *warum* eine depressive Erkrankung eintritt. Mit dieser «kausalen» (auf die Ursachen bezogenen) Art der Fragestellung wird jedoch das Untersuchungsfeld – und damit auch die Zahl und Art der möglichen Antworten – bereits eingeschränkt. Ich möchte deshalb auch noch einer anderen Frage Raum geben: der Frage *«Wozu?»*, «zu welchem Ziele?», die im Laufe der letzten Jahrzehnte wissenschaftlich dank der Kybernetik wieder mehr Bedeutung gewonnen hat. Dies ist aber auch die Frage, die einen Roman spannend macht: Wohin führt die Handlung? Wozu tut der Held das? Diese auf das Ziel gerichtete («finale») Frage ist es, die auch unseren Alltag zumeist leitet: Wozu muß ich um acht Uhr aufstehen? Damit ich um Punkt neun Uhr im Geschäft bin. Rein kausale Fragestellungen würden unser Leben praktisch nicht führbar machen. Wie soll ich denn kausal erklären, daß ich um acht Uhr aufstehen muß, obwohl ich noch müde bin und das Bett so kuschelig warm ist?

Der Vorteil einer um das «Wozu?» erweiterten Fragestellung liegt auch wissenschaftlich darin, daß sich neue Antwortmöglichkeiten ergeben. Diese können wiederum zu neuen Sichtweisen und praktikableren Handlungsanweisungen führen. Solange eine Depression ausschließlich als pathologische Folge schädlicher Kindheitsverhältnisse, als Wirkung einer belastenden Lebens- und Beziehungssituation oder als Konsequenz einer biologischen Stoffwechselstörung betrachtet wird, werden nur Warum-Fragen beantwortet. Infolgedessen wird die Depression als Endglied einer kürzeren oder längeren Kausalkette gesehen. Erst die Frage nach der Botschaft, die eine Depression ebenfalls enthält, oder die Frage, wie denn der

betroffene Mensch in der belastenden Lebenssituation ohne
Depression zurechtkommen könnte, führt über das gewohnte
Denkschema einer ausschließlich kausal gesehenen Welt hin-
aus.

Diese über das «Warum?» hinausführende Frage- und Sichtweise ist in der Psychiatrie und Psychotherapie nicht prinzi-
piell neu. Doch sind Wozu-Fragen lange Zeit von älteren Therapeuten eher intuitiv als systematisch angewandt worden.

So hat zum Beispiel C. G. Jung[3] ein großartiges «finales»
Bild geprägt, um die Depression zu beschreiben. Sie gleiche,
sagte er, einer schwarz gekleideten alten Dame. Wenn diese
«Frau in Schwarz» auftauche, solle man sie nicht vertreiben,
sondern im Gegenteil als Gast zu Tisch bitten und hören, was
sie zu sagen habe. Ein anderer führender Psychotherapeut,
Victor Emil Freiherr von Gebsattel, empfiehlt, sich auf die Depression einzulassen und dem Patienten gewissermaßen Mut
zur Depression zu machen: «Nicht ist hier die Not dem Not-
leidenden auszureden, sondern umgekehrt: Aufgestellt muß
sie werden rings um ihn, wie ein Spiegel seines in die Irre der
Lebensflucht ausgewichenen Daseins.»[4]

Zeigen diese Beispiele aber nicht auch, daß eine zielorien-
tierte, «finale» Sichtweise zur *Rechtfertigung* des Leidens herangezogen werden kann? Wird hier nicht eine Not in eine
Tugend verkehrt? Kann Leiden in dieser Art überhaupt angenommen, psychischer Schmerz günstig bewertet werden? Ist
dies nicht Zynismus?

In der Tat machen die wenigen Beispiele schon deutlich, wie
sorgfältig «kausale» von «finalen» Überlegungen abgegrenzt
werden müssen. So ist die Beantwortung der Sinnfrage, des
Wozu, nicht gleichzusetzen mit einem Kausalzusammenhang,
darf die mögliche Schutzfunktion einer Depression oder der
Botschaftscharakter depressiven Verhaltens nicht gleichzeitig

als Erklärung für das Warum depressiven Leidens genommen werden. Und ebenso kurzschlüssig muß das Gleichsetzen einer zielgerichteten Funktion der Depression mit (bewußter) Manipulation oder (unbewußtem) masochistischem Leidenswunsch des Depressiven bleiben.[5]

Vom Symptom zur Sinnhaftigkeit

Die Berücksichtigung der Sinnfrage depressiven Leidens führt zum dritten Charakteristikum, das die Anlage dieses Buches von anderen Depressionsschriften unterscheidet. Gegenstand der meisten Publikationen ist ein Depressionsverständnis, das eine Depression als medizinische oder – etwas seltener – als familiäre oder gesellschaftliche Störung sieht. Dadurch wird die depressive Problematik als Folge eines Defekts in einem ganz bestimmten Bereich verstanden. Wird von einem solchen Störungsmuster ausgegangen, läßt sich zwar eine depressive Veränderung teilweise auf objektivierende Weise klären. In der alltäglichen Begleitung depressiver Menschen wie auch in der therapeutischen Situation wird aber eine solche Sichtweise nur von begrenztem Wert und Nutzen sein. Sie kann gleichsam das Pathologische festlegen, nicht aber die ganz persönliche Art und Weise verstehen lassen, wie eine depressive Person auf je eigene Weise reagiert. In dem Bestreben, sowohl den überindividuellen wie den persönlichen Aspekt eines erkrankten Menschen zu würdigen, hat man versucht, zwischen einem krankhaften Verhalten einerseits und einer persönlichen Auseinandersetzung des Patienten mit seiner Krankheit andererseits zu unterscheiden. Diese gedankliche Aufteilung in einen kranken und einen gesunden Teil des Individuums, beziehungsweise in ein «pathologisches Objekt» und ein «ge-

sundes Subjekt», ist jedoch im Alltag schwer durchzuhalten.
Zudem widerspricht sie dem ganzheitlichen Erleben Depressiver.

Wird ein anderes Verständnis der anthropologischen Besonderheit depressiven Leidens besser gerecht? Ich verstehe depressives Leiden nicht mehr bloß als Störungsmuster beziehungsweise als Defekt eines Systems. An die Stelle einer gestörten Ordnung setze ich im Sinne der modernen «organismischen» Sichtweise die Vorstellung einer depressiv veränderten Organisationsform des Menschen.[6] Bei einem solchen Verständnis steht nicht mehr die Suche nach einer lokalen Störung im Vordergrund, sondern die Frage, wie ein Mensch in einer bedrohlichen Situation als eigenständiger Organismus reagiert und wie er sich neu organisiert. Dadurch bekommt die Depression ein anderes Gesicht. Sie wird nicht mehr einfach als Fehler eines körperlichen Apparats verstanden, sondern als eine menschliche Möglichkeit gesehen, auf eine innere oder äußere Problematik zu reagieren. Sie erscheint also nicht mehr als bloß destruktiver, zweck-loser Vorgang, sondern potentiell auch als zweck-volle Vorkehrung des Organismus, um Schlimmeres zu verhüten und in bedrohten sozialen Beziehungen eine schützende Nische zu finden.

Da die depressive Veränderung jedoch sehr unangenehm ist, macht es Mühe, das zweckvolle Element einer Depression zu würdigen. So sind auch in der Medizingeschichte die Verfechter einer rein pathologisierenden Sichtweise der Depression in der Überzahl gewesen. Von der humoralpathologischen Auffassung der griechischen und römischen Medizin von den Körpersäften, deren richtige Mischung Gesundheit, deren Ungleichgewicht Krankheit bedeute, über die moralische Verurteilung depressiver Menschen im Mittelalter bis hin zu der Degenerationshypothese Auguste Benedicte Morels

(1809–1873), ist depressives Leiden hauptsächlich als Mangelzustand beurteilt worden. Dennoch haben sich immer wieder
Vertreter einer gegenläufigen Bewertung zu Wort gemeldet.
Sie haben sich meist auf Aristoteles berufen, obwohl es wahrscheinlich sein Schüler und Nachfolger Theophrast war, der in
den «Problemata» die abschätzige Depressionsbeurteilung mit
den Worten zu hinterfragen wagte: «Warum erweisen sich alle
außergewöhnlichen Männer in Philosophie oder Politik oder
Dichtung oder den Künsten als Melancholiker – und zwar ein
Teil von ihnen so, daß sie sogar von krankhaften Erscheinungen ergriffen werden?»[7] Melancholie (griechische Bezeich-
nung für eine besondere Depressionsform) wird in der Schule
des Aristoteles nicht mehr als Fluch betrachtet, sondern als
Auszeichnung. Allerdings muß hinzugefügt werden, daß die
«Schwarzgalligkeit» – wie die Griechen das Gefühl der Bedrückung nannten – auch für Aristoteles immense Risiken mit
sich bringt, da die Neigung zu Melancholie bei Unausgegli-
chenheit zur ungebührlichen Abkühlung und Erstarrung
führe. Diese Betonung der positiven Aspekte der finsteren Ge-
mütsseite wird nach einer langen Zeit der Abwertung durch
den italienischen Renaissancephilosophen Marsilio Ficino
(1433–1499) wieder aufgenommen. Er empfiehlt sogar die Melancholie «zu suchen und zu neren (nähren) als die allerbest»[8].
Ficino beklagt zwar sein eigenes melancholisches Tempera-
ment als «etwas äußerst Bitteres», doch glaubt er ihm sein wa-
ches und sensibles geistiges Dasein zu verdanken. In ähnlicher
Weise betont später auch der schwermütige dänische Denker
Søren Kierkegaard (1813–1855) die Sinnhaftigkeit der Schwermut: «Es ist meine Überzeugung, mein Sieg über die Welt,
daß ein Mensch, der die Bitterkeit der Verzweiflung noch
nicht geschmeckt hat, die Bedeutung des Lebens verfehlt
hat.»[9]

Bei der Bewertung solcher enthusiastischer Zeugnisse ist sicher zu berücksichtigen, daß sie gegen eine breite gesellschaftliche Verunglimpfung depressiver Phänomene angeschrieben und nicht frei von Idealisierung sind. Auch stellt sich die Frage, ob unter den älteren Begriffen der «Melancholie» oder der «Schwermut» immer ungefähr das gleiche verstanden worden ist wie unter dem modernen, schon etwas verbrauchten Wort «Depression». Trotzdem können wir diese und andere Aussagen von Dichtern und Denkern als Hinweise annehmen, daß es sich lohnt, depressives Leiden von seiner schöpferischen oder adaptiven Seite her zu untersuchen. Entspricht es doch modernem Machbarkeitsdenken, Depressionen ausschließlich aktiv zu bekämpfen und zu wenig darauf zu achten, inwieweit sie auch eine Botschaft vermitteln und einen leidvollen Ausweg aus Sinnverlust darstellen.

Hinweise für die Lektüre

Es ist mir wichtig gewesen, ein Buch zu schreiben, das nicht schwierig zu lesen ist. Daher der weitgehende Verzicht auf Fachausdrücke und das Bemühen um einen möglichst klaren Aufbau der Darstellung. Um der sprachlichen Einfachheit willen habe ich mich auch gedrückt, konsequent die weibliche *und* männliche Form der aufgeführten Personen anzuführen. Mit «Patienten» sind deshalb immer auch «Patientinnen» gemeint etc. Der systematische Aufbau des Buches bringt es mit sich, daß die einzelnen Teile der Arbeit geschlossene Einheiten darstellen. Jeder Teil kann für sich gelesen werden. Er schließt mit einer knappen Zusammenfassung. Am Ende jedes Buch-Teils finden sich die aufs Nötigste beschränkten Anmerkungen zum diskutierten Stoff.

Es ist mir auch wichtig gewesen, den Dialog mit vielen Menschen, seien sie Wissenschaftler oder Patienten, in den Text einzubringen. So kommen darin zahlreiche Stimmen zu Wort, die Erfahrenes und Beobachtetes zu berichten haben. Dagegen habe ich auf die breite Darlegung statistischen Zahlenmaterials wenig Wert gelegt. Interessierte können aber aufgrund der zitierten Literatur den statistischen Verhältnissen im Original nachgehen.

Ein abschließender Hinweis betrifft die Eigenheit der Thematik, in einem gewissen Sinn ansteckend zu wirken. Dies ist besonders bei tiefer Einfühlung in depressives Erleben (Teil 2) der Fall. Es mag dem Leser bei einzelnen Passagen wie den Studenten von Izard[10] gehen, die an einem berühmt gewordenen Experiment teilgenommen haben. Sie hatten als Zuhörer einer depressiv agierenden Schauspielerin ihre Gefühlsempfindungen wiederzugeben und schilderten sich dabei durchschnittlich eher leicht deprimiert und etwas ärgerlich.

Diese Stimmungsveränderung, die auch den Leser zeitweilig ergreifen mag, wird aber vorübergehen. Sie kann dem Gefühl von Interesse und Spannung weichen, wenn ersichtlich wird, daß sie eine gute Voraussetzung für das Verständnis der kommunikativen Dimension der Depression (vgl. Teil 3) ist. Im großen und ganzen habe ich mich aber bemüht, eine zu starke Anteilnahme am depressiven Geschehen durch das Faszinierende der Beobachtung und Analyse zu brechen.

Anmerkungen zur Einführung

1 M. Meyer 1990.

2 Die Grunddimensionen des menschlichen Lebens sind von alters her: Körper, Seele und Geist. Auch wenn die Seele in der philosophischen Tradition einmal mehr dem Körper (im Sinne des beseelten Leibes) und einmal mehr dem Geist (im Sinne einer geistigen Seele) zugerechnet wurde und eine scharfe Abgrenzung dieser Bereiche immer umstritten war, lassen erkenntnistheoretische Überlegungen einen unkritischen Übergang von der biologischen auf die psychologische oder kommunikative Ebene nicht zu. Jeder Bereich hat seine eigene Logik. Wie sich bewußte Gedanken nur an andere bewußte Gedanken anschließen lassen, so bilden auch körperliche oder kommunikative Vorgänge je einen «Zirkel» für sich. Selbst wenn mit einer psycho-physischen Identitätstheorie davon ausgegangen wird, daß seelische und körperliche Phänomene nur zwei Aspekte des gleichen Geschehens darstellen, ist die Konzeptualisierung der psychologischen und der physischen Prozesse als verschieden zu betrachten. Die Begriffsvermischung verschiedener konzeptueller Systeme oder verschiedener logischer Typen führt zu einer künstlichen Verschleierung des Seele-Körper-Problems. Vgl. ausführliche Diskussion bei Goodman 1991.

3 Zitiert nach Roche-Magazin Nr. 35, S. 26, 1989. Es handelt sich um eine mündliche Überlieferung.

4 V. E. von Gebsattel 1964, S. 201 f.

5 Finale Überlegungen sind zukunftsorientiert. Sie setzen kausale Zusammenhänge nicht außer Kraft. Sie können sogar kausal-deterministische Bedingtheiten zweckgerichtet (zur Erreichung eines bestimmten Zieles) benützen. Dann kann von einem goal- oder zielorientierten Verhalten gesprochen werden. Finale Überlegungen können aber auch auf etwas aufmerksam machen, einer Sache Bedeutung geben, auf etwas verweisen. Sie sind dann sinnstiftend. In diesem zweiten Fall ist kein einfaches Zweckdenken mehr im Spiel. Es wird über etwas nachgedacht, das sich nicht mehr auf Objekthaftes beschränkt. Diese Suche nach dem Sinn ist vom Ziele her nicht von vornherein festgelegt. Sie ist deshalb aber nicht weniger natürlich als zweckorientiertes Verhalten, das gerne

als allzu menschlich eingeschätzt wird. Vgl. Diskussion der Finalität bei Emrich 1990 und Bischof 1989.

6 Von einem philosophischen Standpunkt aus hat wohl Whitehead zu Beginn unseres Jahrhunderts am deutlichsten die Problematik erkannt, die entsteht, wenn ein Geschehen (wie die Depression) als mechanistischer Prozeß mit raum-zeitlich genau festgelegtem Schwachpunkt angeschaut und nicht als sich entwickelnde und in Beziehung tretende Dynamik erkannt wird. Eine organismische Auffassung der Naturwissenschaft, die Prozesse der Selbstorganisation ins Zentrum rückt, haben in neuer Zeit I. Prigogine und I. Stengers in ihrem Buch «Dialog mit der Natur» hervorragend vertreten, in psychiatrischer Hinsicht auch L. Ciompi in seinem Werk «Affektlogik».

7 Einleitung zu Buch X der Problemata, zitiert nach U. Horstmann 1985.

8 A. a. O., S. 27.

9 A. a. O., S. 83.

10 C. E. Izard 1964.

Teil 1 Die Suche nach dem Wesen der Depression

1.1. Der Begriff der Depression oder: Wo verläuft die Grenze zwischen gesund und krank?

Seit es schriftliche Zeugnisse gibt, finden sich auch Hinweise, daß Menschen an Depressionen gelitten haben. Schon im 8. Jahrhundert v. Chr. schildert Homer die Not eines depressiven Menschen in der «Ilias». Er erzählt, wie Bellerophon planlos herumirrt und in seiner Vereinsamung von Kummer und Verzweiflung geplagt ist.

> «Wahrlich, da mußt' er allein durchs irre Geländ Aleion schweifen und [das] fraß sein Herz und [er] mied die Pfade der Menschen.»[1]

Ebenso anschaulich wird in einem der frühesten Bücher der Bibel (1. Buch Samuel) der erste König der Juden, Saul, als schwermütig dargestellt. Der zum Zorn neigende Saul leidet verzehrend an seinem Schicksal, so daß er sich schließlich in sein Schwert stürzt.

Erst lange, nachdem sich bereits Dichter und Geschichtsschreiber mit depressiver Not beschäftigt haben, haben auch Ärzte angefangen, dieser schmerzhaften psychischen Veränderung auf die Spur zu kommen. «Wenn Angst und Traurigkeit lange andauern, so handelt es sich um einen melancholischen Zustand»[2], heißt es in der ersten Sammlung medizinischer Abhandlungen aus Griechenland, den sogenannten Hippokratischen Schriften. Hier wird dem Leiden ein Name gegeben und gleichzeitig eine Theorie angeboten, die es erklären sollte.

Seitdem die Griechen den psychischen Schmerz «Melancholie» (Schwarzgalligkeit) nannten, haben sich in der Medizingeschichte die Bezeichnungen für diese Leidensformen mehrfach verändert. So wurde beispielsweise der schwermütige Zustand im Mittelalter als Acedia (Trägheit) bezeichnet und entsprechend dem damaligen religiösen Weltbild teilweise als Sünde verstanden. Mit dem Aufkommen der naturwissenschaftlichen Medizin begann sich im 19. Jahrhundert zunehmend der Begriff der Depression (Niedergeschlagenheit) durchzusetzen.[3] Im Grunde dürfte aber die mit unterschiedlichen Begriffen belegte Sache im wesentlichen die gleiche geblieben sein. So sind für uns die schwermütigen Erfahrungen des griechischen Helden Bellerophon oder des jüdischen Königs Saul heute genauso nachvollziehbar, wie wenn sie sich gestern und nicht schon vor weit mehr als zweitausend Jahren ereignet hätten. Eine differenzierende Geschichtsschreibung hätte zwar noch die Unterschiede zwischen den verschiedenen Konzeptionen der «Melancholie» im Altertum (und der Renaissance), der «Acedia» im Mittelalter und der «Depression» in der Neuzeit herauszuarbeiten. Dabei ergäben sich viele Hinweise, daß die Grenzen der einzelnen Krankheitsauffassungen nicht immer gleich weit gezogen wurden. Dies schließt aber keineswegs aus, daß die Veränderungen im melancholischen oder depressiven Zustand in ihrem Kern vergleichbar sind.

Bei aller Problematik der Begriffsabgrenzung (hinsichtlich verschiedener Schweregrade und Ausprägungsformen) bleibt der wesentliche Befund, daß es depressives Erleben wohl schon immer gegeben hat. Was heute Depression genannt wird, scheint zum Menschsein dazuzugehören. Es stellt sich nur die Frage, ob dieses Phänomen als Ausnahmeerscheinung für wenige außergewöhnliche Menschen reserviert ist oder ob es häufiger auftritt oder sogar eine allgemein-menschliche Reaktionsweise darstellt.

Die Beantwortung dieser Frage hängt unter anderem davon ab, wie weit die Grenzen des Depressionsbegriffs gezogen werden und wie umfassend die Bevölkerung auf depressive Verstimmungen hin untersucht wird. Zu Beginn der neuzeitlichen, in engerem Sinne wissenschaftlichen Psychiatrie war der Erfahrungshorizont der ersten Nervenärzte insofern begrenzt, als sie es hauptsächlich mit schwerkranken Menschen, die in den damals neugegründeten «Irrenanstalten» lebten, zu tun hatten. Infolgedessen wurde das Krankheitsbild der Depression in der Psychiatrie primär von den schwersten Zuständen her geprägt. Der Münchner Psychiater und Anstaltsdirektor Emil Kraepelin[4], der das zum Teil heute noch geltende Klassifizierungssystem psychiatrischer Erkrankungen um die Jahrhundertwende geschaffen hatte, erfaßte vor allem Patienten, die sowohl an schwer depressiven wie manisch-erregten Phasen litten als auch solche, die zyklisch immer wieder an Depressionen erkrankten. Leichtere depressive Verstimmungszustände wurden erst später vermehrt in die Psychiatrie einbezogen, als sich auch niedergelassene Ärzte mit ambulanter Psychiatrie zu befassen begannen.

Heute ergibt sich aufgrund systematischer epidemiologischer Untersuchungen[5] der Allgemeinbevölkerung ein ganz anderes Bild. Die schweren manisch-depressiven oder zyklisch depressiven Erkrankungsformen, die zuerst zum Begriff «Depression» Anlaß gaben, machen nur eine verschwindend kleine Minderheit der Depressionsfälle aus. Sie treten bei

ca. 1 Prozent der Bevölkerung auf. Viel häufiger sind eher kürzer auftretende oder nicht so schwer verlaufende depressive
Verstimmungen. An solchen depressiven Erlebnisweisen, die
immerhin zu einer vorübergehenden Einschränkung der Lebensführung führen müssen, dürfte mindestens jeder fünfte
Mensch im Laufe seines Lebens ein- oder mehrmal leiden (vgl.
Tab. 1).

So ist in Zürich durch repräsentative Befragungen zwischen 1982 und
1990 wiederholt festgestellt worden, daß selbst 22- bis 30jährige
Frauen und Männer in 9 bis 20 Prozent der Fälle angeben, im letzten
Jahr an depressionstypischen Symptomen gelitten zu haben. Nahezu
die Hälfte hat deshalb einen (Allgemein-)Arzt aufgesucht.[6] In den
USA ist bei Ausschluß kürzerer (weniger als zwei Wochen) und mil-
derer depressiver Verstimmungen bei 25- bis 44jährigen immer noch
eine Erkrankungsrate von 7,5 bis 10,4 Prozent ermittelt worden. Dabei ist zu berücksichtigen, daß jüngere Jahrgänge tendenziell häufiger
an Depressionen zu leiden scheinen als ältere Jahrgänge bzw. frühere
Generationen (vgl. Tab. 2).[7]
   In einem Übersichtsreferat haben Boyd und Weissmann schon
1981 ein Risiko, einmal im Leben depressiv zu erkranken, für Männer
von 8 bis 12 Prozent, für Frauen von 20 bis 26 Prozent errechnet.[8]
Neueste Untersuchungen gehen sogar weit darüber hinaus.[9]
   Was die depressive Erkrankungsrate bei Patienten, die einen Allge-
meinarzt oder Internisten aufsuchen, betrifft, so ist in Deutschland[10]
und in der Schweiz[11] durch systematische psychiatrische Untersuchungen festgestellt worden, daß 10 bis 20 Prozent der Praxispatien-
ten depressiv sind – auch wenn nur eine Minderheit gegen Depressionen behandelt wird.

Im Vergleich zu solchen repräsentativ erhobenen Zahlen der
Durchschnittsbevölkerung bilden die tatsächlich psychiatrisch
behandelten Patienten nur die Spitze eines Eisbergs. Eine solche Häufigkeit verleitet zu der Annahme, daß die meisten Men-

Tab. 1:

Häufigkeit von Depressionen in der Gesamtbevölkerung
(gemäß Behandlungszahlen und repräsentativen Untersuchungen)

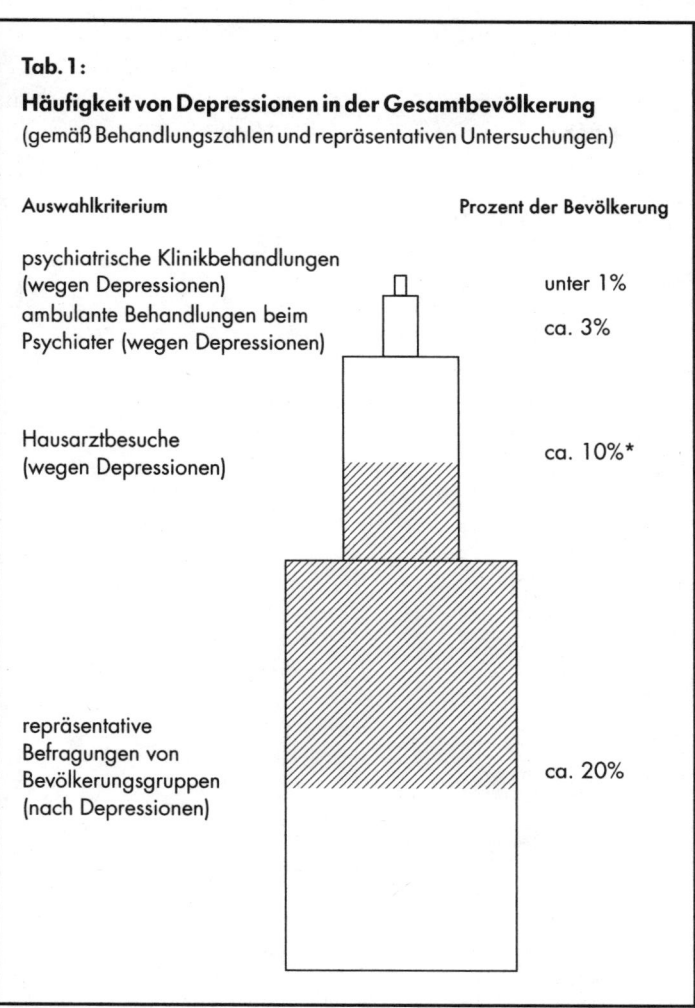

Auswahlkriterium	Prozent der Bevölkerung
psychiatrische Klinikbehandlungen (wegen Depressionen)	unter 1%
ambulante Behandlungen beim Psychiater (wegen Depressionen)	ca. 3%
Hausarztbesuche (wegen Depressionen)	ca. 10%*
repräsentative Befragungen von Bevölkerungsgruppen (nach Depressionen)	ca. 20%

* Der größere Teil der Hausarztbesuche erfolgt wegen Körperbeschwerden. Die zugrunde-liegende Depression wird nur in einer Minderheit der Fälle erkannt und behandelt.

⁄⁄ unbehandelte Depressionsfälle

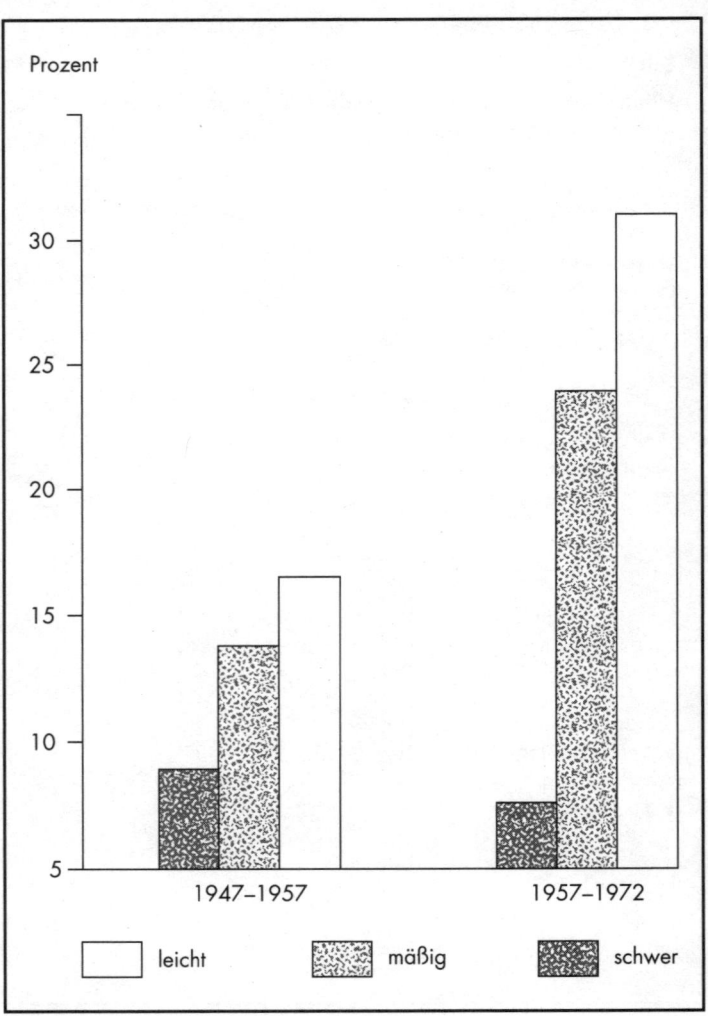

Tab. 2:
Wahrscheinlichkeit für die männliche Bevölkerung, eine leichte, mäßige
oder schwere depressive Störung zu erleiden (nach Lundby-Studie)

schen mehr oder weniger stark depressiv zu reagieren vermögen.

Hat die enge Optik einer früheren Anstaltspsychiatrie zu einer Betonung der pathologischen Aspekte depressiver Phänomene geführt, so legt die weite Erfassung repräsentativer Befragungen einen Übergang zwischen gesundem Wohlbefinden und depressiver Verstimmung nahe. Von diesem Blickwinkel her wächst die Depression aus dem gesunden Dasein heraus und stellt eine mögliche Reaktionsweise unter Belastung dar. Dafür könnte auch der Umstand sprechen, daß Frauen doppelt so häufig von Depressionen betroffen sind wie Männer – und zwar insbesondere verheiratete Frauen zwischen 25 und 45 Jahren mit Kindern, also jüngere Mütter, die in der modernen Gesellschaft auf besondere Weise belastet sind.[12]

In diesem Buche vertrete ich demzufolge die These, daß depressives Geschehen ein biosoziales Muster darstellt, das den meisten Menschen in Not zur Verfügung steht. Hierzu ist später zu begründen (vgl. Teil 5: «Depression – integrativ gesehen»), wovor depressive Erstarrung schützen und inwiefern depressivem Stillstand eine Überlebensfunktion zukommen kann. Hier sei betont, daß eine solche These weder das Leiden beschönigt noch jede depressive Verstimmung auf die gleiche Ursache zurückführt. Sie nimmt aber den Umstand ernst, daß depressives Erleben in vielerlei Ausprägung und mit unterschiedlichen Schweregraden in allen Kulturen, in den verschiedensten Epochen und unter einem erheblichen Teil der Bevölkerung zu beobachten ist. Sie läßt sich ferner mit der Beobachtung vereinbaren, daß die Grenzziehung zwischen gesund und depressiv fließend ist. Epidemiologische Untersuchungen der Durchschnittsbevölkerung haben bisher keine sicheren Anhaltspunkte für eine strikte Trennung in depressive

und nichtdepressive Personen finden lassen. In ähnlicher
Weise, wie sich in der Körpermedizin zum Beispiel Blutdruck-
oder Blutzuckererhöhungen nur in quantitativer Weise von
Durchschnittswerten unterscheiden, legt eine Studie aus Baltimore[13] (vgl. Tab. 3) einen kontinuierlichen Übergang verschiedener Depressionstiefen nahe, wobei jede Grenzziehung
künstlich und von einer Übereinkunft der Experten abhängig
erscheint. Ist der Übergang von Wohlbefinden zur Depression
fließend, so erschwert dies die Aufgabe, das Vorliegen einer
Depression zu definieren.

1.2.   Wer ist depressiv?
oder: Digitale und analoge Erfassung
depressiven Erlebens

Die Schwierigkeit, depressives Erleben zu definieren, hängt
auch damit zusammen, daß eine Depression nicht wie ein Gegenstand beschrieben oder mit den Sinnen erfaßt werden
kann. Depressives Erleben ist weder mit den Augen zu beobachten noch mit dem Tastsinn zu erspüren. Zwar kann das
Verhalten depressiver Menschen bestimmten Mustern folgen,
und zwar können die Physiologie und die Biochemie des Körpers depressiver Menschen mit bestimmten Untersuchungsweisen (vgl. Teil 4, Seite 121 f und 131 f) analysiert werden.
Diese verhaltensorientierten und «objektiven» Beobachtungen setzen aber voraus, daß zuerst bestimmt worden ist,
welcher Mensch als depressiv zu bezeichnen ist. Wodurch
zeichnet sich denn nun aber depressives Erleben aus?
     Grundsätzlich stehen zwei Wege offen, depressivem Erle-
ben nachzugehen und das Wesentliche dieser Erlebensform

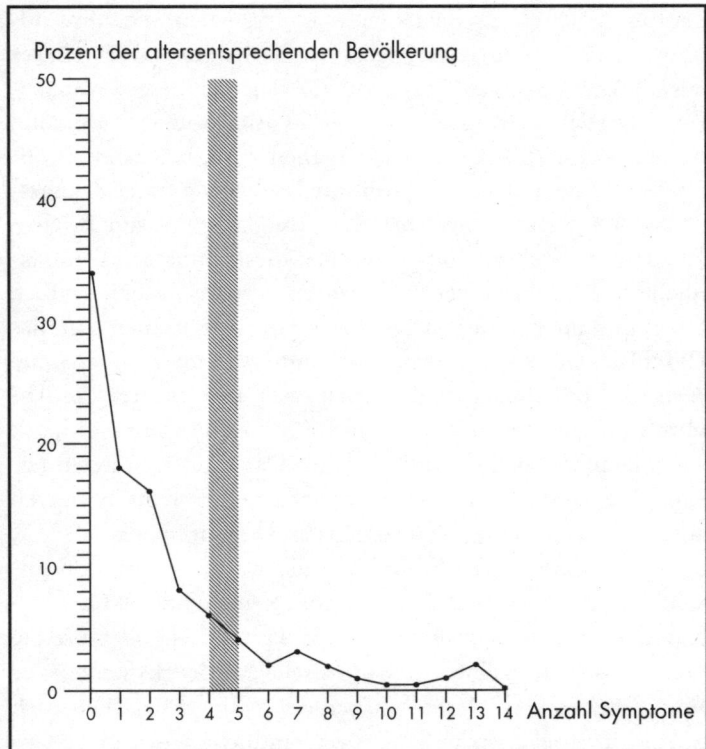

Tab. 3:
Häufigkeitsverteilung von depressionstypischen Merkmalen unter 20 bis 24 Jahre alten Frauen einer repräsentativen Bevölkerungsauswahl von Baltimore, USA.[13] (Als Depressionssymptome wurden z. B. erfragt: Schlaf- und Appetitverlust, Energie- und Interesseverlust, psychomotorische Hemmung, Gefühl der Wertlosigkeit, Konzentrationseinbuße, Suizidgedanken.) Die Tabelle zeigt, daß nur eine künstliche Grenzziehung zwischen «gesund» (keine oder wenige Symptome) und «krank» (viele Symptome) möglich ist.

Grenzlinie der Symptomzahl, die von der amerikanischen Gesellschaft für Psychiatrie für das Vorliegen einer Depression (major depression) verlangt wird (DMS III).

herauszuarbeiten. Erstens kann man versuchen, die Abwandlung dieser Erlebnisweise, sei sie nun schwächer oder stärker
ausgeprägt, als etwas Ganzes zu erfassen. Bei diesem Annähe-
rungsversuch geht es darum, die «Gestalt» der Depression
nachzuzeichnen. Ein solches Vorgehen wird dadurch kompliziert, daß die einfachen Gefühlsqualitäten wie traurig, ängstlich oder ärgerlich nicht hinreichen, um das depressive Erleben
zu charakterisieren. Zudem werden diese einfachen Gefühlsqualitäten von den einzelnen Menschen etwas unterschiedlich
erlebt und interpretiert. Dies hängt damit zusammen, daß das
Gefühlsleben des einzelnen nur indirekt, über sogenannte
Außenkriterien, mitgeteilt werden kann. Eine Mutter kann ihrem Kind, das von einer Mauer gestürzt ist und den Ausdruck
«schmerzhaft» nicht kennt, sagen: «Das muß weh getan haben.» Sie kann aber das Gefühl des Schmerzes nicht in Worten
ausdrücken oder wie einen Gegenstand beschreiben.

Im Falle depressiven Erlebens ist die Situation noch komplizierter. Der depressive Zustand stellt keine einfache Gefühlslage dar, für die wie für Schmerz, Traurigkeit oder Freude
klare Begriffe und eindeutige mimische Ausdrucksformen zur
Verfügung stehen. Deshalb haben depressive Menschen auch
Mühe, ihr Erleben in allgemein verständliche Worte zu fassen.
Wenn sie ihr komplexes Empfinden anderen (nicht-depressiven) Menschen trotzdem etwas näherbringen möchten, grei-
fen sie häufig zu dem Mittel, Vergleiche mit Alltagserfahrun-
gen anzustellen. Sie können zum Beispiel von der Schwere
einer Last, die sie niederdrückt, sprechen. Zwar mögen sie
nicht direkt eine Last auf ihren Schultern verspüren, doch
kommt dieses Bild aus dem Alltagsleben der Erfahrung eines
Schweregefühls nah, das sie in der Depression schmerzlich
niederdrückt.

Diese Möglichkeit, depressives Erleben in Analogie zu beobachtbaren und alltäglich erfahrbaren Geschehnissen zu bringen, kann auch die Wissenschaft wählen, um die Depression näher zu bestimmen und jenes Übereinstimmende, das depressive Menschen empfinden, herauszuarbeiten. Vor aller Wissenschaftlichkeit dürften sich bereits in der Wortbildung «Schwermut» (mittelhochdeutsch «swarmueti») diese Analogie-Erfahrungen niedergeschlagen haben. Wollen wir depressives Erleben möglichst genau fassen, geht es also darum, das Wesentliche der Erfahrung oder der «Gestalt» der Depression in Bilder zu bringen, die den Kern der depressiven Erfahrung treffen. Genau dies will ich im nächsten Abschnitt zur Charakterisierung depressiven Erlebens tun.

Die zweite Möglichkeit, depressives Erleben zu fassen, besteht darin, depressive Menschen gezielt auf bestimmte Eigenschaften (wie Schlafstörung, Interessenverlust, Selbstmordgedanken etc.) hin zu befragen. Bei diesem «digitalen» Vorgehen kommt nicht das Erleben als Ganzes bildhaft zum Ausdruck, sondern es wird wie in einem Computerausdruck versucht, durch Aneinanderreihen einzelner abgefragter Punkte das Muster der Depression zu bestimmen. Diese «digitale» Vorgehensweise erlaubt eine viel exaktere statistische Erfassung einzelner Merkmale depressiver Menschen, verzichtet aber auf ein einheitliches Bild der Depression im Sinne eines Nachspürens depressiver Empfindlichkeit. Sie ist die heute in der Forschung vorherrschende Methode. Eine zusammenfassende Darstellung der häufigsten Depressionsmerkmale, wie sie in solchen «digitalen» Depressionsanalysen gefunden werden, gibt Tabelle 4 wieder. Mit einer solchen digitalen Erfassungsform sind auch die eingangs erwähnten epidemiologischen Befunde einer relativ hohen Depressionsrate der Allgemeinbevölkerung und eines fließenden Übergangs zwischen verschiedenen Depressionstiefen erhoben worden (vgl. Tab. 1 u. 3).

Tab. 4:

11 Leitsymptome der Depression
(nach Zürcher Untersuchungen von Angst)[6]

- freudlos, gedrückt
- interesselos
- verminderte Konzentration und gestörtes Gedächtnis
- entscheidungsunfähig, grüblerisch
- Angst (vor dem Alltag oder unbestimmt), innere Unruhe
- müde, energielos
- gestörter Schlaf
- appetitlos, Gewichtsverlust
- sexuelle Interesselosigkeit
- Druck- und Schweregefühl, evtl. Schmerzen
  (im Bereich von Oberbauch, Brust oder Kopf)
- vegetative Symptome: Mundtrockenheit, Verstopfung u. a.

1.3.   Ist depressiv gleich depressiv? Zur Unterscheidung depressiver Kategorien

Auch wenn es nicht gelingt, gesund und krank streng voneinander abzugrenzen, stellt sich dennoch die Frage: Leiden alle depressiven Menschen in gleicher Weise oder finden sich qualitative Unterschiede des depressiven Erlebens zwischen verschiedenen Menschen mit ähnlicher Depressionstiefe?

Diese Frage ist schwierig, denn es ist offensichtlich, daß Männer und Frauen, junge und alte Menschen, Europäer und

Asiaten nicht identische Ausdrucksformen depressiver Störungen haben. Geschlecht, Alter, kulturelle Prägung, aber auch Persönlichkeit und Milieu beeinflussen die Gestaltung depressiven Leidens. So drücken Kinder ihre depressive Not eher in Unlust beim Spielen oder durch Schulschwänzen sowie in psychosomatischen Symptomen wie Nahrungsverweigerung und Einnässen aus, während alte Menschen besonders häufig über Verstopfung und andere körperliche Beschwerden klagen. Männer neigen häufiger als Frauen dazu, sich mit hochgefährlichen Mitteln das Leben zu nehmen. Selbstvorwürfe und Schuldgefühle kommen viel typischer beim depressiven Menschen im jüdisch-christlichen Abendland vor als in anderen Kulturkreisen. Versündigungsideen sind offenbar vorwiegend von der Existenz einer persönlichen Gottheit als wertgebender Instanz abhängig und treten zum Beispiel im nichtchristlichen und nichtislamischen afrikanischen Kulturraum praktisch nicht auf. Als Folge des Kulturwandels in den westlichen Industrienationen ist allerdings auch ein Rückgang der Versündigungsideen zu beobachten. Statt sich Verstöße gegen religiöse Gebote vorzuwerfen, finden sich heute häufiger Selbstvorwürfe, soziale oder ökologische Pflichten verletzt zu haben. In afrikanischen Ländern, aber auch in Indien und Südostasien fällt auf, daß depressive Menschen ihr Leiden hauptsächlich körperlich zum Ausdruck bringen. Sie werden auffällig unruhig oder erstarren so ausgeprägt, daß sie wie tot erscheinen.[14]

Bei solchen augenfälligen Unterschieden stellt sich aber die Frage, ob die Qualität des depressiven Erlebens bei den betroffenen Personen verschiedenen Geschlechts, Alters und Kulturkreises wirklich grundlegend verschieden ist, oder ob nicht vielmehr ein ähnliches Erleben nur aufgrund unterschiedlicher innerer und äußerer Bedingungen in anderer Weise zum Ausdruck gebracht wird. Wirklich bedeutungsvolle Unterschiede zwischen verschiedenen Depressionsformen dürften denn auch eher dadurch gewonnen werden, daß depressiven Menschen einfühlsam zugehört wird. Wer an depressiven Menschen Anteil nimmt und auf ihre Worte und ihren Gefühlsausdruck achtet, dem fallen mindestens zwei voneinander stark abweichende Erlebnisweisen auf. Die einen empfinden keinen Lebensmut mehr. Er ist ihnen abhanden gekommen. Diese Menschen fühlen sich grundlos, aber von Grund auf verändert. Sie empfinden die Veränderungen, die sie an sich erleben, als etwas Unbekanntes, ja Fremdartiges, das ihnen auferlegt wird. Im Gegensatz zu solchen «schwermütigen Menschen» finden die anderen ihr Leiden nicht grundsätzlich unverständlich. Sie quälen sich zwar auch in Kummer, in Gram oder in Verzweiflung, aber ihr Leiden hat für sie ein Motiv. Sie kranken an einer Situation oder an sich selber. Sie glauben ein Stück weit zu verstehen, was ihnen geschieht. Sie «nehmen» einen Verlust oder einen Konflikt «schwer».

Die moderne Psychiatrie hat diesen Unterschied zwischen einem «schwermütigen» und einem «schwernehmerischen» Erleben aufgenommen. Sie hat diese Differenzierung, die sich sprachlich weise als «Schwermut» und als «Schwernehmen» voneinander abgrenzen läßt, wissenschaftlich weitergetrieben und verfeinert. «Schwermütige» Menschen werden in schon fast babylonischer Sprachverwirrung einmal als «endogen depressiv» oder «melancholisch», dann als «affektpsychotisch» diagnostiziert. Immer wird dabei Ähnliches gemeint: eine innere Gemütsleere, die (scheinbar) grundlos auftritt.

Auch die «schwernehmerischen» Reaktionsweisen werden in der modernen Psychiatrie mit vielen unterschiedlichen Bezeichnungen belegt. Es wird von «dysthymen» Störungen oder auch von «minor depression» gesprochen, ältere Bezeichnungen sind «neurotisch» oder «psychogen»: Auch hier darf die Vielfalt der Begriffe nicht verwirren. Mit dem Reichtum an Fremdwörtern nimmt der Erkenntnisgrad nicht zu. Etwas vereinfacht gesagt: die verschiedenen Begriffe dürfen durchaus ähnlich behandelt werden, auch wenn sie ganz verschiedenen psychiatrischen Konzeptionen entstammen. Sie verweisen alle auf ein Schwernehmen einer Situation oder eines Konflikts und somit auch auf den Umstand, daß sich die betroffenen Menschen weiterhin in einem Zusammenhang mit der Umwelt erleben, während sich die erste Gruppe der «Schwermütigen» demgegenüber wie aus der Gemeinschaft herausgefallen fühlt.

Um eine Übersicht über gebräuchliche Depressionsbegriffe zu geben, sind in Tab. 5 die wichtigsten Depressionstypen, die im Laufe der letzten Jahrzehnte entwickelt wurden, zusammengefaßt. Die Tabelle zeigt insbesondere auf, welche Begriffe als Gegensatzpaare zusammengehören. In der modernen angelsächsischen Psychiatrie wird weitgehend auf eine typologische Abgrenzung verzichtet und hauptsächlich zwischen leichteren (minor) und schwereren (major) Depressionen unterschieden.

Wie es sich als unmöglich erwiesen hat, gesund und krank eindeutig voneinander abzugrenzen, so ist es auch mit methodisch verfeinerten Untersuchungsmethoden bisher nicht gelungen, die einzelnen aufgeführten Depressionstypen scharf voneinander zu trennen. In statistischer Hinsicht überschneiden sich alle Depressionstypen mit andern, so daß sie nicht nach gesonderten Kategorien aussortierbar sind, ohne daß gleichsam ein Zipfel der einen Gruppe in die Schublade der andern Gruppe hinüberreichen würde. Konsequenterweise werden heute die unterschiedlichen Depressionsformen eher schwerpunktartig voneinander abgegrenzt. Sie stellen gewichtige Ausprägungsweisen dar, scheinen aber auf einem Kontinuum zu liegen, das die Depression als Ganzes umfaßt. Mischformen sind bei weitem häufiger als Extremvarianten.

   Jules Angst faßt als führender Epidemiologe auf diesem Gebiet den Erkenntnisstand wie folgt zusammen: «Was früher

Tab. 5:

Geläufige Klassifizierungsversuche depressiver Erkrankungsweisen

a) **nach (hypothetischer) Ursache:**

Endogene Depression
(von innen heraus ent-
stehend
– umweltstabil)

Reaktive Depression
(durch äußere Umstände ausgelöst
– umweltlabil)

Primäre Depression
(ohne Zusammenhang mit
anderer psychiatrischer Erkrankung auftretend)

Sekundäre Depression
(nach anderer Krankheit, z. B.
Alkoholismus oder Schizophre-
nie, auftretend)

b) **nach Schweregrad und Erscheinungsbild:**

Psychotische Depression
(über einfühlbare und verständliche Reaktionsweise
hinausgehend; oft mit
Wahnideen einhergehend)

Neurotische Depression
(aufgrund einer Konfliktlage
verständliche und besser einfühlbare Depression)

Major depression
(bei systematischer Erfassung von Symptomen wird
ein definierter Schweregrad
einer depressiven Störung
erreicht
– Depression im engeren
  Sinne)

Minor depression
(bei systematischer Erfassung
von Symptomen liegt deren Zahl
und Schweregrad unterhalb der
Definitionsschwelle einer major
depression
– mildere depressive Ver-
  stimmung)

Affektive Störung
(Erkrankungsform mit kli-
nisch deutlich depressivem
[oder manischem] Bild;
– meist akut und episodisch
  auftretend)

Dysthyme Störung
(unterschwellige Erkrankungsform mit mild depressivem Bild,
oft unbehandelt;
– meist schleichend auftretend
  mit langgezogenem Verlauf)

c) nach Verlauf:

Unipolare Störung
(im Langzeitverlauf nur depressive Phasen auftretend,
Unterform der affektiven
Störung)

Bipolare Störung
(im Langzeitverlauf neben depressiven Phasen auch Manien
auftretend, Unterform der
affektiven Störung)

Saisonale Depression
(meist auf Wintersaison be-
schränkte Depression mit
häufig gesteigertem Schlaf-
und Eßbedürfnis; seltene,
z. Z. noch umstrittene Unterform der affektiven Störung)

Nicht-saisonale Depression
(unabhängig von Jahreszeiten
auftretende Depression, weitaus häufigste Unterform der
affektiven Störung)

wahr schien, ist heute problematisch. Zahlreiche... Klassifi-
zierungsversuche sind, wenn nicht gescheitert, so doch sehr in
Frage gestellt, und vieles spricht dafür, daß manche Typolo-
gien polare Gruppen auf einem Kontinuum darstellen.»[15]

Für eine solche Auffassung sprechen auch die Ergebnisse
transkultureller Studien, welche die depressive Erlebensweise
bei verschiedenen Völkern untersucht haben. Danach läßt
sich ein Kernbereich des depressiven Erlebens, der bei allen
Völkern ähnlich ist, herausarbeiten[16] (neben den bereits ange-
deuteten Verhaltensweisen, die bei verschiedenen Völkern
unterschiedlich ausgeprägt sind). Diese übereinstimmende
Kernsymptomatik entspricht einem Gefühl der Hemmung
oder Schwere und dem Eindruck der Verlangsamung, also jener leibnahen Grundempfindlichkeit, die auch in den deutschen Worten «Schwermut» und «Schwernehmen» enthalten
ist.

Im folgenden will ich dieses Grunderleben depressiver Menschen ins
Zentrum rücken. Ich versuche dabei, das Wesentliche depressiven Erlebens bildhaft herauszuarbeiten, um es nachvollziehbar zu machen.
Um der Klarheit willen verzichte ich auf eine weitere Differenzierung
verschiedener Depressionsformen und führe einzelne depressive
Krankheitskategorien nur dort an, wo es vom Untersuchungsgegen-
stand her unbedingt nötig ist. Da starke, «schwermütige» Ausprägungen depressiven Leidens die Abwandlung des Erlebens besser
darstellen lassen, ziehe ich sie im nachfolgenden zweiten Teil gegenüber leichteren, «schwernehmerischen» Veränderungen vor.

1.4. Zusammenfassung

Die Häufigkeit depressiver Erkrankungen ist in erster Linie
von den Kriterien, die für eine Depressionsdiagnose benützt
werden, und von der Auswahl der untersuchten Bevölke-
rungsgruppen abhängig. Die Wandlung der Erfassungsme-
thoden im letzten Jahrzehnt hat zu viel höheren Depressions-
zahlen in der Allgemeinbevölkerung geführt, als dies früher
denkbar gewesen ist.

Zehn bis zwanzig Prozent aller Patienten, die einen nieder-
gelassenen Arzt aufsuchen, dürften depressiv sein, auch wenn
sie sich dessen nicht bewußt sind und über körperliche Symptome klagen. Das Risiko, einmal im Leben depressiv zu werden, beträgt für Männer zwischen zehn bis fünfzehn Prozent,
für Frauen zwischen zwanzig bis dreißig Prozent. Tendenziell
scheint die depressive Gefährdung zuzunehmen. Gleichzeitig
ist eine Angleichung der Depressionshäufigkeit bei beiden Ge-
schlechtern zu beobachten.

Auch die Einteilung der verschiedenen depressiven Erkrankungsformen ist in starkem Wandel begriffen. Die älteren Ka-
tegorisierungsversuche sind problematisch geworden. Von

praktischem Nutzen ist die Abgrenzung einer «schwermüti-gen» (endogenen) Form von einer «schwernehmerischen» (neurotischen) Ausprägungsweise geblieben, ohne daß damit etwas über die Entstehung der beiden Depressionsarten ausge-sagt wäre. Während «endogene» Formen meist episodisch auftreten und das Erleben so schwer verändern, daß die davon Betroffenen ihre Mitmenschen emotional nicht mehr errei-chen, löst die leichtere, aber oft länger anhaltende «neuroti-sche» Depressionsform den Kontakt mit der Umwelt nicht im gleichen Maße auf. Beide Ausprägungen depressiven Leidens haben auch gemeinsame Aspekte, so daß eine scharfe Abgren-zung ebenso unmöglich ist wie zwischen gesund und krank.

Die große Häufigkeit depressiver Erlebensweisen wie auch ihre Selbstheilungstendenz und die Beobachtung eines fließen-den Übergangs von depressivem zu alltäglichem, «norma-lem» Erleben machen deutlich, daß depressive Zustände keine destruktiven Prozesse darstellen, sondern eher als menschliche Reaktionsmöglichkeiten auf eine Notsituation zu verstehen sind.

Anmerkungen zu Teil 1

1 Vers 202–203 des 6. Gesangs der «Ilias», zitiert nach Starobinski 1960.

2 Zitiert nach Starobinski 1960, S. 12.

3 Die «Geschichte der Melancholiebehandlung von den Anfängen bis 1900» hat Starobinski 1960 auf anregende Weise zusammengefaßt. In «Saturn und Melancholie» haben Klibansky, Panofsky und Saxl 1990 eine umfassende und ins Detail gehende historische Auseinandersetzung geleistet. Gesellschafts- und medizinkritische Bemerkungen zur Melancholiegeschichte finden sich bei Horstmann 1985 und Földényi 1988.

4 Kraepelin 1913.

5 Eine neuere und umfassende Übersicht über epidemiologische Studien gibt Angst 1987a.

6 Angst 1985 und Angst et al. 1990.

7 Siehe Übersicht von Angst 1987a.

8 Boyd und Weissman 1981.

9 Z. B. Lundby-Studie, Rorsman et al. 1990.

10 Dilling et al. 1978.

11 Gastpar 1979.

12 Übersicht bei Paykel 1987.

13 Kellam 1990.

14 Eine vertiefte Diskussion kultureller Unterschiede findet sich bei Murphy 1982. Depressionen im Kinder- und Jugendalter sind von Nissen 1971, Depressionen im Alter von Bergener 1986 zusammenfassend charakterisiert worden.

15 Angst 1987b, S. 34.

16 Vgl. Murphy 1982 und Ergebnisse einer WHO-Studiengruppe, zusammengefaßt von Angst 1987b.

Teil 2 Psychologische Phänomene der Depression

2.1. Irritierung durch depressives Erleben Das Paradoxon von Denkhemmung und Grübelzwang

Die meisten Menschen, die zum ersten Mal eine schwerere depressive Verstimmung erleben, können diese Veränderung nicht einordnen. Sie fühlen sich verunsichert. Sie stellen erschrocken fest, daß sie nicht mehr wie früher wahrnehmen, empfinden und denken. So kann ihnen beispielsweise das Essen nicht mehr schmecken. Überhaupt: was ihnen früher Spaß machte, ist ihnen jetzt zuwider. Viele fühlen sich innerlich leer, aber trotz Müdigkeit seltsam unruhig. Sie beobachten an sich, daß ihnen die Worte weniger spontan einfallen oder daß sie vermehrt Mühe haben, etwas im Gedächtnis zu behalten. Infolgedessen fürchten schwerer Depressive nicht selten, daß sie nicht nur deprimiert sind, sondern daß sie «verdummen» oder gar den Verstand verlieren. Während leichter Depressive vor allem emotional leiden, sind schwerer Depressive hauptsächlich durch die Veränderung ihres Denkens und Wahrnehmens irritiert.

Ein eigentümliches Paradox depressiven Erlebens ist der Zwang, «denken zu müssen, ohne denken zu können», wie das eine meiner Patientinnen ausgedrückt hat. Ganz allgemein ist depressiven Menschen die Bereitschaft eigen, über Vergangenes nachzudenken. Gleichzeitig bemerken aber viele, daß ihr Gedankenstrom nicht mehr flüssig ist. Die Gedanken scheinen nicht eigentlich zu stocken, sondern eher um ein Problem zu kreisen. Bei genauerem Hinsehen ergibt sich dieses «ohnmächtige Gedankenkreisen» aus zwei Komponenten: Zum einen fühlen sich Depressive zum Nachdenken getrieben, zum andern empfinden sie sich gleichzeitig in ihrem Denken angehalten. Grübelzwang und Denkhemmung gehen Hand in Hand, bis sie irgendwann nicht mehr vorankommen und doch keine Ruhe finden können.

Diese innere Widersprüchlichkeit und Spannung lösen bei depressiven Menschen häufig große Angst aus. Manche sind wegen ihrer ohnmächtig kreisenden Gedanken der Überzeugung, daß auch ihr Geist erkrankt ist. Dagegen ist festzuhalten, daß das Bewußtsein auch in tiefster Depression erhalten bleibt. Gerade weil depressive Menschen ihren Zustand wach und klar beobachten, ist ihre Problematik so schwer zu ertragen. Nach Karl Jaspers (1883–1969), dem als Psychiater ausgebildeten Existenzphilosphen, bleibt es «eine Selbstverständlichkeit, daß der Geist nicht erkranken kann»[1]. Ein anderer Philosoph, der selber schwermütig war, August Schopenhauer (1788–1860), sieht die Problematik melancholischer Menschen gerade darin, daß sie ihr Leiden um so klarer und schmerzhafter wahrnehmen, je wacher ihr Bewußtsein ist.[2] Bewußtes Wahrnehmen von Leiden stellt also keine Erkrankung des Geistes dar, selbst wenn die Vorstellungen des Depressiven so leidverzerrt sind, daß sie Gesunden unrealistisch, ja ver-rückt erscheinen. Für den Depressiven gilt oft genau, was der englische Romantiker Samuel Taylor Coleridge (1772–1834) in seiner «Ode to Dejection» in die Worte gefaßt hat:

«I see them all so excellently fair,
I see, not feel, how beautiful they are.» [3]
(Ich sehe sie alle ganz genau,
ich sehe, aber fühle nicht, wie schön sie sind.)

Die Irritierung durch depressives Erleben läßt sich also darauf zurückführen, daß der Depressive genau registriert, welche seelischen und körperlichen Veränderungen er durchlebt. Dabei macht ihm vor allem zu schaffen, daß er, was ihm vorher selbstverständlich war, nicht mehr nachfühlen kann. Er empfindet sich in seinen menschlichen Möglichkeiten beschränkt und von der Zukunft wie abgeschnitten. Diese Veränderung macht angst und führt zu einer Art «rasender Blockiertheit», wenn er krampfhaft nach einem Ausweg sucht.

Die Grunderfahrung depressiven Erlebens ist vor allem von phänomenologisch orientierten Psychiatern herausgearbeitet worden.[4] Die depressive Blockade, die oft mit Angst und Erregung einhergeht, läßt sich hinsichtlich des räumlichen und zeitlichen Erlebens noch etwas eingehender analysieren. Dies soll anhand von Berichten, die schwerer erkrankte depressive Menschen aufgezeichnet haben, im folgenden verdeutlicht und illustriert werden.

2.2. Verändertes Körper- und Raumerleben – Schwere und Erstarrung

Wenn ein Mensch depressiv wird, erlebt er seinen Lebensraum als zunehmend eingeengt. Mit dem Verlust an Gefühlsstärke verändern sich auch seine Körperempfindungen. Dies kann dazu führen, daß er seinen Leib nicht mehr so beseelt wie früher erlebt. In Extremfällen scheint der Körper sogar zu bloßer Materie zu werden. In einem afrikanischen Stamm werden depressive Gefühle mit dem treffenden Ausdruck umschrieben: «Mein Herz ist in einer hölzernen Schachtel.»[5] Diese Entseelung oder Devitalisierung wird durch Depressive mangels anderer Worte oft in bildlichen Vergleichen auszudrücken versucht. Sie sprechen dann zum Beispiel von «einer bleiernen Müdigkeit in Armen und Beinen» oder «einer Zentnerlast auf den Schultern», um auszudrücken, wie schwer und kraftlos sie sich empfinden.

Im 18. Jahrhundert war man von der melancholischen Schwere so beeindruckt, daß man Depressive auf Rotationsmaschinen (Drehstuhl oder rotierende Räder) band, in der Annahme, durch Anwendung der Zentrifugalkraft diese unheimliche Schwere austreiben zu können.[6]

Oftmals wird aber von Depressiven nicht nur der Körper als schwer empfunden. Es bekommt alles Gewicht, so daß auch die Gedanken weniger traurig als ernst und belastend sind. Das Haften an den Dingen wird als Festgefahrensein oder als räumliches Eingesperrtsein erlebt.

Eine Patientin, die bei mir in Psychotherapie stand, illustriert diese Erfahrungen mit einem Bild (siehe Abb. 1). Sie zeichnet sich in räumlich-plastischer Weise wie eine ägyptische Mumie, von Verbandmaterial eingewickelt. Ein andermal stellt sie sich als eingesargte Frau dar. Dabei gibt sie einen Traum zeichnerisch wieder, der dieses Fixiertsein ausdrückt (s. Abb. 2). Sie wird in diesem Traum lebend in einen Sarg gelegt und ins Grab gelassen. Dort droht sie zu ersticken, vermag aber nicht um Hilfe zu rufen, obwohl sie alles deutlich wahrnimmt, was um sie herum geschieht. In diesen und ähnlichen Träumen ist ihr Lebensraum auf die knappste Fläche

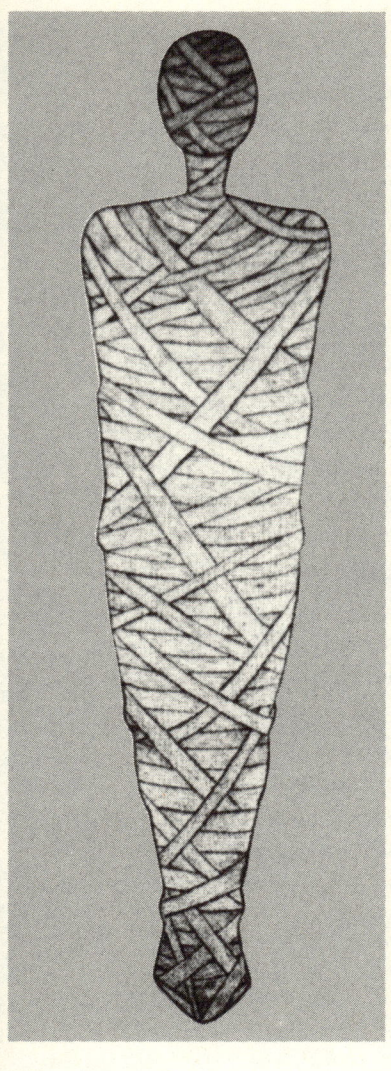 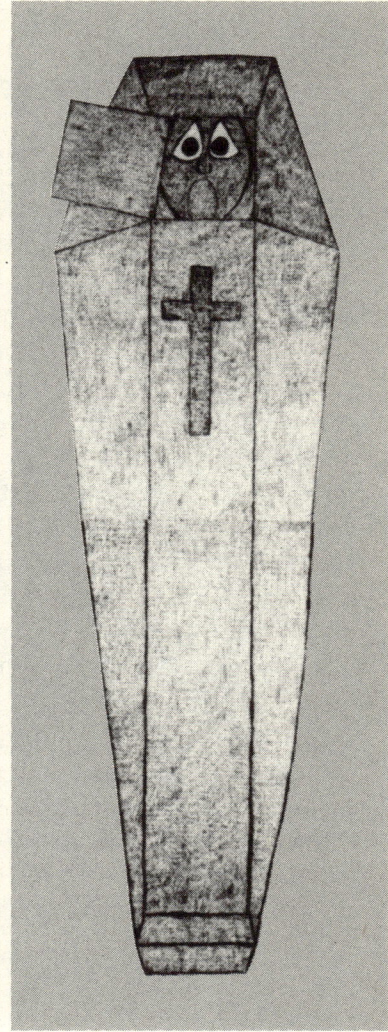

Abb. 1 **Abb. 2**

beschränkt, die es weniger zum Leben als zum Sterben
braucht: auf den Umriß ihres Körpers.

Solch räumliches Eingeschlossensein entspricht weitgehend
dem Grundgefühl, wie es schwer Depressive wiedergeben:
«Ich kann weder vorwärts noch zurück.» – «Meine Gedanken
kommen nicht vom Fleck.» – «Alles ist wie tot für mich, leb-
loses Material.»

Solche Erfahrungen der Schwere und Verdinglichung werden nun aber von depressiven Menschen in der Regel nicht
einfach schicksalhaft, etwa als Erschöpfungszustand, hinge-
nommen. Sie werden um so belastender erlebt und um so stärker bekämpft, je mehr die betroffenen Menschen unter inne-
rem und äußerem Leistungsdruck stehen. Wer eine Aufgabe
nicht liegenlassen kann, weil die Familie umsorgt werden oder
das Geschäft erledigt sein muß, und wer unter dem Druck
eines besonders ausgeprägten Pflichtgefühls steht, möchte
diese Schweregefühle abwälzen. Er wehrt sich hauptsächlich
gegen die Erschwerung der Aufgabenbewältigung. Konsequenterweise nehmen viele Depressive die Schwere nicht primär in ihrem Gemüt, sondern bei ihrer Pflichterfüllung wahr.

Alfred Kraus beobachtet bei seinen Patienten, wie die Depression
«zunächst als ein Anwachsen der Schwierigkeiten im zu leistenden
Leben erfahren (wird). Alles wird dem Depressiven zur Last, die
Dinge, die Mitmenschen, schließlich das eigene Dasein... Die depressive Hausfrau steht ratlos neben ihren Kochtöpfen und weiß damit auf einmal nichts mehr anzufangen. Gleichzeitig kann sie sich
aber von ihrem Herd nicht mehr lösen. Aber auch das Mitsein mit
andern ist nur noch eine Last. In Gesellschaft mit andern weiß der
Depressive nicht mehr, was er reden soll... Indem die Dinge wie
auch die Menschen ihren gefühlten, sinnvollen Zusammenhang mit
ihrem Dasein verlieren, erstarren sie für den endogen Depressiven
gleichsam in ihrer Objekthaftigkeit. Trotzdem fühlt er sich an sie

noch stärker als früher gebunden, und die von ihnen ausgehende Aufforderung zur Erfüllung seiner alltäglichen Besorgungen wird eher noch bedrängender als sonst empfunden.»[7]

Die Beschränkung auf enge räumliche Grenzen wird besonders von ordnungsliebenden Menschen, die alles im Griff haben müssen, als äußerst bedrohlich erlebt. Wenn sie nicht mehr alles akkurat in Ordnung halten können, sondern Dinge liegenlassen müssen, halten sich solche Menschen oft selber nicht mehr aus, da es für sie auf die Erfüllung einer Leistung ankommt. Eine Patienten Hubertus Tellenbachs beschreibt folgenden Zusammenhang: «Solche Depressionen habe ich immer nur dann bekommen, wenn ich nicht bei Kräften war und wenn mir dann eine Aufgabe bevorstand, die zu leisten in dieser Verfassung einfach unmöglich war – so daß man dann vor einem Berg steht, über den man nicht hinüber kann.»[8] Eine meiner eigenen Patientinnen sah gerade in ihrem starken Willen einen Teil ihrer Problematik: «Indem ich nicht aufgeben kann und über meine Möglichkeiten hinaus Ziele weiterverfolge, werden mir körperliche oder seelische Schwerezustände zum unlösbaren Problem.» In einer solchen Sichtweise wird die räumliche Eingrenzung deshalb zum depressiven Schmerz, weil ein Ziel selbst bei starker Willensanstrengung nicht aufgegeben werden kann, auch dann nicht, wenn es infolge zunehmender Erschöpfung unerreichbar wird. Verzichten würde nicht als Leistung, sondern als Versagen, als Pflichtverletzung verstanden. Eine solche Auffassung unterscheidet genau zwischen dem bewußten Erleben von Schwere und Verdinglichung einerseits und dem psychischen Schmerz, den diese Veränderungen bei depressiven Menschen auslösen, andererseits.

So muß Schwere nicht notwendigerweise als unangenehm empfunden werden. Wo – wie im autogenen Training – Schwereübungen aktiv gesucht und mit angenehmen Wärmeempfindungen assoziiert werden, können sie sogar positiv erlebt werden. Dann handelt es sich allerdings um «belebte» Schwere, die nicht mit Erstarrung einhergeht.

2.3.   Verändertes Zeiterleben – Hemmung und stillstehende Zeit

Parallel zum veränderten Raumerleben Depressiver erscheint auch das Zeiterleben gehemmt und verlangsamt. Depressive betonen mit zunehmender Erkrankungstiefe immer wieder, «wie langsam die Zeit verstreicht». Manche empfinden die Zeit wie angehalten. «Ich habe kein Zeitgefühl mehr, meine innere Uhr scheint stillzustehen, während die Uhren der anderen weiterlaufen. In allem, was ich tue, komme ich nicht voran, dabei habe ich so viel zu tun. Aber ich bin wie gelähmt. Ich bleibe hinter meinen Pflichten zurück. Ich stehle Zeit», sagt ein von mir behandelter Kranker. Er verbindet damit die Empfindung, in der Zeit «nicht vorwärts schreiten zu können». Gleichzeitig leidet er aber auch nach seinen Worten «unter der lästigen Beeinträchtigung, nicht abschalten zu können. Was ich auch immer tue, hat ein nicht abklingendes Echo in mir. Ich muß immer daran denken, ob ich es richtig gemacht habe. Ich kann die Sache im Kopf nicht abschließen. Dabei falle ich in meinen Aufgaben immer mehr zurück. Abends kann ich nicht einschlafen, weil ich in Gedanken immer noch bei den Sachen vom Vortag bin. Dabei habe ich gar nichts erledigt. Trotzdem verfolgen mich diese Dinge ohne Ende. Ich muß schon starke Schlafmittel nehmen, um wie in Ohnmacht zu fallen, damit ich die Tagessorgen abschütteln kann. Am frühen Morgen geht es weiter so.»

Kierkegaard, der in seinen Tagebüchern höchst eindrucksvoll über seine Depressionen berichtete, hat dieses Gefühl, nicht von der Stelle zu kommen, als eine Art «Stockung im Geistesleben» beschrieben.[9] Tellenbach hat dieses Fixiertsein in einer wie angehaltenen Zeit auf den Begriff «Remanenz» (Zurückbleiben in der Zeit) gebracht.[10]

Ein besonders einprägsames Zeugnis dieser eigenartigen Störung depressiven Zeiterlebens gibt der Bericht einer Kranken von V. E. von Gebsattel: «Ich habe den ganzen Tag ein Gefühl, das mit Angst durchsetzt ist und das sich auf die Zeit bezieht. Ich muß unaufhörlich denken, daß die Zeit vergeht. Wenn ich jetzt mit Ihnen spreche, denke ich bei jedem Wort: Vorbei, vorbei, vorbei. Dieser Zustand ist unerträglich und erzeugt ein Gefühl von Gehetztheit. Ich bin immer in Hetze. Das fängt beim Erwachen an und knüpft an Geräusche an. Wenn ich einen Vogel piepsen höre, muß ich denken: Das hat eine Sekunde gedauert. Wassertropfen sind unerträglich und machen mich rasend, weil ich immer denken muß: Jetzt ist wieder eine Sekunde vergangen, jetzt wieder eine Sekunde. Ebenso wenn ich die Uhr ticken höre... Ich kann nicht verstehen, daß Menschen Pläne machen und einen Sinn mit solchen Zeitangaben verbinden und dabei ganz ruhig bleiben.»[11] Hier gerinnt die Zeit zu etwas Gewesenem, ja zu etwas Verwesendem. Alles wird zu Vergangenheit, die Zukunft ist verschlossen.

Tatsächlich beschäftigen sich fast alle depressiv Erkrankten hauptsächlich mit Zurückliegendem, wenn auch nicht so zwangsartig wie Gebsattels Patientin. Der Fluß der Zeit ist wie angehalten. Dadurch holt sie das Vergangene ein. Wenn es jedoch keine Zukunft gibt, ist Vergangenes auch nicht wiedergutzumachen. Schon ein kleines Versagen kann unwiderruflich zur schweren Schuld werden. Aufgaben werden zum Bal-

last, weil die Betroffenen in ihrem depressiven Erleben keine
Zukunft zur Verfügung haben, diese in Ruhe – Schritt für
Schritt – zu erledigen. Vorgesehene Dinge können nicht lie-
gengelassen werden. Es darf nichts vertagt werden, weil sonst
die Depressiven hinter ihrem eigenen Anspruch zurückbleiben
und gleichsam mit den Dingen liegenbleiben.

Beispiel: Eine eigene Patientin, die sich langsam von einer schweren
Depression erholt, hat von einem Vorgesetzten noch während einer
psychiatrischen Hospitalisation, aber bei beginnender Aufhellung ihrer Depression, eine Übersetzungsarbeit erhalten. Sie realisiert, daß
sie sich höchstens stundenweise auf die Arbeit konzentrieren kann
und daß ihr danach die Worte stocken und beim Lesen vor ihren
Augen «zerfließen». Der Vorschlag ihres Arbeitgebers, jeden Tag
eine Stunde zu arbeiten, so daß sie die Übersetzung in einem Monat
schaffen kann, lehnt sie ab. Sie möchte alles umgehend erledigen oder
sonst die Arbeit zurückgeben. In der psychotherapeutischen Sitzung
bekommt diese starre Haltung der Patientin, die oberflächlich betrachtet arrogant oder undankbar erscheinen mag, ein anderes Gesicht. Die Patientin fühlt sich ihrem Vorgesetzten, der sich für sie
auch früher schon eingesetzt hat, zu Dank verpflichtet und möchte
deshalb die Aufgabe nicht ablehnen, obwohl sie sich ihr nicht ge-
wachsen fühlt. Da sie die Übersetzungsarbeit als ganzes Buch erhalten hat und vollständig abliefern soll, sieht sie die Aufgabe als Ganzes
vor sich. Sie vermag sie nicht in einzelne Teile aufzulösen und sich für
die Erledigung einen Monat Zeit zu geben, weil sie – ähnlich der Patientin von Gebsattels – die Zeit angehalten, «immer schon vorbeige-
gangen» fühlt. In der erlebten Werdenshemmung ist ihr keine Zukunft gegeben, so daß sie nach ihrer Vorstellung sofort bereit sein
muß, die Arbeit abzugeben. Weil dies nicht möglich ist und ein Versuch, die Arbeit in kurzer Zeit zu erledigen, zu vertiefter depressiver
Erschöpfung geführt hat, fühlt sie sich als Versagerin. Sie möchte die
Arbeit lieber mit schweren Gewissensbissen unerledigt zurückgeben,
als ihrem Chef die Arbeit für später in Aussicht zu stellen und ein
Versprechen abzugeben, das sie nicht einhalten zu können glaubt.

Von Gebsattel hat darauf aufmerksam gemacht, daß in tiefen Depressionen die normale Zeitstruktur des Erlebens gestört ist. «Es ist aber das Eigentümliche, daß der Mensch, wenn er nicht wird, vergeht, was schon die populäre Moral feststellt, für die ‹jeder Stillstand Rückschritt ist›, und jedes ‹Rasten ein Rosten›, das heißt eigentlich ein Zugrundegehen. Nur im Werden sind wir, im Stillstehen hört man auf zu sein...» [12] In der Tat klagen schwerer Depressive über nichts so sehr wie über dieses Weniger-Werden; über eine Abnahme ihrer geistigen Fähigkeiten, eine zunehmende Verminderung ihres Könnens, ihres Besitzes, ihres Wertes, eine wachsende Einbuße an Kraft und Gesundheit.

Die beschriebene Veränderung des Zeit-Erlebens in der Depression ist wiederholt auch experimentell nachgewiesen worden. Nach Zeit-schätzungsstudien erleben endogen-depressive Patienten einen vor ihnen liegenden Zeitabschnitt kürzer als gesunde. Sie glauben also weniger Zeit in der Zukunft zur Verfügung zu haben. Zugleich scheint ihnen im Rückblick bereits mehr Zeit abgelaufen zu sein als real, so daß für sie die Vergangenheit übermächtig wird. [13]

Das Zurückbleiben der inneren Zeit wird nun nicht von allen Menschen in gleicher Weise erlebt. Es wird in besonders schmerzhaftem Kontrast verspürt, wenn sich der Depressive selbst große Ziele gesetzt hat oder wenn sich die prägende Umwelt durch eine intensive Lebensdynamik auszeichnet.

Heitere Feste, überquellende Lebensfreude, schöpferische Einfälle, große Schaffenskraft, sprießende Natur, heller Sonnenschein etc. reißen dann den Depressiven nicht wie gewünscht mit, sondern machen ihm seine Andersartigkeit, seine «stockende Lebensbewegung» besonders deutlich. Wird er mit dem Leben in voller Pracht konfrontiert, so fühlt er sich angesichts all der äußeren Fülle innerlich besonders leer. So

betont lustige Geselligkeit seine innere Einsamkeit, Schaffenskraft seine eigene Arbeitshemmung, Spielfreude seinen inneren Ernst. Die Umwelt und die Mitmenschen werden zum
Gradmesser seines Zurückstehens. Die Tüchtigkeit der andern
erscheint Depressiven als Hochsprung-Latte, an deren Höhe
sie sich selber zu messen haben und an der sie «versagen». Darüber hinaus fühlen sich Depressive aber auch den Blicken anderer stärker ausgesetzt. Die Augen der andern wirken auf sie
um so prüfender, je niedergeschlagener und ohnmächtiger sie
sich fühlen. Mit wachsendem Selbstwertverlust fühlen sie sich
zu Objekten der andern gemacht, von denen sie sich be- und
verurteilt wähnen. Fühlen sich Depressive einem fremden
Blick ausgeliefert und von ihm wie festgenagelt, glauben sie
sich nicht mehr nur selber zu kritisieren. Sie empfinden vielmehr ihr eigenes negatives Urteil durch die andern zur objektiven Wahrheit gemacht.

2.4.   Veränderte Mitmenschlichkeit –
           Entfremdung und Leere

Diese durch die andern erlebte Entmachtung wirkt sich umfassender aus als die vorangegangene selbstkritische Beurteilung,
weil dabei die Bestimmung, was sie selber sind, verlorengeht.
Es ist möglich, daß bei Schwerstdepressiven die ins Wahnhafte
gesteigerten Selbstvorwürfe einen Versuch darstellen, durch
maßlose Selbstkritik wenigstens die Selbstbeurteilung nicht
aus der Hand zu geben. Denn die Begegnung mit Mitmenschen wird für sie zur Gefahr, ihr Selbstgefühl zu verlieren und
zu bloß Vorhandenen zu werden. Um es mit Jean-Paul Sartre
zu sagen, riskieren sie «einen Sturz durch die absolute Leere

hindurch auf die Objektivität zu»[14]. Diese Selbstentfremdung ist für manche Schwerdepressive so bedrohlich, daß sie sich durch Isolation zu schützen suchen.

Wenn sie sich der Begegnung mit andern entziehen, entfällt für sie die direkte Infragestellung durch andere Menschen, allerdings auf Kosten potentiell günstiger mitmenschlicher Erfahrungen. Ein besonders ausgeprägtes Fallbeispiel soll diese abstrakte Sichtweise konkretisieren helfen:

Die 35jährige Patientin J. zeichnet sich wiederholt als gebückte Gestalt am Abgrund. Sie fürchtet «den Sturz ins Leere». Sie lebt in grandioser Einsamkeit. Die einzige außerberufliche Kontaktperson ist ihr Therapeut. Im Beruf versucht sie einer von ihr vorgestellten Rolle genau zu entsprechen. Menschlichen Berührungen weicht sie aus. Solange sie ihr Berufskleid trägt, ist sie Zahnärztin, die ihre Aufgabe perfekt erledigt. Hier weiß sie, was sie entsprechend ihrer Berufsrolle zu tun hat. In der Zusammenarbeit mit dem Personal weicht sie allen nichtberuflichen Kontakten aus. Sie ist ganz die Frau in Weiß, die mit den Instrumenten zu hantieren versteht. Zu Hause in ihrer 3-Zimmer-Wohnung fürchtet sie jede Begegnung. Sie paßt auf, daß ihr im Treppenhaus niemand entgegenkommt. Sie schrickt zusammen, wenn das Telefon läutet. Sie versucht alle nötigen Abmachungen von sich aus zu tätigen. Überraschendes Angesprochenwerden löst heftige Angst aus. Zwei tatsächlich eingetretene Ohnmachten auf öffentlichen Plätzen verunsichern sie aufs höchste, da sie jetzt nicht mehr sicher ist, «sich in Kontrolle zu haben». Im Bus oder im Zug fühlt sie sich von den Leuten angestarrt. Sie erklärt dies folgendermaßen: «Die Blicke haben Macht über mich. Die wollen etwas von mir. Ich fühle mich festgehalten. Ich kann mich nicht mehr frei bewegen. Das Schlimme ist, daß ich nicht weiß, was die Leute wollen. Sie schauen mich so eindringlich an, als würden sie mich durchschauen. Es handelt sich um ganz bestimmte Menschen, denen ich mich besonders ausgesetzt fühle. Ich kann nichts dagegen tun. Oft renne ich an der nächsten Haltestelle aus dem Bus.» Wiederholt meidet die Patientin die öffentlichen Verkehrsmittel und geht den langen Weg zu Fuß, um

möglichst mit niemandem zusammenzutreffen oder diesen in gro-
ßem Bogen ausweichen zu können. Zu anderen, weniger depressiv
gestimmten Zeiten treibt es sie an Wochenenden zu Zug- und Bus-
fahrten, um ihrer Einsamkeit zu entrinnen und Menschen «auf
Distanz» um sich zu wissen. Wenn sie jedoch jemand im Zug oder
Bus mit den Augen mustert, wechselt sie sofort das Abteil oder das
Verkehrsmittel. Dieses nicht alltägliche Beispiel verweist auf eine
Problematik, die in weniger dramatischer und weniger einsichtiger
Weise als bei dieser differenzierten Psychotherapiepatientin bei den
meisten Depressiven in verschiedener Stärke vorhanden ist. Viele
sind blickgehemmt und fürchten, den Blicken der andern ausgesetzt
zu sein, ohne oftmals allerdings die Kontaktmöglichkeit ganz einschränken zu müssen.

Tiefere Depressionen machen augenfällig, was bei leichteren
Fällen nur angedeutet ist oder sich im normalpsychologischen
Rahmen bewegt. Wo aber die depressive Hilflosigkeit wächst,
wird mit dem Angewiesensein auf fremde Unterstützung auch
die dargestellte Problematik groß.

Bei schwersten Depressionsformen findet sich eine über das
Gesagte noch hinausgehende Form der Entfremdung. Damit
ist eine qualvolle Entseelung gemeint, die nun nicht nur das
Empfinden der Patienten selbst, sondern auch die Umwelt betrifft. «Die Richtungslosigkeit ist so groß, daß Nicht-Dasein,
das Nicht-dabei-Sein; die Meinen sind mir verloren, ich bin
mir verloren – eine furchtbare Qual... die Menschen, obwohl
ich sie noch erfasse, noch meine Menschenkenntnis behalten
habe, sind doch wie Luft, die ein- und ausgeht – gespenstisch-
phantomhaft.»[15]

Hier wird die Entfernung von Verwandten und Bekannten
als ins Unermeßliche gesteigert erlebt, was für sie um so
schmerzhafter ist, als sie das Gegenteil ersehnen. Es gibt nie-
manden mehr, den sie erreichen. «Man rennt mit dem Kopf

gegen eine Wand, um die Beziehung herzustellen, aber es geht nicht. Der Besuch der Meinen, das ist ein Nachtspuk, schemenhaft, die Kinder so blaß – so wunschlos von meiner Seite. Die Leere füllt den Zwischenraum zwischen mir und meinem Mann, so daß ich nicht hinüberkomme.»[16] Mit dem eigenen Selbst, verdinglicht durch den Blick des andern, ist schließlich auch der Mitmensch untergegangen. Die Welt befremdet durch «Fratzenhaftigkeit, Blöße, Erstorbenheit»[17] und weitere Variationen der Leere. Hier erweist sich die Depression in ihrer tiefsten Tiefe als das genaue Gegenteil von lebendiger Trauer, Wut oder Tragik. Sie ist Gefühllosigkeit, Nicht-traurig-sein-Können, existentielle Leere. Erst auf dem Weg aus der Depression heraus regt sich wieder Schmerz, rühren sich wieder Gefühle, klafft Tragik auf. Erst nach dem Absturz ins Leere beginnt die schmerzhafte Geburt ins Leben.

Rainer Maria Rilke hat das beschriebene Gefühl des Ausgesetztseins in die folgenden Worte gefaßt:

> «Ausgesetzt auf den Bergen des Herzens. Siehe, wie
>   klein dort,
> siehe: wie klein auch, noch ein letztes
> Gehöft von Gefühl. Erkennst du's?
> Ausgesetzt auf den Bergen des Herzens. Steingrund
> unter den Händen...»[18]

In lyrischer Sprache findet sich hier wieder, was depressives Erleben auszeichnet. Kann dieses Gedicht in tiefer Depression geschrieben worden sein? Ich glaube nicht. Depressives Leiden berührt jedoch eine menschliche Grenzerfahrung, die noch nicht depressiv genannt werden kann, von wo aus aber Depressivität nachempfindbar wird. Depressives Erleben löscht vorübergehend Kreativität eher aus. Depressive Menschen haben jene Kraft und Beweglichkeit verloren, die Schöpfungen erst möglich machen. Darüber hinaus kann sich der schwer Depressive nicht mehr leicht verständlich machen, weil ihm «jenseits der Grenze» das Alltagserleben der Mitmenschen fremd ist.

Es ist nun besonders eigentümlich, daß Menschen, die eine schwere Depression durchgemacht haben, sich rückblickend kaum mehr in ihren depressiven Zustand hineinfühlen können. Sind sie aus depressivem Erleben wieder in ihren mehr oder weniger ausgeglichenen, alltäglichen Gefühlszustand zurückgekehrt, so erscheint ihnen das durchgemachte Leid oft so verschlossen wie ein fernes, unbekanntes Land.

Als eine Folge dieser Diskrepanz unterscheiden Menschen, die schwere Depressionen durchgemacht haben, häufig besonders stark zwischen «gesunden» und «kranken» Zeiten. Sie zeigen wenig Neigung, depressive Erfahrungen in ihr Alltagsleben zu integrieren, sondern suchen sich im Gegenteil dagegen zu wappnen. Demgegenüber lassen schwernehmerische Menschen mit leichteren depressiven Verstimmungen viel häufiger eine Verbindung des Alltagserlebens mit depressiven Erfahrungen zu. Dadurch bleiben ihnen die depressiven Erlebnisse zur bewußten Verarbeitung besser zugänglich.

Problematisch wird eine enge Verquickung von Depressivität und Alltag allerdings dort, wo die depressive Sichtweise (auch außerhalb der eigentlichen depressiven Verstimmungen) in die Charakterbildung eingeht und eine Grundhaltung fördert, die als «depressiv-neurotisch» beschrieben werden kann. Solche Menschen neigen dazu, sich selber ständig abzuwerten. Sie fühlen sich der Zuwendung anderer Menschen nicht wert. Gleichzeitig glauben sie sich in besonders starker Weise auf die Unterstützung und Anerkennung anderer Personen angewiesen. Dadurch werden sie höchst verletzlich für

Kritik. Eine solche Persönlichkeitsproblematik ist nicht identisch mit der in diesem Buch behandelten Depression. Das depressive Leiden stellt einen Zustand dar, der bei ganz verschiedenen Persönlichkeitsstrukturen auftreten und auch wieder vorübergehen kann. Demgegenüber handelt es sich bei der «depressiv-neurotischen» Problematik um mehr oder weniger konstante Persönlichkeitszüge, die ein Thema für sich darstellen.

2.5. Zusammenfassung

Depressive Verstimmungen lassen sich durch einzelne Symptome (wie Bedrückung, Antriebslosigkeit, Appetit- und Schlafstörung) charakterisieren. Neben einer solchen Zusammenstellung von Krankheitszeichen (vgl. Tab. 4 auf Seite 36) kann aber auch versucht werden, die depressive Erlebensweise als ganzheitliche Gestalt zu sehen. Das Wesentliche der Depression scheint darin zu liegen, daß die Wahrnehmung der Depressiven in körperlicher und zeitlicher Hinsicht verändert erscheint.

Der depressive Mensch fühlt sich räumlich in sich selbst eingeschlossen, und er fühlt sich zeitlich in seiner Entfaltung gehemmt. Er empfindet eine allgemeine Blockiertheit. Dabei wird die depressive Empfindung von Schwere und Hemmung zuerst häufig leibnahe erlebt. Auf diesen Zusammenhang mit dem Leib verweist auch die Sprache. So sind Ausdrücke wie «bedrückt», «niedergeschlagen» und «deprimiert» (von lat.: deprimere = niederdrücken), die im Deutschen von und für depressive Menschen gebraucht werden, der Körpersprache entlehnt. Das mittelhochdeutsche Verb «trüren» (heute: trauern) bedeutet etwa «den Kopf sinken lassen» oder «die Augen

niederschlagen» (Duden–Etymologie). Auch in dem Wort
«Verzweiflung» steckt das sprachliche Bild des Stockens, des
Versagens angesichts der Wahl zwischen zwei Optionen. Das
englische Wort «hopeless» bedeutet ursprünglich: «ohne noch
einen Hopser, einen Sprung machen zu können».

So deutlich die depressive Erlebensweise eine leiblich empfundene Schwere und Hemmung widerspiegelt, so schwierig
ist es für die betroffenen Menschen, diese «Herabgestimmt-
heit» auch anzunehmen. Sie kämpfen um so stärker dagegen
an, je weniger sie sich in ihren alltäglichen Aufgaben eine
Pause gönnen können und je größer ihr Pflichtgefühl und ihr
Ordnungsbedürfnis ist. Infolgedessen gehen Depressionen
häufig mit schmerzhaft erlebten Spannungen einher. Gleichzeitig fühlen sich schwerer Depressive gegenüber ihren Mitmenschen wie fremd. Sie vermissen ein emotionales «Mit-
schwingen-Können» und leben infolge ihres verlangsamten
Lebenstempos «in einer anderen Zeit».

Anmerkungen zu Teil 2

1 Zitiert nach Benedetti 1975, S. 81.
2 A. a. O., S. 168.
3 Zitiert nach Hinchliffe et al. 1978, S. 7.
4 Ich wähle den phänomenologischen oder daseinsanalytischen Ansatz zur Beschreibung depressiven Erlebens, weil es mir hier um eine «Reduktion auf das Wesentliche», nicht aber um eine metapsychologisch interpretative Darstellung geht. Allerdings wird jede Abbildung eines Erlebens auch vom Zugang und vom Standort des Beobachters abhängig sein. Da macht die phänomenologische Sichtweise keine Ausnahme. Andere Zugänge haben andere Aspekte depressiven Erlebens betont. So hat die kognitive Psychotherapie von Aaron T. Beck die negative Sicht, die Depressive von sich selbst, der Zukunft und der Welt haben, herausgearbeitet. Der neuere psychoanalytische Ansatz von Edith Jacobson hat die Gefühlsambivalenz und Selbstunsicherheit Depressiver ins Blickfeld gerückt.

Diese verschiedenen Ansätze dürften nicht nur verschiedene Standpunkte der Beobachter, sondern auch unterschiedliche Selbsterfahrungen depressiver Menschen widerspiegeln. So lassen leichtere Depressionen eher dynamische Konflikte, tiefere Depressionen eher starre Erlebensmuster erkennen. Indem ich vom charakteristisch veränderten Erleben schwer Depressiver ausgehe, hoffe ich Depressionstypisches aufzuzeigen, das in leichteren Fällen auch vorhanden ist, aber nicht so offen zutage tritt. Umgekehrt werde ich später in Teil 5 auf die hintergründige Konfliktlage auch schwererer Depressionsfälle zurückkommen.

5 Zitiert nach Hinchliffe et al. 1978, S. 7.
6 Solche und andere Therapieversuche werden von Starobinski 1960, S. 74 f. beschrieben.
7 Kraus 1977, S. 89.
8 Tellenbach 1983, S. 135.
9 A. a. O., S. 136.
10 A. a. O., S. 126.
11 Von Gebsattel 1954, S. 2.
12 A. a. O., S. 8.

13 Vgl. Tölle 1991.
14 Zitiert nach Biemel 1964, S. 50.
    Sartre hat die Dynamik des Blickes und des Angeblicktwerdens in
    seinem philosophischen Hauptwerk «Das Sein und das Nichts»
    ausgedeutet. Solange ein Mensch nur angeblickt wird, ist er ein
    Objekt für den andern. Sartre vergleicht dieses Objekt-Sein sogar
    mit einem «Sklaven-Sein». Erst indem sich der Mensch selbst be-
    wußt werde und durch sein eigenes Blicken den andern wieder
    zum Objekt mache, würde er dem «Sklaven-Sein» entfliehen.
15 Von Gebsattel, S. 26.
16 Ebd.
17 Ebd.
18 R. M. Rilke.

Teil 3 Die zwischenmenschlich-kommunikative Seite der Depression

Eine Depression stellt nicht nur ein individuelles Geschehen dar. Sie greift auch verändernd in die zwischenmenschlichen Beziehungen depressiver Menschen ein. Im folgenden sollen verschiedene Aspekte dieser Dynamik dargestellt werden: die Wirkung eines depressiven Menschen auf seinen unmittelbaren Sozialpartner (interpersonaler Aspekt), die Wechselwirkungen zwischen Depressiven und ihren Angehörigen (interaktioneller Aspekt) und schließlich die Kommunikationsstruktur von Paaren, bei denen einer der Partner depressiv ist (systemischer Aspekt).

3.1. Das Erleben im Gegenüber – interpersonale Aspekte

Die im vorangegangenen Kapitel gebrauchte Metapher vom Sehen und Gesehenwerden (siehe Seite 56 f) trifft nicht nur auf den Depressiven allein zu, sie gilt ebenso für sein Gegenüber. Auch dieses Gegenüber blickt den Depressiven nicht nur an, sondern wird auch von ihm angeblickt. Was ereignet sich

aber, wenn einer ins Blickfeld eines Depressiven kommt, von
ihm angeblickt oder eben mit den Augen gemieden wird?
Hierbei handelt es sich noch ausschließlich um eine personale
Fragestellung. Die intrapsychischen Vorgänge in Personen,
die einem Depressiven gegenüberstehen, sind aber von grundlegender Bedeutung für das Verständnis dieser Menschen –
vor jeder weiteren Analyse ihrer Reaktionsweise und des
Kommunikationsmusters.

So stark sich die einzelnen Personen, die mit einem depressiven Menschen zu tun haben, in ihrem Charakter und ihren
Erwartungen unterscheiden[1], so vielfältig sind auch ihre Reaktionsweisen im Kontakt mit depressiven Patienten. Selbst
bei Ehepartnern depressiver Menschen, die infolge ihrer Gat-
tenwahl mit dem depressiv erkrankten Patienten zusammen
sind, ist kein einheitliches Muster zu erkennen. Trotzdem läßt
sich bei aller Verschiedenheit der Reaktionsweisen eine Verunsicherung beobachten, die von den meisten Gesprächspartnern
Depressiver in der einen oder anderen Weise ausgedrückt
wird. Viele empfinden, daß sie «nicht klarkommen», daß ihnen «etwas fehlt» oder daß sie «den andern nicht erreichen».
So möchten Bekannte und Verwandte den Depressiven oftmals am liebsten aufrütteln, ihn «aus seiner Ohnmacht wek-
ken». Andere berichten, daß ihnen die Unerschütterlichkeit
oder die stereotype Form ihrer Antworten zu schaffen macht
und daß sie sich nach dem Gespräch mit Depressiven leer fühlen.

Ein Angehöriger bemerkte zum Beispiel: «Schlimm ist für
mich, daß bei meiner Frau überhaupt nichts geschieht. Ich
spüre von ihr keine Anteilnahme, keine Bewegung. Ich
komme zwar mit ihren Klagen, die sie an mich richtet, auch
nicht gut zurecht, aber diese Klagen sind wenigstens ein An-
haltspunkt, daß sie irgendwo der Schuh drückt. Das Gräßliche

ist... diese Orientierungslosigkeit. Ich fühle mich wie im Vakuum. Was ich auch immer tue, alles hat keinen Erfolg. Das Echo auf mein Handeln ist immer negativ. Dabei weiß ich, daß meine Frau leidet; aber dieses Leiden ist für mich nicht greifbar. Ich möchte auf sie zutreten, mitfühlen, helfen, aber das geht nicht. Sie weiß selber nicht, was ihr fehlt.»

Solche Phasen der Verunsicherung gehören auch zum Alltag von Therapeuten, die sich mit depressiven Menschen näher einlassen. So habe ich diese Gefühle der Leere in längeren Einzelpsychotherapien mit depressiven Patienten immer wieder an mir selber verspürt. Ich fühlte für Momente mein Interesse schwinden und ertappte mich dabei, daß ich nicht mehr wußte, was eben gesprochen worden war. Andere Male konnte mich eine kreisende Unruhe beschleichen, die mit einem Gefühl der Sinnlosigkeit meines Tuns einherging.

Solche Momente der Leere sind schwer in Worte zu fassen. Sie liegen vielleicht auch jenseits der Schamgrenze, so daß sie noch schwieriger auszudrücken sind. Das mag erklären, warum über solche «entleerten Gefühle» in der Literatur selten berichtet wird. Sie lassen sich viel häufiger aus abwehrenden Reaktionen erschließen, zum Beispiel aus der routinierten Distanz, mit der manchmal altgediente Pflegepersonen den Patienten auf Depressionsabteilungen begegnen, oder aus der Flucht in rein medizinische oder rein pflegerische Tätigkeiten, um sich den Patienten nicht stellen zu müssen, vielleicht aus Angst, ins Leere zu tappen und in sich selbst Gefühle der Bodenlosigkeit zu entdecken.

Bei aufmerksamer Lektüre findet man schon Andeutungen von Leereerlebnissen in den Berichten von Therapeuten, die schwerer depressiv erkrankte Patienten begleitet haben. So bemerkt der Psychoanalytiker Gaetano Benedetti, daß erst aus dem Prozeß der Identifikation mit den Patienten, bis in die

Entleerung hinein, ein ihn gestaltendes Eingreifen möglich ist.[2] Der Zürcher Psychologe Alfred Leder hat in Gesprächen mit Therapeuten einer psychiatrischen Klinik folgende Beobachtung gemacht: «Gefühlsleere ist eine der möglichen Reaktionen auf das Ausdrucksverhalten der Melancholiker, die häufig erwähnt wird.»[3]

Ferner bemerkt er: «Zur Abhängigkeit vom Kommunikationsstil der Patienten habe ich beobachtet, daß die atmosphärische Ausstrahlung des Melancholikers, seine Art und Weise, in Beziehung zu treten, und der Inhalt seiner Klagen bei nicht wenigen gesunden Personen vorübergehend ebenfalls Zustände der Gefühlsleere, des Selbstunwertes, der Interesselosigkeit und der Willenshemmung bewirken. Die Versuchung ist groß, aus Selbstschutz den Kontakt mit dem Patienten, soweit es geht, einzuschränken und sich sachlich distanziert zu verhalten. Eine eigene melancholische Vorgeschichte, die bei psychiatrisch Tätigen gar nicht so selten ist, mag zu der ‹Gefühlsansteckung› zusätzlich beitragen, ist aber nicht Bedingung dafür. Mitarbeiter, die selbst melancholische Phasen hinter sich haben, vermeiden gelegentlich aus Angst, mit hineingezogen zu werden, den Kontakt mit Melancholikern, oder aber sie wenden sich mit besonderem Gespür und Geschick diesen Patienten zu.»[4]

Wie lassen sich solche Leeregefühle bei Partnern und therapeutischen Begleitern depressiver Menschen verstehen? Zur Beantwortung dieser Frage möchte ich nochmals das bereits gebrauchte Bild vom Blickkontakt verwenden. Solange ein Mensch den andern nur erblickt, von ihm aber nicht auch bewußt angeschaut wird, bleibt der andere ein Objekt (oder in der Sprache Martin Bubers ein «Es»). Erst dadurch, daß der andere auch zurückblickt, wird er zu einem Subjekt (zu einem «Du»). Wenn sich nun ein Mensch in einer Depression leer und verdinglicht fühlt, wenn er sich verstärkt in sich selbst zurückzieht und bei Gesprächen auch den Blickkontakt meidet, sieht sich der Partner in einer Situation, in dem ihm als Blickendem eine Antwort fehlt. Seine eigenen Blicke nehmen zwar ein Objekt wahr, aber er greift in seinem Suchen nach dem «Du» ins Leere. Demzufolge fühlt er sich unerfüllt. Es fehlt ihm ein «Du», das ihn erst zum erfüllten «Ich» macht.

Nach dieser dialogischen Sichtweise wird der Partner weder vom Depressiven mit Leere angesteckt, noch deponiert der Depressive aktiv im Partner seine Not (wie ein psychoanalytisches Konzept annimmt[5]). Es genügt, daß der Partner durch die entleerende Depression im Patienten ein «Du» verloren hat, mit dem er sich auseinandersetzen kann. Es genügt, daß er selbst ins Leere greift.

Ähnlich wie der Depressive wehrt sich auch sein Partner gegen die zuerst nur vage empfundene Entleerung seiner Gefühle. Obwohl ihm anfänglich nur unbehaglich zumute sein mag, versetzt ihn die undurchsichtige Situation häufig in Alarmbereitschaft. Es fällt auf, wie übereinstimmend die psychologische Interaktionsforschung ein bestimmtes Reaktionsmuster von Sozialpartnern depressiver Menschen herausgearbeitet hat, das gerade diese defensive, sich selber schützende Haltung in den Vordergrund stellt.

Natürlich ist bei solchen Interaktionsstudien zu unterscheiden zwischen Personengruppen, die (wie Freiwillige in experimentellen Untersuchungen) kurzfristig und durch Zufall mit Depressiven zusammentreffen, und Angehörigen, die langfristig mit Depressiven zusammenleben. Zufällige Gesprächspartner sind ungebunden und können sich einer Auseinandersetzung mit ihren Leeregefühlen dadurch entziehen, daß sie weiteren Kontakten mit Depressiven aus dem Wege gehen.

Der amerikanische Psychologe James C. Coyne hat diese

Reaktionsweise von kurzfristigen Kontaktpersonen in einer Untersuchung durch eine elegante Versuchsanordnung aufgezeigt.[6] Er ließ 45 Studentinnen mit je 15 depressiven und 15 nicht-depressiven ambulanten psychiatrischen Patienten sowie 15 «normalen» Kontrollpersonen während 20 Minuten telefonieren. Anschließend wurden die 45 Studentinnen mit verschiedenen Fragebögen getestet. Das Gespräch wurde auf Band aufgenommen und nach bestimmten Kriterien analysiert. Erwartungsgemäß schilderten sich diejenigen Studentinnen, die mit Depressiven gesprochen hatten, in einem Selbstbeurteilungsfragebogen signifikant depressiver, aber auch ängstlicher und ärgerlicher gestimmt, als diejenigen, die mit nicht-depressiven psychiatrischen Patienten oder Kontrollpersonen gesprochen hatten. Die Studentinnen, die mit Depressiven geredet hatten, gingen mehr auf die Anliegen und die Person des Depressiven ein – im Gegensatz zu den zwei übrigen Gruppen, die ebensoviel von sich sprachen. Bei der Frage, ob ein weiteres Zusammentreffen mit den vorher unbekannten Telefongesprächspartnern erwünscht wäre, zeigte sich, daß die depressiven Patienten deutlich als weniger attraktiv eingeschätzt wurden denn die beiden anderen Gruppen.

Andere Untersucher haben die Befunde Coynes bestätigt und sie auch auf männliche Probanden ausgedehnt. Hammen und Peters konnten mittels einer veränderten Versuchsanordnung zeigen, daß nicht der Gesprächsinhalt über die Reaktionsweise der Probanden entscheidet, sondern ausschließlich die Affektlage der von ihnen Interviewten.[7] Eine amerikanische Forschergruppe[8] hat darüber hinaus mit einer experimentellen Spielsituation dargestellt, wie Depressive von kurzfristigen Kontaktpersonen besonders schonend behandelt und beim Spielen bevorteilt werden, wenn erstere in schwacher

Position sind. Man kann sich leicht vorstellen, daß diese Schonhaltung eher dazu führt, Depressive künftig als Spiel- und Gesprächspartner zu meiden (vgl. Tab. 6).

Tab. 6:

Auswirkungen depressiven Verhaltens bei kurzfristigen Kontakten

(in experimentellen Untersuchungen)

a) auf das Empfinden der Gesprächspartner
   - Verunsicherung
   - Verstimmung (meist Deprimierung, aber auch Ärger)

b) auf das Verhalten der Gesprächspartner
   - Schonung des Depressiven
   - Vermeidungstendenz bezüglich weiterer Zusammenkünfte

Bei längerfristigen Kontakten (Angehörigensituation) verändert sich die Reaktionsweise: Neben Schonung wird durch Partner und Angehörige auch kritische Kontrolle geübt; anstelle der Vermeidung treten bei weitergeführten Kontakten vermehrt Rechtfertigungs- und Selbstbehauptungsversuche der Partner auf.

Ein besonderes, befristetes Partnerverhältnis stellt die Arzt-Patienten-Beziehung dar. Diese Situation weist einige Besonderheiten auf. Vom Arzt wird Hilfe erwartet. Umgekehrt fühlt sich der Arzt beruflich zur Hilfe verpflichtet, so daß ihm Distanzierung schwerfällt trotz eines ähnlich kurzen Kontaktes wie in den oben beschriebenen psychologischen Experimenten mit ungebundenen Teilnehmern. Frey und Mitarbeiter[9] sind dieser besonderen Interaktionsform auf vorsprachlicher Ebene nachgegangen. Sie haben verschiedene Körperhaltungen bei depres-

siven Patienten wie bei ihren behandelnden Ärzten zu verschiedenen Zeitpunkten mit Hilfe moderner Videotechniken studiert. Dabei ergab sich der überraschende Befund, daß der Arzt
sein körperliches Bewegungsmuster generell stärker ein-
schränkt, als dies der Depressive selber tut. Auch hielten die
behandelnden Ärzte während der Konversation ihre Köpfe tiefer gesenkt, als dies bei den schwer depressiven Patienten zu
beobachten war. In dieser verstärkten Übernahme eines motorisch angespannten, bewegungsarmen und gebückten Körper-
schemas kann neben identifizierender Anteilnahme eine Abwehr der drohenden Leere gesehen werden. Auch Ärzte scheinen jede «falsche» Bewegung zu vermeiden und sich – das ist
aus ihrer Körpersprache zu schließen – defensiv-abwehrend zu
verhalten. Umgekehrt hat sich aus der Untersuchung von Frey
und Mitarbeitern ergeben, daß sich bei Besserung der Patienten
sofort auch die körperliche Haltung der Ärzte verändert. Eine
Zunahme der körperlichen Mobilität beim ärztlichen Inter-
aktionspartner scheint danach eines der besten Kriterien zu sein,
um eine eintretende Aufhellung der Depression beim Patienten
zu prognostizieren. Vor jeder bewußten, kognitiven Verarbeitung scheinen sich die Veränderungen des Depressiven wie seines Gesprächspartners auf vorsprachlicher Ebene, in der Ausdrucksweise ihres Bewegungsapparates, anzuzeigen. Auf die
Bedeutung solcher evolutionär verwurzelten Organisations-
weisen im depressiven Geschehen werde ich im Teil 5 («Depression – integrativ gesehen») zu sprechen kommen. Hier ging
es darum, auf eine Verunsicherung bei Partnern Depressiver
hinzuweisen, wie sie sich gerade auch im körperlichen Ausdruck offenbaren kann, wenn der soziale Kontext ein verbales
Zugeständnis nicht zuläßt.

Bisher habe ich mich mit der Reaktionsweise kurzfristiger
Partner beschäftigt. Angehörige und Lebenspartner stehen je-

doch einer viel komplexeren Situation gegenüber. Ihre Verunsicherung ist viel umfassender. Wer durch Familienbande oder durch Partnerwahl mit Depressiven verbunden ist, fühlt sich oft in seiner Lebensgrundlage bedroht.

So ist dem erfahrenen Mannheimer Klinikpsychiater Heinz Häfner aufgefallen, wie viele Angehörige von schwer Depressiven zu Beginn der Erkrankung mit Wut und Hilflosigkeit reagieren.[10] Auch viele andere Autoren haben darauf hingewiesen, daß Angehörige zum Zeitpunkt einer Depression des Patienten besonders häufig unter eigenen Schuldgefühlen leiden, als ob ein depressiver Mensch in spezifischer Weise beim Gegenüber die Empfindung des Schuldigseins hervorrufen könnte. Die Psychoanalytikerin Edith Jacobson hat, ähnlich wie andere Psychotherapeuten, einen Zusammenhang solcher Schuldgefühle mit aggressiven Reaktionen der Ehepartner gegenüber dem Depressiven vermutet.[11] Nach meiner eigenen Erfahrung ist jedoch die persönliche Reaktion Mitbetroffener beziehungsweise der Anpassungsprozeß der Ehepartner an den Patienten außerordentlich vielschichtig. Die Empfindungen der Angehörigen können kaum auf einfache Gefühlsqualitäten wie Angst, Schuld, Scham, Mitleid, Hilflosigkeit, Ressentiments oder Wut reduziert werden. Viele Gefühle sind bei ihnen entsprechend ihrer zwiespältigen Lebenssituation ambivalenter Art, oft wechselhaft, manchmal plötzlich einschießend und gleich wieder verdrängt. Es müssen auch nicht nur negative Empfindungen verspürt werden, manchmal kann Ablehnung auch mit Gefühlen der Sympathie und der Dankbarkeit gemischt sein. Außerdem können sich ja die Empfindungen im Verlauf der Krise vielfach ändern.

Das Ausmaß einer solchen unglücklichen Verquickung eines depressiv Erkrankten mit seinem Partner hat die

Schriftstellerin Caroline Muhr in ihrem Tagebuch beschrieben, das sie – soweit es ihr möglich war – während einer drei Jahre anhaltenden Depression geführt hat. Sie faßt am Ende zusammen:

«Ich bin erschrocken, wie verworren allein der äußere Weg bis hieher war. Er zeigt, wie hilflos man nicht nur selber ist, sondern auch die, die mitbetroffen sind, weil sie einen lieben. Hilflos wie ein Tier in der Falle, blindlings die Wände nach einer Öffnung abtastend, von überstürzten Hoffnungen getrieben, von Entmutigungen gelähmt, mal hier-, mal dorthin laufend und im Grunde noch niemandem vertrauend.» [12]

Caroline Muhr beschreibt auch in bitterem, depressivem Ton und mit messerscharfen Worten die Versuche ihres Mannes, mit ihrer Depression umzugehen. Einige Passagen aus ihrem Tagebuch seien im folgenden zu einem gerafften chronologischen Ablauf zusammengeschnitten.

Sie beschreibt, wie ihr Mann sie zuerst erfolglos aufzuheitern versuchte, wie er ihr immer wieder Hoffnung machen wollte, wenn sie im psychiatrischen Spital war, ihr täglich schrieb (April 1964); wie er dann immer häufiger sein freundliches Lächeln verlor und zunehmend versteinerte (Juli 1964).

«Etwas Fremdartiges, fast Gefährliches ist in seinem Blick, wie bei einem Tier, das man jahrelang gekannt hat und das nun seinen noch mühsam beherrschten Instinkt zur Zerstörung in sich wachsen fühlt.» [13]

Nach einem Jahr schreibt sie, daß ihr Mann ihren Anblick nicht mehr ertragen konnte – so wenig wie den von abgeschnittenen Blumen (August 1965).

Nach zwei langen Jahren Krankheit empfindet Caroline

Muhr ihren Mann wieder als gelöster. Sie denkt über diesen
Wandel nach:

«Ich habe lange Schatten über seine Fröhlichkeit geworfen, ich habe
für lange Monate diese für ihn so lebenswichtige Phantasie zerstört.
Jetzt, da sie trotz meines Elends wieder wach wird, erkenne ich, wie
er vor einem Jahr (nach dem ersten Jahr der Depression) gewesen ist:
Ausgebrannt, trocken, auf die Realität verwiesen, wie ein Gefangener
auf seiner Hinrichtung. In der Welt, die er nun wieder um sich zu
bilden beginnt, ist nichts mehr so schlimm. Sie ermöglicht es ihm,
meine Krankheit so aufzufassen, wie er auch den Krieg aufgefaßt hat:
Als eine Art Abenteuer, in dem er sich nicht unterkriegen lassen
darf... Wenn er dann neben meinem Bett sitzt, muntere und etwas
schiefe Vergleiche mit seinem eigenen Krankenhausaufenthalt nach
der Blinddarmoperation ziehend, entschlossen, die Atmosphäre im
Zimmer mit kleinen Späßen zu verwandeln, fühle ich, wie sehr es ihn
drängt, sich aus den dunklen Bereichen des Leidens herauszuhalten.»
(Oktober 1965).[14]

Hier ist das Ringen des Partners mit der Krankheit aus der
Sicht der Depressiven nachgezeichnet. Der Partner wird im
Spiegel der leidenden, aber überaus klarsichtigen Depressiven
in den verschiedenen Phasen seines Kampfes dargestellt: vom
Trösten und Hoffnung-Machen über seine zunehmende Müdigkeit bis zur versteinernden Erschöpfung; von der intimen
Anteilnahme am Leiden über die zunehmende Abgrenzung
gegenüber der Depressiven bis zum hartnäckigen Engagement
gegen den gemeinsamen Feind der «schicksalhaften Krankheit».

Wenn Partner von Depressionen zuerst in ausgeprägter
Weise angstvoll und gereizt reagieren, so unterscheiden sie
sich in dieser gefühlsstarken Reaktion von den depressiven Patienten, die ihre eigenen Gefühle nicht mehr so stark erleben
können. Ihre heftige emotionale Reaktionsweise spiegelt ein

Vermögen wider, das Depressiven während der Erkrankung
gerade abgeht. Sie reagieren auf die erlebte Gefährdung mit
Angst und Wut, Trauer oder Hoffnung und haben in aller Verunsicherung eine mehr oder weniger ausgeprägte Emotionali-
tät zur Verfügung, die ihnen auch hilft, mit der Bedrohung
fertig zu werden. Erst wenn alle ihre Lösungsversuche in einzelnen Fällen scheitern, kann auch bei ihnen ein depressives
Reaktionsmuster auftreten, das sich von dem ihrer kranken
Partner nicht mehr unterscheiden läßt. Solche Fälle stellen jedoch die Ausnahme dar.

Der Gatte einer schwer depressiven Frau hat den Unterschied zwischen seiner eigenen Reaktionsweise und der Depression seiner Partnerin mit folgenden Worten deutlich gemacht: «Ich war in einem
gewissen Sinne der Depression meiner Frau ausgeliefert. Meine Bemühungen, Übersicht und Energie zu behalten... hätte ich nicht
unbegrenzt fortsetzen können... Das war eine Erfahrung, die ich in
solcher Härte zum ersten Mal im Leben durchmachte... Meine Frau
hat das so erlebt, als habe sie mich mit ihrer Depression angesteckt.
Ich habe das Gefühl..., daß da doch noch ein wesentlicher Unterschied bleibt zwischen ihrer Schwermut in dieser Zeit und der inneren Müdigkeit, die ihr Leiden bei mir auslöste. Ihre Schilderungen
wirken an manchen Stellen selbst auf mich, der alles so nah miter-
lebte, fremd und erschreckend. Ich war damals nur ‹einfach› müde
und innerlich matt. Das freilich zeitweise in einem Ausmaß, das
mich jetzt auch erschreckt.» [15]

Ein stark gefühlvolles Antworten des Partners muß für den
depressiven Patienten nicht von Nachteil sein.

    So fand Peter Frick in einer Nachuntersuchung meiner eige-
nen Ehestudie [16], daß jene Patienten, deren Partner anläßlich
ihrer depressiven Erkrankung fünf Jahre zuvor eine starke
emotionale Reaktion gezeigt hatten, keinen ungünstigeren
Verlauf aufwiesen als die Patienten mit schwächer reagieren-

den Partnern.[17] Dies kann darauf hinweisen, daß eine gefühlsstarke Reaktion des Partners dem Patienten auch die Chance gibt, an dessen gefühlvoller Trauerreaktion indirekt teilzunehmen. Eine solche positive Verarbeitung setzt aber das Wissen voraus, vom Partner als Person akzeptiert zu sein.

3.2. Wechselwirkungen zwischen Depressiven und ihren Angehörigen – interaktionelle Aspekte

Nun sollen die eigentlichen interaktionellen Wechselwirkungen zwischen depressiven Patienten und ihren Partnern zur Sprache kommen. Damit richte ich meine Aufmerksamkeit auf das äußerlich sichtbare Verhalten der beteiligten Personen und lasse ihr inneres Empfinden in den Hintergrund treten.

Aus verhaltensorientierter Sicht können depressive Symptome als Botschaften eines Senders (Patient) an einen Empfänger (Partner) angesehen werden. So betrachtet, sind depressive Verhaltensweisen als ausgesprochen starke Reize einzuschätzen. Erfahrungsgemäß ist es fast allen Menschen nur schwer möglich, sich depressiven Botschaften zu entziehen oder sich davon unberührt zu zeigen.

Verhaltensforscher[18] haben im depressiven Ausdrucksmuster drei Komponenten herausgearbeitet, die nebeneinander bestehen und sich in ihrer Wirkung offenbar beeinflussen. Diese unterschiedlichen Verhaltensaspekte sind schematisch in Tab. 7 zusammengefaßt und sollen kurz erläutert werden.

Depressives Verhalten wirkt erstens als Appell. Verzweiflung und Hilflosigkeit des Depressiven wecken Mitgefühl und Anteilnahme. Der Psychoanalytiker Sandor Rado hat demge-

Tab. 7:

Depressives Verhalten als Botschaft (Wechselwirkungen zwischen Depressivem und Partner)

Depressiver ◄----► Partner

Appellationsverhalten:

Verzweiflung, Hilflosigkeit ————► Mitgefühl und Mitleid
(«Schrei nach Liebe»)   ————► Anteilnahme

Hostilitätsverhalten:

Negative Gefühle, Dysphorie ————► Eindruck des Abgewiesen-
(«Klagsamkeit»)   werdens
                                                    ————► Enttäuschung, Ärger

Deprivationsverhalten:

Hemmung, Interesseverlust ————► Dämpfung der Erwartungen
(«Versteinerung»)   ————► Zurückhaltung

zwiespältige Botschaft ◄----► Spannung, Lähmungsgefühle,
                                          Verunsicherung
                                          (emotionaler Stress)

mäß Depressionen auch als «Schrei nach Liebe» interpretiert.[19] Neben Anteilnahme rufen depressive Klagen zweitens aber auch feindselige Gefühle (Hostilität) wach. Die Klagen der Depressiven werden häufig als Anklagen (miß)verstanden, vor allem wenn sie in depressiv-gereizter Weise und in bitterem Ton vorgebracht werden. Auch das vergebliche Bemühen um Aufhellung der trostlosen Gemütsverfassung kann bei Partnern Ärger auslösen. Drittens haben depressive Verhaltensweisen auch einen «beraubenden» Effekt (Deprivation). Weil der Depressive in seiner Gehemmtheit kein Interesse zu zeigen vermag und im Gespräch oft starr und reaktionsarm bleibt, ist die Kommunikation mit ihm nicht nur schwerfällig und monoton, sondern läßt auch oft einen Sinn vermissen. Zudem erweckt die depressive Haltung meist den Eindruck, daß der Betroffene mit sich selbst beschäftigt ist und allein gelassen sein will. Dadurch fühlen sich viele Partner vom Depressiven zurückgestoßen, ohne daß dies beabsichtigt wäre.

Die aufgeführten drei Komponenten depressiven Verhaltens – Appellieren, Bangemachen, Entziehen – sind in sich widersprüchlich. Infolgedessen wirken sie auch als zwiespältige Botschaften, die nebeneinander Mitleid, Ärger und Zurückhaltung auslösen. Da diese Gefühle sich gegenseitig blockieren – zum Beispiel eine aufkeimende Wut wegen des gleichzeitig vorherrschenden Mitleids unterdrückt wird –, wächst die innere Spannung beim Partner oftmals wie bei einem Gewitteraufzug an.

Ich halte die Kenntnis der aufgezeigten Dynamik, daß nämlich eine Depression nicht nur Mitgefühl weckt, sondern auch einen Zwangsjackeneffekt auf andere hat, zum Verständnis der Wechselwirkungen zwischen Depressivem und Partner für entscheidend. Viele Betroffene sind zwar dieser regelmäßig aufkommenden Dynamik emotional ausgesetzt, können

sie aber rational nicht verstehen und verkennen sie – zum Beispiel als böswillige Manipulation des Depressiven. Sie fordern
dann nutzlos und belastend den Depressiven dazu auf, wozu
sie sich selbst innerlich zwingen müssen: «Du mußt dich nur
zusammenreißen; du darfst nicht schwach sein; es ist alles gar
nicht so schlimm.» Oder sie verfallen einer übertriebenen Aktivität, weil sie sich selbst wie Eingeschlossene fühlen und dieser Gefahr durch Überstimulation entkommen wollen.

Der Angehörige lebt in einer Streßsituation. Er fühlt sich auf
unbekannte Weise und durch undurchschaubare Mechanismen bedrückt und hilflos gemacht. Seine Versuche, den Depressiven aufzuheitern oder auf andere Weise aus der als Käfig
empfundenen Lage auszubrechen, schlagen fehl. Da er sich als
Angehöriger oder Ehepartner an den depressiven Menschen
gebunden fühlt und sich der unerfreulichen Situation nicht einfach entziehen kann, gerät er in einen Annäherungs-Vermei-
dungs-Konflikt. Er möchte helfend einspringen, fühlt aber zugleich den Wunsch nach Zurückweichen in sich. So kann es
geschehen, daß er Hilfsangebote in abweisendem Ton macht
oder Kritik in lobende Worte hüllt.

Gerade sensible und einfühlsame Bezugspersonen von Depressiven spüren oft in lähmender Weise, daß sie sich in einer
Beziehungsfalle befinden. Sie nehmen wahr, daß sie den Wünschen der depressiven Patienten, wie sie auch immer handeln
werden, im Moment nicht gerecht werden *können* und fühlen
sich dadurch schachmatt gesetzt.

Angesichts dieser quälenden emotionalen Situation darf
nicht vergessen werden, daß der Partner zusätzlich auch noch
soziale Pflichten des Depressiven übernehmen muß. Er hat
teilweise in Haushalt, Beruf und Kindererziehung für den Depressiven einzuspringen (vgl. Tab. 8).

Infolge der dargestellten Interaktionsproblematik laufen

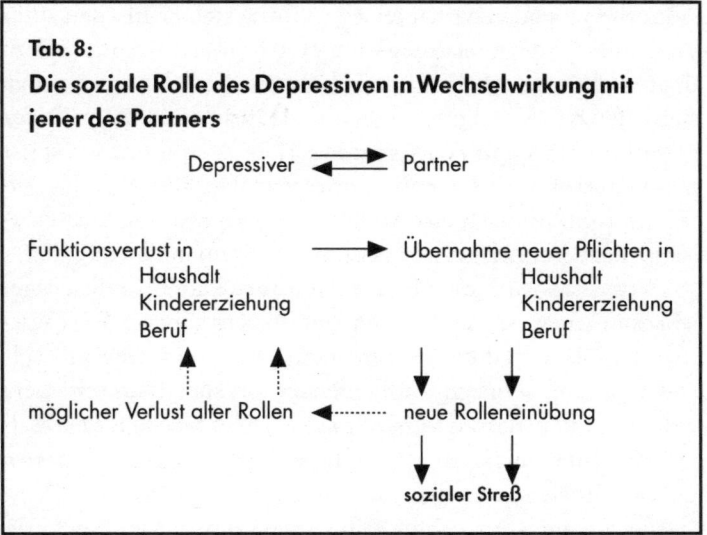

Tab. 8:

Die soziale Rolle des Depressiven in Wechselwirkung mit jener des Partners

viele Angehörige längerfristig Gefahr, den depressiven Menschen zunehmend kritisch in Frage zu stellen und sich selbstbehauptend mehr als üblich in ein positives Licht zu rücken.

So schützen sich – nach der später noch eingehender diskutierten Studie einer englischen Forschergruppe aus Bristol[20] – die Partner von Depressiven im Vergleich zu Partnern somatisch Kranker in Paargesprächen durch größere Selbstbezogenheit und durch abwertende Kritik am Gatten vor Infragestellung. Auch nach den Untersuchungen deutscher Forschergruppen[21] werden Depressive von Angehörigen häufiger kritisiert als von fremden Gesprächspartnern. Gleichzeitig suchen sich die Partner verstärkt selber zu behaupten.

Wie wirken nun diese Verhaltensmuster der Partner auf die Depressiven zurück?

Kritische und rechthaberische Worte stellen für den «depressiven Empfänger» negative Botschaften dar, die ihn in Frage stellen. Sie tragen dazu bei, das noch vorhandene aktive Verhalten depressiver Menschen zu schwächen. Fühlt sich der Depressive in seiner Verzweiflung nicht angenommen, so ist häufig zu beobachten, daß er vorübergehend seine Hilf- und Wertlosigkeit noch betont. Kann der depressiven Entwicklung nicht gegengesteuert werden, sind manchmal völliger Rückzug, ja sogar starre Abkapselung des Patienten die Folge. Mit zunehmender Verschlossenheit wird es aber noch schwieriger, die Botschaften des Depressiven zu verstehen und adäquat zu beantworten. Infolgedessen läßt sich nicht selten ein Teufelskreis negativer Verstärkungen zwischen dem depressiven Patienten und seinem Partner beobachten, wie dies in Tab. 9 wiedergegeben wird.

Von wenigen Ausnahmen abgesehen, kommt es bei dieser ungünstigen Entwicklung, die zunächst wie eine Einbahnstraße erscheint, dennoch zur Umkehr. Dazu dürfte beitragen, daß die zunehmende Blockiertheit des Depressiven schließlich einer weiteren Eskalation entgegenwirkt. Seine Abgeschlossenheit und Reaktionsarmut machen ihn – trotz aller Sensibilität – für äußere Einflüsse weniger empfänglich. Andererseits reagieren die Partner von Depressiven nicht nur zu ihrem eigenen Schutz kritisch und selbstbezogen, sondern aus ihrer Verbundenheit heraus auch weiterhin fürsorglich und bestätigend. Je deutlicher für sie die Symptomatik hervortritt und sie einsehen, daß z. B. ihr Gatte oder Verwandter tatsächlich krank ist, desto leichter mag ihnen auch die Anteilnahme fallen. Viele davon betroffene Angehörige wehren sich aber lange gegen eine solche «Krankschreibung» ihres Gatten oder Verwandten, da diese Annahme auch einen Verlust bedeutet. Wer einen depressiven Menschen nicht mehr nur als müde und

Tab. 9:

Typische Abfolge der Interaktion zwischen einem depressiven Menschen und seinem Partner

(——▶ zunehmende Depression, ----▶ abnehmende Depression)

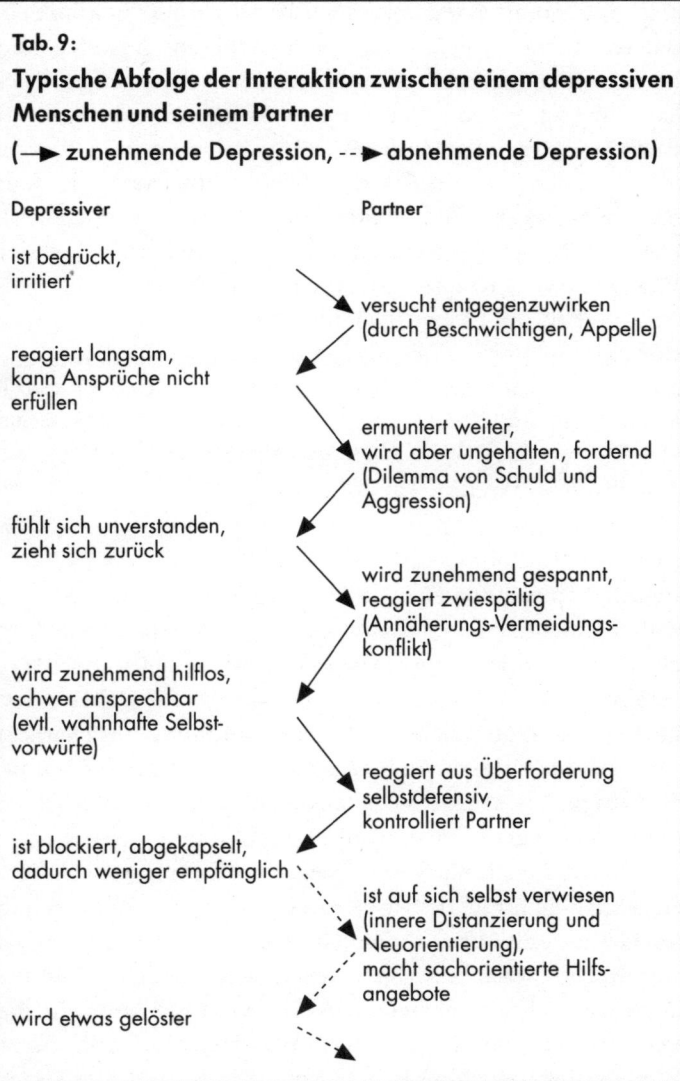

Depressiver   Partner

ist bedrückt,
irritiert

versucht entgegenzuwirken
(durch Beschwichtigen, Appelle)

reagiert langsam,
kann Ansprüche nicht
erfüllen

ermuntert weiter,
wird aber ungehalten, fordernd
(Dilemma von Schuld und
Aggression)

fühlt sich unverstanden,
zieht sich zurück

wird zunehmend gespannt,
reagiert zwiespältig
(Annäherungs-Vermeidungs-
konflikt)

wird zunehmend hilflos,
schwer ansprechbar
(evtl. wahnhafte Selbst-
vorwürfe)

reagiert aus Überforderung
selbstdefensiv,
kontrolliert Partner

ist blockiert, abgekapselt,
dadurch weniger empfänglich

ist auf sich selbst verwiesen
(innere Distanzierung und
Neuorientierung),
macht sachorientierte Hilfsangebote

wird etwas gelöster

erschöpft, sondern teilweise auch als wesensmäßig krank ein-
schätzt, verliert ein Stück von seinem ihm nahestehenden
Menschen. Die Anerkennung eines Krankseins bedeutet deshalb für viele einen schmerzhaften Abgrenzungsprozeß. Die
partielle innere Distanzierung hilft aber manchem Partner,
selbst bei einem schwer Depressiven auszuharren. Dies kann
manchem Partner von Depressiven, wie dem Ehemann von
Caroline Muhr, dadurch erleichtert werden, daß er andere
Wesenszüge des Kranken weiterhin hochschätzt.

So fand R. Baer in einer deutschen Untersuchung von 60 Angehörigen endogen depressiver Patienten, daß die Ehepartner die aktuelle
Behinderung des Depressiven zwar registrierten und teilweise auch
kritisierten, andererseits die Depressiven in der Krankheitsphase auch
als gutmütig, friedlich, feinfühlend und vertrauensvoll einschätzten.[22]

Eine solche positive Grundhaltung, gekoppelt mit einer par-
tiellen Distanzierung, erlaubt günstigenfalls den Angehörigen, sich trotz dem stereotypen Verhalten des Depressiven er-
neut spontan und offen zu geben. Von solchen alternativen
Quellen der Unterstützung und Wertschätzung des Depressiven – unabhängig von seinen Symptomen – hängt wesentlich
die Fähigkeit zum Durchtragen einer Depression unter schweren Bedingungen ab.

Nun gibt es freilich auch negative Beispiele, wo dieses
Durchhalten mißlingt. Die einen verleugnen die Krankheit ihres Gatten oder Verwandten, indem sie so weiterleben, als
wäre nichts geschehen. Sie suchen keine ärztliche Hilfe und
kümmern sich auch nicht um das erhebliche Selbstmordrisiko.
Die andern entziehen sich dem Depressiven, indem sie ihn sofort an Rehabilitationsstätten oder Kliniken weiterweisen,

ohne sich dort um ihn zu kümmern. Zwischen diesen beiden Polen der Bagatellisierung und Abschiebung gibt es Übergangsvarianten: Es kann der Fall eintreten, daß der Partner versucht, aus der frustrierenden Ehesituation möglichst viel Profit für sich selbst herauszuschlagen, sei es durch finanzielle Übervorteilung des Depressiven, durch das Ausspielen der Kinder oder durch Aufnahme außerehelicher Freundschaften. Wenige andere stempeln sich selbst zum Märtyrer, spielen Krankheitssymptome des Depressiven hoch und gewinnen Befriedigung daraus, sich vor einem breiteren Publikum von Verwandten und Bekannten zum Helden des Leidens zu machen.

Fühlt sich ein Depressiver auf diese Weise faktisch verlassen, kann das Rückzugsverhalten des Partners zum interaktionellen Wendepunkt werden, an dem sich das Schicksal des Depressiven entscheidet. Es kann zu einer Suizidhandlung führen oder, seltener, zu seinem letzten, verzweifelten Aufbegehren kommen, mit seinem Schicksal ohne seinen Partner fertig zu werden.

Die Mehrzahl der Partner Depressiver hält allerdings ein großes Maß an Belastung aus und zieht sich vom Depressiven nicht zurück. Im Gegenteil scheinen in statistischer Hinsicht (Ehe-)Beziehungen durch depressive Krisen eher gekittet als aufgetrennt zu werden. Darauf will ich im nächsten Kapitel eingehen, wenn die Paarbeziehung oder die Familie als selbständiges System betrachtet wird.

3.3.   Depressive Konstellation – systemische Aspekte

3.3.1.   Die Melodie der Depression

Depressionen entwickeln in Paar- und Familienbeziehungen eine Eigendynamik, die von den direkt Betroffenen schwer zu fassen ist. Wir stoßen an eine Grenze, die durch die Analyse des Erlebens und Verhaltens einzelner Personen nicht mehr überschritten werden kann. Diese Grenze des Verständnisses hat in den Fünfzigerjahren unseres Jahrhunderts auch tiefenpsychologisch orientierte Therapeuten dazu geführt, die überindividuellen Kommunikations- und Rollenmuster zu studieren. Soziologische Einflüsse und ethnologische Erfahrungen aus dem Studium fremder Völker und Stämme gaben den Anstoß, vermehrt auf die Regeln zu achten, die eine Gemeinschaft zusammenhalten. Technische Fortschritte (Videotechnik, Einwegspiegel) trugen das Ihre dazu bei, Beziehungsmuster, zum Beispiel einer Familie, vermehrt als Ganzes «von außen» zu betrachten.

Für unseren Zusammenhang ist von Bedeutung, daß sich die Ebene der kommunikationsbezogenen Beobachtungsweise von der bisher betrachteten Ebene des Erlebens und Verhaltens deutlich abhebt. Deshalb ist das Kommunikationssystem eines Paares oder einer Familie auch begrifflich streng zu trennen vom Erleben und von den Motiven der einzelnen daran beteiligten Personen. Die Kommunikation innerhalb von Paaren und Gruppen setzt zwar einzelne Individuen mit ihren unterschiedlichen Motiven und Handlungsweisen voraus; sie folgt aber ihren eigenen Regeln, die in ihrer Besonderheit gesehen werden müssen. Erlebt eine Person ihren Partner als Gegenüber und ihr eigenes Handeln in Wechselwirkung mit dem des andern, so wird bei einer Analyse der Kommunikation nur das System als Ganzes betrachtet, «ohne Ansehen der beteiligten Personen». Die kommunikativen Akte (wie etwa Rede und mimischer Ausdruck) zwischen einzelnen Personen werden im Rahmen von sich gegenseitig bedingenden Rückkoppelungsprozessen verstanden.

Als Brücke zwischen individualpsychologischem und systemischem Denken kann der dialogische Ansatz von Martin Buber (1878–1965) dienen. Obwohl jeglicher technisch-kybernetischen Praxis fremd, entwickelte dieser jüdische Philosoph eine Vorstellung von einer «Sphäre des Zwischen», die er als Urkategorie der menschlichen Wirklichkeit bezeichnete. Martin Buber schreibt:

«Die fundamentale Tatsache der menschlichen Existenz ist weder der einzelne als solcher noch die Gesamtheit als solche. Beide für sich betrachtet, sind nur mächtige Abstraktionen... Die den Begriff des Zwischen begründende Anschauung ist zu gewinnen, indem man eine Beziehung zwischen menschlichen Personen nicht mehr, wie man gewohnt ist, entweder in den Innerlichkeiten der einzelnen oder in einer sie umfassenden und bestimmenden Allgemeinwelt lokalisiert, sondern faktisch zwischen ihnen. Das Zwischen ist nicht eine Hilfskonstruktion, sondern wirklicher Ort und Träger zwischenmenschlichen Geschehens; es hat die spezifische Beachtung nicht gefunden, weil es zum Unterschied von Individualseele und Umwelt keine schlichte Kontinuität aufweist, sondern sich nach Maßgabe der menschlichen Begegnungen jeweils neu konstituiert.»[23]

Dieses Zwischenreich ist von Buber überindividuell, aber immer auch personal als Ich-Du-Beziehung gedacht worden. Nach Buber ist ein wesentliches Kennzeichen dieses Zwischenreiches, daß es die persönliche Existenz der beiden Begegnenden übersteigt und eine höhere Ordnung bildet. «Jenseits des Subjektiven, diesseits des Objektiven, auf dem schmalen Grat, darauf Ich und Du sich begegnen, ist das Reich des Zwischen.»[24]

Im Gegensatz zu diesen großartig seherisch anmutenden Worten

Bubers versucht die Kommunikationsforschung in methodisch-kontrollierter Weise dieses Zwischenreich zu fassen. Damit verwandelt sich die Dialogik in eine Kommunikationslehre. Wenn man zu objektivieren sucht, was nach Buber «jenseits des Subjektiven», aber auch «diesseits des Objektiven» liegt, geht man über das grundlegende Anliegen Bubers hinweg. Aus dieser Abgrenzung wird deutlich, was die systemische Kommunikationsforschung will und was sie gleichzeitig vom Ansatz her verpassen muß. Die systemische Erfassung kommunikativer Vorgänge kann das Geheimnis persönlicher Beziehungen nicht enträtseln. Sie vermag aber auf zwischenmenschliche Interaktionsregeln hinzuweisen, die dem individuellen Erleben – es sei denn aus dieser Vogelperspektive – nicht zugänglich wären.

In erster Annäherung kann das zwischenmenschliche Kommunizieren mit einer Melodie verglichen werden, die sich wie eine Musikkomposition studieren läßt. Nicht die einzelnen Töne machen Musik, sondern erst ihre melodische Verbindung. So kann man auch den sprachlichen Austausch zwischen zwei oder mehreren Personen zu einer Gestalt mit einer bestimmten Struktur ordnen. Analog kann man außersprachliche Kommunikationsformen (Blick, Gestik, Mimik, Haltung) systematisch in ihrem Ausdrucksgehalt erfassen.

Durch den Vergleich kommunikativer Vorgänge mit Musik soll deutlich gemacht werden, daß Kommunikation nicht einfach durch die Aneinanderreihung feststehender Wörter und fixierter Begriffe geschieht, sondern durch ein je spezifisches «Spiel» mit den verbalen und nonverbalen Mitteln in einem den «Spielteilnehmern» angepaßten (partner-adaptiven) Prozeß. Die Verwendung von Worten und anderen Signalen wie auch deren Interpretation entwickeln sich aus der Interaktion und dem Verhältnis der Kommunizierenden zueinander.

Wenn wir bei einem Gespräch zwischen einem Depressiven

und seinem Partner einmal weniger auf den Inhalt als auf seine «Melodie» – auf die formale Struktur – hören, so fällt uns gleich eine gewisses *Grundmuster* auf. Die Kommunikation bewegt sich nicht in lebhafter Dynamik, sondern klingt eher dumpf, ernst, beschwerlich. Dadurch wirkt die Gesprächsmusik zugleich monoton und expressiv. Es fehlt die Modulation, die abwandelnde Gestaltung von Rhythmen und Themen. Die einzeln anklingenden Motive erscheinen unmelodisch aneinandergereiht, so daß eine eigentümliche Gespanntheit die Gesprächsmusik beherrscht. Das Gespräch fließt trübe und langsam dahin, vielfach gestört und gestaut, und trotzdem wird der ernste Grundton durchgehalten.

In dem folgenden Exkurs möchte ich versuchen, diese einfache paarsprachliche Grundmelodie mittels einer systematischen Kommunikationsanalyse «depressiver Paare» weiter zu entschlüsseln. Dabei zeigt sich, daß jedes Paar seine eigene Kommunikationsweise hat, die sich von anderen unterscheidet, doch hilft uns die vernommene Grundmelodie, komplexe Fakten in stimmiger Weise zu fassen.

3.3.2. Exkurs: Charakteristika depressiver Kommunikation unter experimentellen Bedingungen

Die bisher wohl bedeutendste und umfangreichste systemische Interaktionsstudie an Depressiven und ihren Ehepartnern stammt von einer englischen Arbeitsgruppe aus Bristol.[25] Zwei Psychiater, Mary Hinchliffe und John Roberts, sowie der Psychologe Douglas Hooper haben in einer sorgfältigen Studie 20 Paare mit einem depressiven Patienten und 20 Paare mit einem chirurgischen Patienten untersucht. Die meisten de-

pressiven Patienten wurden zum Zeitpunkt der Studie in der
psychiatrischen Abteilung eines Allgemeinspitals betreut. Die
«normale» Vergleichsgruppe wurde aus chirurgischen Patienten, die einer kleineren Operation wegen ebenfalls hospitalisiert
sein mußten, zusammengestellt. Auf diese Weise sollten – von
ihrer Lebenssituation her – möglichst ähnliche Personen miteinander verglichen werden.

Die Auswahl der Paare, die an mehreren Videoaufzeichnun-
gen teilzunehmen hatten, gestaltete sich entsprechend schwierig. Es gelang der Arbeitsgruppe jedoch, je 20 Paare beider
Untersuchungsgruppen zu finden, die hinsichtlich Alter, Ehe-
dauer, Kinderlosigkeit respektive Kinderzahl und sozialer
Schichtzugehörigkeit gut vergleichbar waren. Bei allen Patienten wurden eine organische Hirnschädigung, eine schizo-
phrene Erkrankung sowie Alkoholismus ausgeschlossen. Mit
Hilfe eines Depressivitätsfragebogens wurde die Stimmungslage der Patienten beider Gruppierungen eingeschätzt, damit
sichergestellt werden konnte, daß unter den chirurgischen Patienten niemand depressiv war.

Die Untersuchungsanordnung sah in beiden Versuchsgrup-
pen ein Gespräch des Patienten mit seinem Partner während
des Spitalaufenthalts vor, also in depressivem beziehungsweise operiertem Zustand. Dabei wurde eine Thematik vor-
gegeben, von der die Untersucher durch Vorabklärungen
wußten, daß beide Partner darüber kontroverse Meinungen
hatten. Nach dem Gespräch mit seinem Partner hatte der (depressive respektive operierte) Patient am gleichen Ort in analoger Weise ein Gespräch mit einer ihm fremden Person zu
führen. Als fremde Gesprächsteilnehmer wurden ein Techni-
ker (für weibliche Patienten) und eine Krankenschwester (für
männliche Patienten) ausgesucht. Aufgrund dieser Versuchsanordnung war es möglich, die Kommunikation «depressiver

Paare» mit der Kommunikation «nicht-depressiver Paare» unter ähnlichen Bedingungen zu vergleichen, zugleich aber auch Unterschiede zwischen der Gesprächsführung depressiver Patienten mit ihren Partnern und dem Gespräch Depressiver mit einem unbekannten Partner herauszuarbeiten.

Um auch etwaige Unterschiede zwischen der Kommunikationsweise im depressiven Zustand und der Kommunikationsweise im Normalzustand der untersuchten «depressiven Gruppe» feststellen zu können, wurden die depressiven Patienten (mit Lebenspartnern) einige Zeit nach ihrer Spitalentlassung in ausgeglichenerer Stimmungslage nachuntersucht. Leider war es der Forschergruppe nicht möglich, auch die chirurgischen Patienten und ihre Partner mehrheitlich zu einer Nachprüfung zu bewegen. Dies hätte erlaubt, auch in der Kontrollgruppe eine Verlaufsentwicklung zu beobachten, was die Aussagekraft der sonst bestechenden Studie noch erhöht hätte.

Die knapp hundert Gespräche (je drei Gesprächssituationen mit der 20köpfigen Versuchsgruppe und je zwei Gesprächssituationen mit der Kontrollgruppe) wurden auf Videobänder aufgenommen. Die Sammlung der Daten nahm zwei Jahre in Anspruch. Danach war in einem zweiten Schritt eine Analyse der einzelnen Kommunikationsakte vorzunehmen. Zwanzigminütige Gesprächsphasen wurden in die kleinstmöglichen Gesprächseinheiten aufgelöst und nach einem differenzierten Schlüssel hinsichtlich verschiedenster Kriterien kodiert. Dabei wurde vor allem auch auf den Zusammenhang der Gesprächseinheiten unter Beachtung von Pausen, Unterbrechungen, Fragen und so weiter geachtet. Die Bewertung erfolgte nach einem bestimmten Schlüssel, der von den bekannten Kommunikationsforschern Mishler und Waxler erarbeitet worden war. Um die Einschätzung der einzelnen Akte persönlichen

Vorurteilen der Untersucher zu entziehen, wurden zufällig
ausgewählte Teile von mehreren Personen kodiert und deren
Einschätzungen anschließend miteinander verglichen. Dabei
ergab sich eine hohe Übereinstimmungsrate von über 90 Prozent.

Mit diesem immensen Aufwand wurden Ergebnisse erzielt,
die, würden sie in Musik übersetzt, zu den eingangs beschriebenen «depressiven» Melodien passen würden. Die eigentlichen Resultate der Studie sind jedoch Zahlenverhältnisse,
welche die Beziehung der 28000 analysierten Gesprächsakte
zueinander wiedergeben. Weniger formalisiert lassen die statistischen Ergebnisse, die mit größtmöglicher methodischer
Schärfe gewonnen wurden, einige konkrete Aussagen zu:

1. *«Depressive Paare» kommunizieren anders als «nicht-depressive
Paare». Sie haben als Ganzes eine andere Kommunikationsgestalt*

Hinsichtlich des expressiven Gehalts unterscheidet sich die
depressive Versuchsgruppe im Partnergespräch von der chirurgischen Kontrollgruppe durch eine negativ geprägte emotionale Spannung. Es wird ausdrucksvoller und verbissener
diskutiert. Entsprechend ist bei den depressiven Paaren auch
die interpersonale Reibung erhöht.

In ähnlicher Weise ist das gegenseitige Auf-einander-Einge-
hen bei «depressiven Paaren» gegenüber «chirurgischen Paaren» verändert. Auffälligerweise wechselt der Gesprächsfokus
bei Depressiven und ihren Partnern weniger häufig als in der
Kontrollgruppe. Ihr Gespräch folgt somit einer zwangsläufi-
geren Ausrichtung, die kaum Abwechslung zuläßt. Auch
hieran sind beide Partner beteiligt, indem sowohl der depressive Patient wie auch sein Partner seltener vom einmal ange-
sprochenen Thema abweichen. Dadurch erscheint ihr Kom-

munikationsstil förmlicher und angepaßter als derjenige der Vergleichsgruppe. Sie bewegen sich – bildlich gesprochen – im kommunikativen Gleichschritt, obwohl sie sich innerlich beide sehr unwohl fühlen mögen und im Gespräch auch tatsächlich häufiger auf sich selber verweisen, als dies Vergleichspaare tun.

Entsprechend ihrer gespannten Beziehung kommt es bei depressiven Patienten und ihren Partnern auch häufiger zu emotionalen Ausbrüchen. Dabei überwiegen während der Depression negativ getönte Entspannungsmanöver (wie Unterbrechungen, Stottern, Wiederholungen) positiv gefärbte (wie Lachen) um das Siebenfache. Demgegenüber verwenden die «psychisch gesunden» Kontrollpaare sowohl negative wie positive Entspannungsmanöver in analoger Häufigkeit, mit einem leichten Übergewicht der positiven.

Die vielfache Verwendung von Unterbrechungen führt bei «depressiven Paaren» zu einem stockenden, gehemmten Fluß der Kommunikation. Die Verlangsamung geht mit einer verstärkten Kontrolle und mit gegenseitiger Gängelung der Gesprächsführung einher. Somit scheint die depressive Kommunikation zu einer verstärkten Bindung und absichernden Kontrolle des Paares zu führen. «Depressive Paare» verwenden sowohl in ihrem sprachlichen Ausdruck (mittels Rückfragen und Unterbrechungsversuchen) wie auch mit nichtsprachlichen Mitteln (wie dem Blick mit den Augen) mehr kontrollierende Eingriffe als die «chirurgischen Kontrollpaare».

Das Besondere an diesen Befunden liegt darin, daß sie eine depressive Kommunikationsweise aufzeigen, die überindividuell ist und sich nicht auf eine einzelne Person beschränkt. Es darf daraus geschlossen werden, daß die Depression eine anpassungsfördernde Wirkung auf die Paarbeziehung hat und zwischenmenschlich ausgetragen wird. Jedes Paar hat seinen eigenen Stil, doch scheinen in jedem Kommunikationsstil Grundmuster durch, die den Zusammenhalt des Paares in Zeiten der Not und Spannung zu festigen vermögen.

2. Der Kommunikationsstil «depressiver Paare» unterscheidet sich nicht nur von «nicht-depressiven Paaren», sondern auch vom Gesprächsmuster des Depressiven mit einem andern Partner

Bedenkt man diese ersten Ergebnisse der Bristol-Studie, so stellt sich die Frage, ob die Eigenart der Kommunikation zwischen einem depressiv Erkrankten und seinem Dauerpartner für das «depressive Paar» spezifisch ist, oder ob dieser spezifische Stil sich nicht ebenso im Gespräch eines Depressiven mit einer fremden Person einstellen würde. Wäre dies der Fall, müßte wohl die Veränderung des Kommunikationsstils als für die Paarsituation sekundär eingeschätzt werden.

Beim sorgfältigen Vergleich der verschiedenen Gesprächssituationen durch die Arbeitsgruppe aus Bristol ergab sich aber eine auffällige Diskrepanz zwischen der Kommunikationsweise innerhalb des «depressiven Paares» und dem Gesprächsstil des Depressiven beim Umgang mit einem neutralen Dritten. Die Kommunikation mit Dritten ist entspannter, fließender, weniger kontrolliert und weniger selbstbezogen als das Gespräch innerhalb der «depressiven Paarbeziehung». Die Art und Weise, wie Depressive mit neutralen Partnern kommunizieren, nähert sich dem Umgangsstil der «chirurgischen Paare» an, wenn sich auch mehr depressive Elemente hineinmischen. Fest steht jedenfalls, daß die Interaktionsweise von der Beziehungsform abhängt: Bei größerer Nähe tritt ein depressiver Kommunikationsstil verstärkt auf.

3. Der Kommunikationsstil «depressiver Paare» verändert sich bei Aufhellung der Depression. Er charakterisiert nicht das Paar, sondern die Kommunikationsweise des Paares wird durch die Depression geprägt

Das Auftreten spezifischer Kommunikationsmuster bei einem «depressiven Paar» verführt leicht zu der Annahme, das Auftreten einer Depression lasse sich kausal von der Paarstruktur herleiten. Eine solche Schlußfolgerung verwechselt finale Phänomene der Rückkoppelung, wie sie in Kommunikationsstudien erforscht werden, mit wirkursächlichen Überlegungen, die in personenzentrierten, individualpsychologischen Ansätzen am Platze sind. Vor allem aber widerspricht sie Beobachtungen, wie sie auch in der Studie von Mary Hinchliffe und ihren Mitarbeitern gemacht worden sind. Werden die «depressiven Paare» nach der Entlassung aus dem Krankenhaus und nach Aufhellung der Depression in einem zweiten Gespräch unter gleichen Bedingungen nachuntersucht, so lassen sich die während der Depression beobachteten Kommunikationsauffälligkeiten zum größeren Teil nicht mehr nachweisen. Vor allem die Paare, bei denen der Mann depressiv erkrankt war, zeigten bei der Nachuntersuchung ein mit «gesunden Paaren» vergleichbares Muster. Das stark kontrollierte, stockende und selbstbezogene Paarmuster ist offensichtlich einer anderen, durchschnittlicheren Regelung des Paarsystems gewichen. Man könnte daraus schließen, daß die depressive Kommunikationsweise ihren Dienst getan hat und einem anderen Verhaltensmuster Platz macht, das mehr Bewegung und Flexibilität zuläßt. Dieser Schluß ist aber nur auf Paare mit einem depressiven Mann zutreffend. Ist dagegen die Frau depressiv erkrankt, so finden sich auch nach Aufhellung der Depression gewisse Kommunikationsabweichungen.

Dieser geschlechtsspezifische Unterschied könnte mit der größeren Bereitschaft von Frauen zusammenhängen, sich von
einem depressiven Mann binden zu lassen und vorübergehend
mütterliche Betreuungsaufgaben zu übernehmen. Dies würde
auch erklären, warum der depressive Mann in der Erkrankungsphase weniger gespannt und rückbezüglich-kontrollie-
rend wirkt als depressive Patientinnen. Depressive Frauen
nehmen gegenüber ihren Männern, die mit der Übernahme
der Pflegerolle mehr Mühe haben dürften, häufiger eine unter-
würfig-aggressive Haltung ein. Wird das Schutz- und Bindungsbedürfnis depressiver Patientinnen nicht befriedigt,
könnte deswegen die bremsende Wirkung depressiver Kom-
munikationssysteme länger aufrechterhalten werden, wie dies
in der Bristol-Studie auch herauskam.

Eine solche Erklärung setzt eine für das Überleben der Betroffenen sinnvolle Funktion der Depression voraus. Sie ist
nicht mehr wirkursächlich (kausal), sondern zweckursächlich
(final) gedacht. Ich werde später bei dem Versuch, die Depression integrativ zu verstehen, näher darauf eingehen. Hier
wollen wir festhalten, daß die Befunde aus Kommunikationsstudien auf eine Stabilisierung der ehelichen Beziehungen
durch negative affektive Rückkoppelungen in der Depression
schließen lassen. Was vom einzelnen Partner als beschwerlich
und nachteilig erlebt wird, wirkt sich eher beziehungserhal-
tend aus. Die depressive Kommunikationsweise führt zu
einem Herunterschaukeln der Beziehungsdynamik. Sie hat die
Funktion einer Klammer, die das Zerreißen der beiderseitigen
Bindung erschwert.

3.3.3. Depressives Kommunizieren als heimliche Beziehungsbremse

Er ist versucht worden, die Kommunikationsweise Depressiver auf einen einfachen Nenner zu bringen und eine übergeordnete Gemeinsamkeit (eine sogenannte Meta-Regel) depressiver Beziehungen zu formulieren. Danach kann die depressive Kommunikationsweise als einer der regulierenden Faktoren angesehen werden, die ein gefährdetes Gleichgewicht in einem System stabilisieren. Coyne, der verschiedene Interaktionsstudien mit depressiven Patienten durchgeführt hat, geht davon aus, daß die depressiven Patienten wie ihre nächsten Bezugspersonen ihre Beziehung nicht mehr durch positive Rückmeldungen aufrechterhalten können und dadurch vermehrt negative, «depressiv machende» Rückkoppelungen gebrauchen werden, die kybernetisch als systemerhaltender eingeschätzt werden.[26]

Tatsächlich entspricht es klinischer Erfahrung, daß die Ehen Depressiver relativ selten aufgelöst werden. Zwar leben viele depressive Menschen getrennt oder geschieden. Er fällt jedoch kein größerer Anteil der Scheidungen in die Zeit nach dem Krankwerden als in die Zeit davor, wie angenommen werden müßte, wenn die Krankheitsbelastung hauptsächlich zu einer erhöhten Scheidungsquote führen würde. Nach einer englischen Untersuchung von Stevens[27] sinkt die Scheidungsrate nach einer als endogen eingeschätzten Erkrankung signifikant ab und liegt bei depressiven Störungen wahrscheinlich unter der Quote der Durchschnittsbevölkerung. Auch in deutschen Klinikuntersuchungen[28] ist eine besonders geringe Scheidungsquote bereits endogen depressiv erkrankter Patienten aufgefallen. Diese geringe Scheidungsrate rein depressiv erkrankter Patienten ist nach einer weiteren englischen Unter-

suchung von Keith und Mitarbeitern[29] signifikant geringer als
diejenige von Patienten mit depressiven *und* manischen
Schwankungen, wo oft nach der ersten manisch erregten Phase
die Trennung erfolgt. Aufgrund dieser Zahlenverhältnisse ist
anzunehmen, daß nicht das Auftreten einer Erkrankung an sich
vor Beziehungsabbruch schützt. Im Gegenteil scheint die Depression in spezifischer Weise Bindungen zu verfestigen, während ihr Gegenstück, die Manie, Beziehungen zerstört.

3.3.4. Festgelegte Partnerrollen als Grenzen für kommunikative Lösungen

Nach diesen allgemeinen Hinweisen auf die depressive Kommunikationsweise möchte ich mich mit dem strukturierenden
Rahmen, in dem sich die Kommunikation zwischenmenschlich ereignet, noch näher befassen. Dabei nehme ich das
Rollenmodell zu Hilfe. Es ist der Soziologie entlehnt und bezeichnet dort ein normenorientiertes typisches Verhalten.[30]
Herrschen bei einem Paar starre Rollenmuster vor, so wird sich
die Kommunikation nur in engeren Grenzen abspielen können,
als wenn die Partnerrollen weniger festgelegt sind. Starre Rol-
lenstrukturen schränken den Spielraum der Kommunikationsweisen ein. Umgekehrt werden flexible Paarstrukturen der
Kommunikation einen größeren Spielraum eröffnen.

Daraus ergibt sich, daß Menschen in flexiblen Rollenverhältnissen eher mit Trauer oder leichter Depression reagieren, diese
kommunikativen Veränderungen aber auch wieder ausschwin-
gen lassen können. Demgegenüber dürften starre Rollen-
strukturen sich lange nicht bewegen, bei Gleichgewichtsver-
lust aber heftige depressive Reaktionen hervorrufen. Einiges
spricht dafür, daß besonders schwere depressive Erkrankun-

gen, die öfter auch als endogen diagnostiziert worden sind, dem letztgenannten Typus entsprechen.

So hat der Heidelberger Psychiater und Phänomenologe Hubertus Tellenbach schon vor vierzig Jahren die seither mehrfach bestätigte Charakterisierung des «Typus melancholicus» (das ist der besonders ordentliche, genaue und gewissenhafte Menschentypus mit hohem Leistungsanspruch) herausgearbeitet.[31] Im zwischenmenschlichen Bezug kommt diese Charakterisierung endogen depressiver Menschen einer Überidentifikation mit bestimmten Rollen gleich.[32] Kulturelle Normen scheinen besonders streng erfüllt werden zu müssen von Menschen, die zur Melancholie neigen, so daß ihnen ein persönlich-freiheitlicher Verstoß gegen die Norm auch in Notsituationen praktisch unmöglich ist. Dies kann nach psychoanalytischen Erfahrungen damit zusammenhängen, daß sie ihr fragiles Identitätsgefühl durch Pflichterfüllung im sozialen Bereich abstützen.[33] Damit wäre erklärbar, daß Depressive (vom endogenen Typus) auf eine besonders reibungslose, harmonische Einbettung in eine Beziehung mit einem festen Rollengefüge angewiesen sind.

Eine solche Reduktion des Spielraums von Partnerbeziehungen affektkranker Menschen fand ich bei meiner eigenen Untersuchung an 51 Paaren mit einem vorgängig hospitalisierten depressiven Teil insofern bestätigt, als die jeweilige Rolle beider Partner in diesen Paarbildungen erheblich genauer festgelegt war als bei zum Vergleich untersuchten Durchschnittspaaren. Zudem waren in den Ehen Depressiver häufiger komplementär gegensätzliche Positionen der beiden Partner zu beobachten, Konstellationen, die in der Familientherapie als besonders stabil und unverrückbar gelten.[34]

Vor zwanzig Jahren bereits hat der bekannte Zürcher Paartherapeut Jürg Willi an neurotisch Depressiven bestimmte

«Kollusionsmuster» herausgearbeitet.[35] Der Depressive hat, so Willi, die Position des «Pfleglings», der Partner jene des «Pflegers» inne. Nach den therapeutischen Erfahrungen von Willi läßt sich diese klar festgelegte, komplementäre Paarkonstellation an dem Widerstand ablesen, den beide gemeinsam dagegen richten, die «Pflegefunktionen» anders zu verteilen.

Ich möchte aber betonen, daß sich die Paarkonstellationen Depressiver nicht etwa dadurch von anderen Paaren unterscheiden, daß sie eine ganz typische und einmalige Struktur aufweisen. Vielmehr erscheint die Variabilität der Beziehungsmuster und damit die Freiheit, eine Partnerschaft zu gestalten, bei «depressiven Paaren» eingeschränkt. In dieser Einschränkung zeigt sich eine rollendynamische Verlustsituation an. Dieser Verlust wird aber zunächst von den (endogen) Depressiven nicht bewußt und trauernd erlebt, solange sie mittels normativer Rollenerfüllung ihre soziale Identität aufrechterhalten. Erst eine Einbuße an Leistungskraft oder eine Veränderung ihrer sozialen Situation läßt die Fragilität ihrer persönlichen Identität und die Eingeschränktheit ihrer kommunikativen Möglichkeiten ungeschützt in einem «depressiven Fall» in Erscheinung treten. Diese paardynamische Situation bestimmter Depressiver soll an einem Fallbeispiel verdeutlicht werden. Ich entnehme es meiner Zürcher Untersuchung, nicht ohne das Paar durch entsprechende Namens- und Berufsveränderungen unkenntlich gemacht zu haben.

Paarbeispiel: Herr Kurt W., 35 Jahre alt, erkrankte schon bald nach seiner Beförderung zum Abteilungsleiter an einer schweren gehemmten Depression mit hypochondrischen Wahnvorstellungen. Er wurde vor Ausbruch der Krankheit als gewissenhaft, genau, still und tüchtig geschildert. Er konnte jedoch seine neuen beruflichen Aufgaben schlecht delegieren, so daß ihn seine Vorgesetztenstelle bald überlastete. Beate, seine um einige Jahre jüngere Frau, hatte sich gerade durch die verläßlich-loyale Seite ihres Mannes angezogen gefühlt, die auf sie vertrauenerweckend und haltgebend wirkte. Sie selbst neigte nämlich zu depressiven Verstimmungen. So war sie einige Zeit vor ihrer Ehe wegen eines Selbstmordversuchs in Zusammenhang mit Prüfungsnöten kurzfristig psychiatrisch hospitalisiert gewesen. Sie begründete ihre Partnerwahl zum Teil damit, daß sie ihren Mann als einen Schutzwall gegen ihre depressiven Anwandlungen erlebte.

Im Paarprofil (mittels Gießentest) drückte sich die Partnerkonstellation so aus, daß sich beide Gatten in ihrer Selbstdarstellung als depressiv-abhängig einschätzten, während Frau W. ihren Mann positiv-optimistisch sah, wie es ihrem Wunschdenken entsprach. Beide Ehegatten stimmten darin überein, daß der Mann eher dominierend, die Frau eher gefügig wäre.

Es ist leicht nachvollziehbar, daß das familiäre Gleichgewicht durch die schwere depressive Erkankung des Mannes erheblich erschüttert wurde. Die Pflege ihres Mannes überforderte Frau W. ziemlich schnell. Sie reagierte selber leicht depressiv und fühlte sich nicht mehr imstande, den Haushalt selbständig weiterzuführen. Hilfsbedürftig, wie sie war, kehrte sie zu ihren Eltern zurück. Herr W. wurde bis zu seiner Hospitalisation in der Psychiatrischen Klinik von seinen eigenen Eltern betreut.

Die Erkrankung ihres Mannes hatte die verletzliche Seite von Frau W. bloßgelegt. Sie konnte sich vorerst nicht eingestehen, daß ihr Mann selber Hilfe benötigte und an einer behandlungsbedürftigen Krankheit litt. Im Laufe der sich lange hinziehenden Depression des Mannes entwickelte sie aber in zunehmendem Maße erstaunliche Eigen- und Fremdverantwortung. Sie übernahm wieder die häuslichen Pflichten sowie die Sorge für den rekonvaleszenten Mann.

In diesem Beispiel erkrankt der Mann aus beruflichem Anlaß. Bis zu seiner depressiven Dekompensation war die Ehesituation für beide Partner trotz durchaus auffälliger Partnerwahl, die an eine «neurotische Kollusion» erinnert, recht glücklich. Erst das berufliche Versagen erschüttert auch die Ehe. Es trifft sie am neuralgischen Punkt. Die Depression des Mannes ent-

blößt die frühere Starrheit der Beziehung, die sich an der Ordentlichkeit und dem Pflichtbewußtsein des Mannes orientiert
und sich den veränderten Verhältnissen nicht anpassen kann.
Die Paarkonstellation hat eine eigene Paargeschichte. Die eingenommenen Rollen der Ehepartner lassen sich aber auch in
ihrer individuellen Biographie zurückverfolgen.

Kurt W. hatte schon in der Schule versucht, eine tief empfundene Unsicherheit und Scheu mit besonders guten Leistungen wie auch mit ausgeprägter Anpassung an Schüler und
Lehrer auszugleichen. Er vermochte sich in der späteren Ehetherapie nicht zu erinnern, seit seiner Kindheit je eine abweichende Meinung konsequent vertreten zu haben. Er legte zwar
Wert auf Eigenständigkeit, assoziierte aber mit unkonventionellen Abweichungen oder gar forschem Auftreten den Verlust der Wertschätzung durch andere. Auf diesem persönlichen Hintergrund wurde ihm gerade ein Positionsgewinn,
den er sich sehnlichst gewünscht hatte, zum Anlaß depressiver
Dekompensation. In seiner neuen Rolle als Vorgesetzter hatte
er auch Arbeiten zu delegieren und Forderungen zu stellen, mit
denen er keine unmittelbare Anerkennung gewinnen konnte.
Um einerseits seiner neuen Rolle als Vorgesetzter zu genügen
und anderseits seine soziale Identität, die auf der Anerkennung
durch andere beruhte, nicht aufzugeben, lud er sich einen Teil
jener Arbeit auf, die eigentlich seine Untergebenen verrichten
sollten. Als er beiden Ansprüchen nicht mehr genügen konnte,
erkrankte er in schuldhaft erlebter Depression.

Läßt sich die auslösende Problematik beim Ehemann durch
einen beruflichen Rollenkonflikt erklären, so kam seine jüngere Gattin nach Erkrankung ihres Mannes mit ihrer biographisch entwickelten Geschlechts- und Gattenrolle nicht mehr
zurecht. Im Gegensatz zu ihrem Mann war sie nie in eine fürsorgliche Rolle hineingewachsen, sondern eher ein abhängiges

Einzelkind geblieben. In ihrem Bemühen, sich aus ihrer als hinderlich erlebten Position herauszuentwickeln, nahm sie an vielen Gruppen und Kursen teil. Auch fühlte sie sich allein unwohl und pflegte ihre Eltern zu besuchen, wenn ihr Mann beruflich abwesend war. Sie hatte keinen Kinderwunsch und sah in ihrem Mann auch weniger einen Sexualpartner als einen gewissenhaften Freund.

Diese Konstellation führte dazu, daß die beruflich ausgelöste Krise des Mannes das «einbeinige» Gleichgewicht des Paares so erheblich störte, daß die Ehepartner vorübergehend nicht mehr miteinander zurechtkamen.

In den Paargesprächen während der Erkrankungsphase des Mannes war auffällig, wie sich die Kommunikationsdynamik in depressiver Spirale immer weiter zuspitzte. In ihrer Gesprächsführung drehten sich die beiden Gatten in selbstbezogener, emotional schwerst gespannter Weise im Kreise. Erst äußere Ressourcen eröffneten eine Alternative zum erstarrten Clinch der beiden Partner. Die Unterstützung der Eltern, die ihren erkrankten Sohn vorübergehend wieder aufnahmen, schaffte den Ehegatten eine Atempause, die sie mit Hilfe einer Ehetherapie dazu nutzten, die Verantwortlichkeiten etwas anders zu verteilen.

Dieses Beispiel ist insofern typisch, als bei depressiv erkrankten Männern oft berufliche Veränderungen die Aufgabe einer starren Rollenstruktur herbeiführen. Bei Frauen liegen die Verhältnisse meist anders, weil die Übernahme der Mutterrolle (Schwangerschaft), der Auszug der erwachsenen Kinder oder Wohnungs- und Ortswechsel eine Veränderung der Strukturen verlangen.[36] Regelmäßig gefährdet aber das starre Festhalten-Müssen an gegebenen Rollenverhältnissen das Akzeptieren des Verlusts und damit die Möglichkeit, über das Verlorene zu trauern.

Infolgedessen sind in einer kritischen Situation auch die interaktionellen Anpassungsmöglichkeiten eingeschränkt. Das
Kommunikationssystem kann im sozialen Medium der Familie
nicht frei schwingen. Es stößt auf Widerstände, die zwar vorerst
Bewegungsarmut und Ruhe begünstigen, aber, einmal in kritische Bewegung gebracht, ein Abklingen der Schwingungen
(durch negative Rückkoppelungen) eher erschweren.

Einige psychoanalytisch und familientherapeutisch orientierte Autoren haben schon früh darauf aufmerksam gemacht,
daß Patienten mit schwereren Depressionen häufig starr polari-
sierte Beziehungen aufweisen oder aus sehr rigid organisierten
Familien stammen. So charakterisierte bereits die amerikanische Arbeitsgruppe um Mabel Cohen vor bald vierzig Jahren
die Familien von zwölf psychoanalytisch behandelten manisch-
depressiven Patienten als auffällig konventionell.[37] Diese Familien richteten ihr Verhalten in besonders ausgeprägter Weise
nach dem gesellschaftlichen Ansehen aus und wiesen eine starre
Aufteilung der Elternrolle auf. In systematischer, aber unkon-
trollierter Weise haben Davenport und Mitarbeiter am Natio-
nal Institute of Mental Health in den USA sowohl im Spital wie
ambulant behandelte manisch-depressive Kranke mit ihren Familien untersucht.[38] Sie bezogen in ihre Studie sogar mehrere
Generationen derselben Familien ein. Auch ihnen fiel eine
starke Tendenz zur Übereinstimmung und zur Konventionali-
tät auf, ferner interessanterweise eine Neigung zur Vermeidung
von Gefühlsäußerungen innerhalb der Familie und zur Vermeidung persönlicher Bindungen außerhalb der Familie.

In Deutschland hat sich in den letzten Jahren vor allem die Heidelberger Gruppe um Helm Stierlin mit manisch-depressiv gestörten Familien beschäftigt.[39] Ihre Beobachtungen beschränken sich zwar auf
Patienten, die nicht nur depressiv erkrankt sind, sondern auch mani-

sche Phasen durchgemacht haben (sogenannte bipolare affektive Erkrankungen). Auch weisen ihre Studien alle methodisch bedingten Interpretationsprobleme auf, die therapeutische Interventionsstudien ohne repräsentative Auswahl der Patienten, ohne parallelisierte Kontrollgruppe und ohne unabhängige Beurteilung der Beobachtungsdaten haben. Trotzdem verdienen ihre systemischen familientherapeutischen Beobachtungen Aufmerksamkeit, weil sie Eindrücke vermitteln können, die in methodisch besser abgestützten Detailstudien nicht gewonnen werden können. Nur ist darauf hinzuweisen, daß Ergebnisse – wie die im folgenden ausgeführten – auch durch eine bestimmte Sichtweise und den theoretischen Standpunkt der Beobachter geprägt sind.

Helm Stierlin und seine Mitarbeiter charakterisieren die Familien manisch-depressiver Kranker durch das «Entweder-Oder-Muster» und durch eine starre Rollenverteilung: «Die Familien folgen auf weiten Strecken der binären westlichen Logik des ‹Ja oder Nein›, ‹Schwarz oder Weiß›. Die Welt wird in Extremen wahrgenommen: ‹Gut› oder ‹Böse›, ‹ordentlich oder unordentlich›, ‹kontrolliert oder zügellos› und so weiter. Was fehlt, sind die Wahlmöglichkeiten, die widersprüchlichen Strebungen, in der Zeit und in unterschiedlichen Kontexten flexibel zu leben: ‹Das Sowohl-als-Auch›. ... Stets scheint zu gelten: ‹Einmal so, immer so›. Angestrebt wird ein Konsens darüber, daß die Welt statisch und eindeutig ist. Einmal erzeugte Informationen können nicht wieder beseitigt, das heißt, die ‹Wahrheiten› der Familie können nicht in Frage gestellt werden.»[40]

Die Rolle der Eltern wird von der Heidelberger Gruppe folgendermaßen gesehen: «Sowohl soziale Zwänge (zum Beispiel die Gefahr des Abstiegs, die Angst, als Flüchtlinge nicht überleben zu können) sowie familiäre, eine Trennung verbietende Vermächtnisse, ketten sie aneinander. Sie arrangieren

sich schließlich in einer Komplementarität, die beider Bedürfnisse und Wachstumsmöglichkeiten massiv einengt. Das bedeutet weitgehende Kontrolle und Steuerung durch den andern, bedeutet, daß eigenverantwortliche Innensteuerung
und Innenkontrolle fehlen und sich nicht zu entwickeln vermögen.

Je mehr sich die Partner derart brauchen, um so mehr werden sie sich
auch zur Last, hier wird jeweils der eine dem andern zum Büttel. Kein
Wunder, daß der Pegel wechselseitiger Frustration ansteigt, daß sexuelle Beziehungen aufhören, daß sich unterhalb des komplementä-
ren Arrangements ein (symmetrischer) Machtkampf entwickelt, daß
ein ‹maligner Clinch› droht beziehungsweise entsteht. Dabei erstarrt
das Beziehungssystem. Die Partner sind nicht mehr in der Lage, angesichts der Anforderungen des individuellen und familiären Lebens-
zyklus und sonstiger Belastungen jeweils neue Gleichgewichte von
Nähe und Distanz, neue Verteilungen von Aufgaben, neue Rechte,
Pflichten und Erwartungen auszuhandeln. Wir sprechen von einer
Störung der bezogenen Individuation beziehungsweise einer Blockierung der fälligen Co-Individuation und Co-Evolution.»[41]

Diese Beschreibung von Familien mit manisch-depressiven
Störungen als «pathologisches System» bekommt ein anderes
Gesicht, wenn auch gesellschaftliche Bezüge berücksichtigt
werden. Die unterschwellige Kritik der Heidelberger Gruppe
an den Familien verliert an Schärfe und verkehrt sich zum Teil
in ihr Gegenteil, wenn gesehen wird, wie sich betroffene Familien auch mit sozialen Schwierigkeiten auseinanderzusetzen
haben. Die Charakterisierung trifft dann vielleicht auch weniger Familien mit manisch-depressiven Störungen, als in un-
spezifischer Weise Familien, die unter erschwerten Bedingungen zu überleben haben und sich – wie ein bedrohtes Land in
Katastrophenangst – straffer zu organisieren neigen.

Der Soziologe Wolf Lepenies hat in einer historischen Studie unter dem Titel «Melancholie und Gesellschaft» auf den Zusammenhang zwischen depressiver Betroffenheit und sozialen Bedingungen hingewiesen.[42] Im Verlauf der Jahrhunderte hätten sich jeweils verschiedene Gesellschaftskreise melancholisch geäußert. Immer seien es aber jene Schichten gewesen, die etwas verloren hatten: ob entmachtete adlige Kreise der Salons im absolutistischen Frankreich von Ludwig XIV. oder politisch ausgeschaltete bürgerliche Schichten im Deutschland des 18. Jahrhunderts. Wo die sozialen Handlungsmöglichkeiten eingeschränkt sind, wächst entweder der Anpassungsdruck oder die Bedeutungslosigkeit des eigenen Tuns. Beides führe zu einer Welt ohne Überraschungen. Im Endeffekt werde in beiden Fällen der Grad an Ordnung gesteigert. «Je höher der Grad an Ordnung ist, der erreicht wird, je feiner die Abstimmungen im System sind, je genauer eine Aktion zur andern passen muß, desto anfälliger wird das System.»[43] Diese Aussage von Lepenies faßt aus soziologischer Sicht in knappster Weise die familiendynamischen Beobachtungen zusammen. Sie verweist aber auch auf das hohe Ziel, den betroffenen Familien ihren Handlungsbereich nicht noch mehr einzuschränken, sondern ihn zu erweitern.

3.4.   Zusammenfassung

Durch das Zusammensein mit depressiven Patienten werden die meisten Menschen mehr oder weniger verunsichert. Kurzfristige Kontaktpartner (wie Bekannte oder Helfer) können ein Anwachsen ihrer Hilflosigkeit dadurch vermeiden, daß sie sich vermehrt zurückziehen und bei kurzen Begegnungen die depressiven Personen besonders schonend behandeln. Länger-

fristige oder Dauerpartner (wie Angehörige oder Lebenspartner) ergreifen häufig einschneidendere Schutzmaßnahmen,
um ihrer anwachsenden Verunsicherung entgegenzuwirken.

So neigen nahe Angehörige trotz anhaltender Zuneigung
dazu, depressive Patienten stärker zu kritisieren und sich selber
vermehrt zu rechtfertigen. Da auch die Ausdrucksweise der
Depressiven regelmäßig zwiespältig und in sich widersprüchlich ist, laufen die Paar- und Familienbeziehungen Gefahr,
übermäßig gespannt zu werden.

Trotz ungemütlicher Atmosphäre und «dicker Luft» lösen
sich jedoch die wenigsten Beziehungen während einer Depression auf, obgleich die Beziehungsdynamik des Paares oder der
Familie vorübergehend blockiert wird. Ein besonderes Risiko,
sich in der depressiven Kommunikation wie in einem Teufelskreis festzufahren, laufen Paare, die in ihrem Beziehungsspiel-
raum bereits vorher stark eingeschränkt gewesen sind
(vgl. Tab. 10).

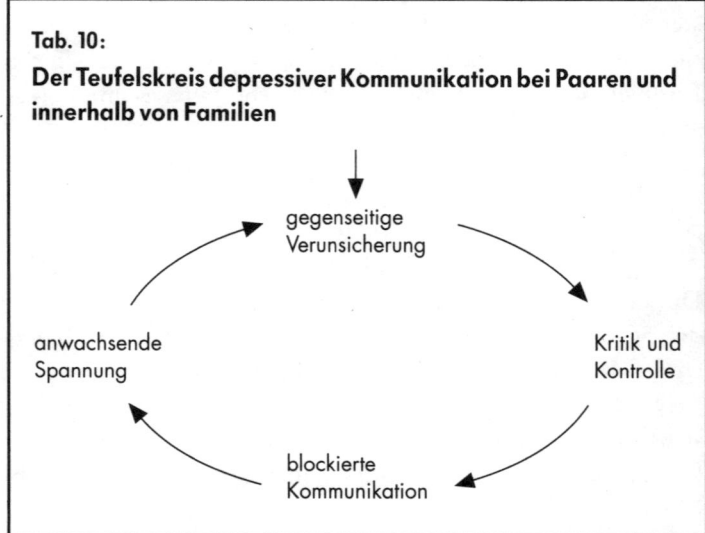

Tab. 10:

**Der Teufelskreis depressiver Kommunikation bei Paaren und
innerhalb von Familien**

gegenseitige
Verunsicherung

anwachsende
Spannung

Kritik und
Kontrolle

blockierte
Kommunikation

Trotzdem wirkt sich eine Depression paardynamisch nicht so destruktiv aus wie ihr Gegenstück, die Manie. Vielmehr führt das Auftreten einer Depression innerhalb einer Beziehung zu einer Art (Sicherheits-)Halt, wobei die Entwicklung des Paares wie durch eine Klammer die Zerreißprobe einstweilen besteht.

Dabei verändert sich die Beziehungsdynamik parallel zur Tiefe des depressiven Zustandes. Klingt die Depression ab, so löst sich auch die interaktionelle Verkrampfung. Weiterbestehende Kommunikationsschwierigkeiten, die nicht mehr auf die durchlebte Depression zurückzuführen sind, gelten als Indiz für eine erhöhte Rückfallgefahr in die Depression und verdienen daher besondere Beachtung.

Anmerkungen zu Teil 3

1 In einer eigenen Untersuchung (Hell 1982) hat sich eine repräsentativ ausgewählte Untersuchungsgruppe von Ehepartnern Depressiver in statistischer Hinsicht weder im Durchschnittsprofil noch in der Streuung der verschiedenen Persönlichkeitsvarianten von einer Gruppe aus der Allgemeinbevölkerung signifikant unterschieden. Bei 12 Prozent ist ein neurotisches Persönlichkeitsprofil, bei 18 Prozent ein besonders positives, sozial attraktives Selbstbild gefunden worden, während 70 Prozent sich im Bevölkerungsdurchschnitt bewegt haben.

2 Benedetti 1981.

3 Leder 1979, S. 3.

4 Ebd.

5 Das psychoanalytische Konzept der «projektiven Identifikation» geht dagegen davon aus, daß sich der Patient eines unerwünschten Teils seiner selbst entledigen und es in kontrollierender Weise in eine andere Person verlegen möchte (vgl. Ogden 1988).

6 Coyne 1976 a.

7 Hammen und Peters 1978 (vgl. Literaturübersicht bei Hell 1982).

8 Hokanson et al. 1980.

9 Frey et al. 1980.

10 Häfner 1978.

11 Jacobson 1971.

12 Muhr 1978, S. 170 f.

13 A. a. O., S. 43.

14 A. a. O., S. 120.

15 Weber–Gast 1989, S. 30 f.

16 Hell 1982.

17 Frick 1987.

18 Etwa Coyne 1976 b oder Hautzinger, Hoffmann und Linden 1982.

19 Rado 1956.

20 Hinchliffe et al. 1978.

21 Hautzinger et al. 1982.

22 Baer 1975.

23 Buber 1982, S. 165 f.

24 Buber 1982, S. 167.
25 Hinchliffe et al. 1978.
26 Coyne 1976.
    Mit kybernetischen Modellen der Beziehungskonstanz bzw. der
    Beziehungsauflösung hat sich aus ethologischer Sicht Bischof
    1985 in seinem spannenden Buch «Das Rätsel Ödipus» auseinan-
    dergesetzt. Vgl. auch «Die depressive Konstellation» von Reiter.
27 Stevens 1968.
28 Haase 1976, Baer 1975.
29 Keith et al. 1971.
30 Hier wird die Rolle in Analogie zu Kraus 1977 als organisierendes
    Prinzip verstanden – im Sinne einer Rollenfunktion in einer kon-
    kreten mitmenschlichen Beziehung.
31 Vgl. Tellenbach 1983.
32 Diesen Zusammenhang hat vor allem Kraus 1977 herausgearbei-
    tet.
33 Nach neueren psychoanalytischen Anschauungen (z. B. Jacobson
    1971) leiden Depressive vor allem an einer ausgeprägten Selbstun-
    sicherheit, die mit einem hohen Ich-Ideal bei gleichzeitig kriti-
    scher Selbstbewertung zusammenhängt. So betrachten Sandler
    und Joffé 1965 die Depression als einen Gefühlszustand, der bei
    Verlust eines Ideals auftritt. Dadurch droht nach Bibering 1953 ein
    Kollaps des Ich. Hoher Leistungsanspruch und soziale Normer-
    füllung können als Versuch gewertet werden, diese narzißtische
    Lücke zu schließen. Knappe Zusammenfassung der diesbezüg-
    lichen psychoanalytischen Literatur bei Benedetti 1981.
34 Hell 1982: Im Abbild des Gießentests haben depressive Patienten
    und ihre Ehepartner auch nach Remission der Erkrankung stark
    voneinander abweichende Selbstwahrnehmungen. Die Selbst-
    wahrnehmung (des früher depressiven) Patienten weist durch-
    schnittlich negative, das Selbstbild des Ehepartners vergleichs-
    weise positive Züge auf. Diese Gegensätzlichkeit im Beziehungs-
    muster erscheint dadurch positionsmäßig festgelegt, daß der eine
    Ehepartner die abweichende Position des andern in seiner Fremd-
    beurteilung bestätigt und sogar eher noch etwas betont.
35 Willi 1975.
36 Es ist in diesem Zusammenhang von Umzugsdepressionen, Pen-

sionierungsbankrott oder «empty nest-depression» gesprochen
worden (Übersicht bei Tellenbach 1983).

37 Cohen et al. 1954.

Die Problematik von manisch-depressiven Patienten und ihren
Familien ist allerdings mit derjenigen von ausschließlich depressiven Patienten nicht gleichzusetzen.

38 Zitiert nach Stierlin et al. 1986.

39 Vgl. Stierlin et al. 1986, Weber et al. 1987.

40 Weber et al. 1987, S. 140.

41 Stierlin et al. 1986, S. 269 f.

42 Lepenies 1972.

43 A. a. O., S. 174.

Teil 4 Die Biologie der Depression

4.1. Umbruch in der Biologie

Die biologische Seite depressiven Geschehens hat in den letzten drei Jahrzehnten dank breitester Forschungsunterstützung mächtig an Aufmerksamkeit gewonnen. Dabei wurde der biologische Bereich allerdings oft verkürzt gesehen auf biochemische und neurophysiologische Aspekte. Diese Teilgebiete der somatischen Medizin – Biochemie und Neurophysiologie – haben nach den ersten Erfolgen der psychopharmakologischen Behandlung depressiver Patienten Mitte der fünfziger Jahre eine fulminante Entwicklung durchlaufen. Es kann aber kein Zweifel sein, daß die Biologie des Menschen einen viel größeren Bereich umfaßt und insbesondere verhaltensbiologische und chronobiologische Aspekte eine zunehmende Bedeutung gewinnen. Auch ergibt es einen großen Unterschied, ob Biologie in klassischer Weise auf mechanische Gesetzmäßigkeiten eingeschränkt wird oder ob Biologie zu einem evolutionären Bogen gespannt wird.

Nach Ilya Prigogine – der Nobelpreisträger ist einer der Wortführer eines neuen Dialogs des Menschen mit der Natur – waren die Naturwissenschaftler zu Beginn unseres Jahrhunderts fast einhellig der Meinung, die fundamentalen Gesetze des Universums seien wirkursächlich festgelegt und entspre-

chend ihrer Gesetzmäßigkeit auch wiederholbar (determini-
stisch und reversibel). «Vorgänge, die nicht in dieses Schema
paßten, wurden als künstliche Ausnahmen betrachtet, die nur
wegen ihrer Komplexität nicht voll verstanden wurden...
Jetzt, gegen Ende des Jahrhunderts, wird die Zahl derer immer größer, die glauben..., daß die deterministischen und
reversiblen Gesetze, welche die elementaren Wechselwirkungen beschreiben, womöglich nicht die ganze Wahrheit enthalten. Dies führt zu einem neuen Bild von der Materie: Sie
ist nicht mehr passiv wie im mechanischen Weltbild, sondern
mit spontaner Aktivität ausgestattet. Dieser Wechsel ist so
grundlegend, daß wir wirklich glauben, von einem neuen
Dialog des Menschen mit der Natur sprechen zu können.»[1]

Der Wechsel wirkt sich auch so aus, daß physikalische und
chemische Abläufe als komplexer erkannt werden, eine eigene
innere Organisation aufzuweisen scheinen und sich vermehrt
der «gerichteten Lebensdynamik», wie die Humanwissen-
schaften sie verstehen, angleichen. Die meisten biologischen
Vorgänge scheinen in Regelkreisen rückbezüglich organisiert
zu sein, so daß sich auch die biologische Psychiatrie nicht mehr
darauf beschränken kann, einzelne lokalisierte Störungen aus-
findig zu machen, sondern bestrebt sein muß, das Gleichgewicht der ineinandergreifenden Prozesse zu studieren.

Gerade die immensen Fortschritte auf dem Gebiet biochemischer und neurophysiologischer Forschung haben dazu
geführt, daß sich einfachere Hypothesen über die Ursache
von Depressionen von der Mitte unseres Jahrhunderts schon
heute nicht mehr halten lassen und die in großer Zahl fest-
gestellten Veränderungen des Stoffwechsels eher ein depressives Geschehen auf der körperlichen Ebene widerspiegeln
als eine genau lokalisierbare Ursache der Erkrankung darstellen.

Im folgenden will ich mich mit biologischen Zusammenhängen beschäftigen, will aber nicht aus Einzelbefunden auf die Ursache depressiver Erkankungen schließen. In unüblicher Weise will ich so vorgehen, daß ich zuerst die nach außen in Erscheinung tretenden körperlichen Veränderungen darstelle. Die körperlichen Abwandlungen während einer Depression sind nämlich – auch als periphere Gefühlsäußerungen – in vielerlei Hinsicht sichtbar und prägen den Ausdruck Depressiver. Dabei handelt es sich *erstens* um das psychomotorische Erscheinungsbild, also die durch willkürliche Muskelbewegungen erzeugte Mimik, Gestik und Haltung, *zweitens* um sichtbare vegetative Erscheinungen an der Haut sowie *drittens* um beobachtbare Veränderungen der Darmtätigkeit und des Sexualverhaltens.

Alle diese nach außen in Erscheinung tretenden organischen Veränderungen ergeben ein relativ einheitliches Bild der Ruhigstellung, obwohl sie durch ganz verschiedene Nerven- und Hormonsysteme hervorgerufen werden. Würden wir nicht auf den Eindruck achten, den diese Veränderungen auf ein Gegenüber machen, sondern uns ausschließlich auf die diese Organsysteme beeinflussende Stoffwechsellage konzentrieren, ergäbe sich ein verwirrendes, schwer zusammensetzbares Puzzle.

Erst in einem zweiten Anlauf soll versucht werden, auf diese inneren Stoffwechselvorgänge und die nervösen Aktivierungsmuster überblicksartig kurz einzugehen.

Die bedeutsamsten organischen Kriterien einer Depression sind heute hormonelle Veränderungen, die sich über das Zwischenhirn auf die Nebennierenrinde auswirken sowie eine im Hirnstrombild feststellbare veränderte Schlafregulation. Beide, aber insbesondere das zweite Kriterium, spiegeln eine auffallende Rhythmusstörung Depressiver wider. Solche rhythmischen Aspekte sollen am Schluß des folgenden biologischen Überblicks stehen.

4.2.   Das körperliche Erscheinungsbild Depressiver

Depressives Leiden wird um so leibnaher erlebt, je schwerer die Erkrankung ist. Nach der Selbstschilderung von depressiven Patienten sind vor allem Abgeschlagenheit, Kraftlosigkeit, Schweregefühl und Müdigkeit auffällig. Es finden sich aber auch charakteristische körperliche Mißempfindungen. Nach Wieck[2], der 2500 depressive Patienten untersucht hat, lokalisieren 50 Prozent ihre Beschwerden in den Kopf (Druck- und Schweregefühle), weitere 50 Prozent in Herz und Brust (Enge- und Beklemmungsgefühle). Damit erleben depressive Patienten ihre körperlichen Mißempfindungen subjektiv vor allem in Gehirn und Herz, also jenen Organen, denen im allgemeinen die höchste symbolische Bedeutung als Zentrum von Geist und Seele zugesprochen sind. Bei objektiver Untersuchung körperlicher Veränderungen liegen die Verhältnisse anders. Hier fallen die massivsten Einschränkungen im Bewegungsapparat auf, über die subjektiv relativ wenig geklagt wird.

Bereits bei oberflächlicher Betrachtung ist das äußere Erscheinungsbild vieler depressiver Menschen durch eine Hemmung aller Aktivitäten gekennzeichnet. Ihre Haltung ist oftmals gebückt, ihre Mimik starr, ihr Blick niedergeschlagen, ihr Bewegungsmuster verlangsamt, ihre Haut blaß und schlaff. Bei genauerer Analyse läßt sich diese Einbuße an Lebendigkeit, die depressive Menschen ausstrahlen, in praktisch allen körperlichen Organsystemen nachweisen, die das Äußere des Menschen bestimmen. Es überrascht nicht, daß das Ausmaß dieser Ruhigstellung vom einen zum andern Fall unterschiedlich ausfällt. Auch findet sich ein ängstlich-unruhiger Depressionstypus, der erregt erscheint.[3] Das allgemeine Muster der Erstarrung ist bei der Mehrheit depressiver Menschen aber so auffällig, daß es seit jeher zur Beschreibung der Krankheit gehörte und lange Zeit als charakteristisch für die Melancholie galt. Diese Priorität der Ausdrucksbewegungen geriet vorübergehend durch Untersuchungen des inneren Stoffwechsels etwas in den Hintergrund. In verhaltensbiologischer Sicht gewinnen diese peripheren Gefühlsäußerungen der Depressiven aber wieder an Bedeutung.

Erstarrung der willkürlich gesteuerten Bewegungsabläufe (Psychomotorik): Die motorische Aktivität depressiver Patienten wurde neuerdings mit Telemetrie oder mit Hilfe eines kleinen Aktivitätsmonitors zu messen versucht. In einer Studie von Royant-Parola und Mitarbeitern[4] an zwölf depressiven Patienten mittleren Alters wurden die Betroffenen angewiesen, ein Meßgerät wie eine Armbanduhr zu tragen. Dieser Monitor maß die Bewegung des linken Arms der Patienten, indem ein Impuls erzeugt wurde, wenn eine bestimmte Bewegungsbeschleunigung überschritten wurde. Auf diese Weise konnte die schon klinisch auffällige Bewegungseinschränkung depressiver Menschen statistisch genauer erfaßt werden. Die motorische Aktivität war während der ganzen depressiven Erkrankung signifikant niedriger als bei denselben Patienten nach Aufhellung ihrer Depression. Auffallenderweise war das Ausmaß an Immobilität besonders bei den ängstlich-gespannten Patienten besonders hoch. Dies könnte darauf hinweisen, daß eine Verminderung der Spontanbewegungen nicht einfach durch bloße Entspannung der Muskulatur geschieht, sondern eventuell sogar häufiger durch eine Erhöhung der Muskelspannung gegensätzlich wirkender (antagonistischer) Muskelgruppen erfolgt. Damit würde sich das Bild der psychomotorischen Hemmung in der Depression jenem der Parkinsonschen Krankheit angleichen, die durch eine zahnradartige Kleinschrittigkeit der Motorik charakterisiert ist – ohne daß bezüglich Ursache und Verlauf die beiden Erkrankungen miteinander verwandt wären.[5]

Pilowsky und Mitarbeiter[6] haben kürzlich in einer computergesteuerten Untersuchung zur Quantifizierung des Gesichtsausdrucks zeigen können, daß die Erstarrung der Muskulatur im Mund- und Augenbereich mit dem Schweregrad der Depression zusammenhängt. Auch bei Anwendung eines Oberflächen-Elektromyogramms der Gesichtsmuskulatur (Messung des Strombildes der Gesichtsmuskeln) können solche Zusammenhänge nachgewiesen werden, wobei das Spiel mit den Augenbrauen in der Depression in besonderer Weise aufschlußreich erscheint.

In diesem Zusammenhang ist eine Beobachtung interessant, auf die ich auf Seite 167 f zurückkommen werde: Die Erstarrung der Muskulatur des Bewegungsapparats, insbesondere der Gesichtsmuskeln, scheint nämlich nicht zufällig «ausdruckslos» zu erfolgen, sondern nach einem Muster, das im zwischenmenschlichen Kontakt Unterwerfung, Angst und Trauer anzeigt. So fand eine Arbeitsgruppe um Schwarz[7] bei Messung der Strombilder von Muskeln des Gesichts Aktivierungsabweichungen bei Depressiven, die bei gesunden Kontrollpersonen gefunden werden, wenn sie ein trauriges Gesicht machen. Solche Untersuchungsresultate lassen an eine Behauptung Charles Darwins denken, die er in «The Expression of the Emotions in Man and Animals» (1872) äußerte: «In allen

Fällen von Kummer, sei er nun groß oder klein, neigt unser Gehirn aufgrund einer langen Gewohnheit dazu, an bestimmte Muskeln den Befehl auszusenden, sich zusammenzuziehen, als ob wir noch Säuglinge wären, die gleich zu brüllen anfangen; doch sind wir in der Lage, diesem Befehl zum Teil entgegenzuwirken.»[8]

Ein anderer objektivierbarer Hinweis für die generelle Verlangsamung Depressiver ist die vielfach überprüfte Verlangsamung des Redeflusses. Dabei zeigt sich die Hemmung weniger in der eigentlichen Phonationszeit, also in der Dauer der effektiv gesprochenen Sätze, als in der Zeit, die zwischen den einzelnen Aussagen verstreicht, der sogenannten Sprechpausenzeit. Aus den längeren Sprechpausenzeiten (mehr als 2600 Millisekunden) wurde sogar ein brauchbares diagnostisches Kriterium für eine Depression erarbeitet (von Greden).[9] Die Stimme erscheint bei Depressiven zudem mehr oder weniger unmoduliert, monoton und leise; die Antworten tendieren zur Kürze.

Die beschriebenen motorischen Hemmungen gehen häufig mit einer Verlangsamung der geäußerten Gedanken einher. So ist die Vielfalt der Assoziationen im depressiven Zustand eingeschränkt. Auch ist das Abrufen von Erinnerungen erschwert, was die Gedächtnisleistungen während der Depression nicht nur subjektiv, sondern auch objektiv beeinträchtigen kann. Ganz allgemein ist die Reaktionsfähigkeit auf äußere Reize nach physiologischen Studien vermindert.[10]

Aus all diesen Befunden ergibt sich das depressionstypische Bild einer relativen Reglosigkeit depressiver Menschen. Das Ausmaß dieser Erstarrung ist von der Tiefe der depressiven Erkrankung abhängig. Hellt eine Depression auf, so bessert sich auch rasch die Immobilität.[11] Die Auflockerung des Bewegungsmusters erscheint somit im Depressionsverlauf als frühes und günstiges Zeichen. Auch wenn der Patient subjektiv in seiner Stimmungslage keine Veränderung bemerkt, sondern sich im Gegenteil noch schlechter fühlen mag, darf die Lockerung der Haltung als meist untrügliches Zeichen einer Wendung zum Besseren genommen werden. Diese therapeutische Erfahrung hat sich in medikamentösen Behandlungsstudien vielfach bestätigt.[12] So läßt sich zum Beispiel die Wirkung der Medikamente anhand der motorischen Lockerung besser voraussagen als anhand der Stimmungsveränderung. Daniel Widlöcher, der in Paris lehrende Chefarzt der berühmten Klinik Salpêtrière, faßt diese spezifische Wirkung antidepressiver Mittel in die Worte: «Ebenso ist bekannt, daß... sie nichts gegen die Traurigkeit zu verrichten vermögen, wenn diese nicht mit einer gewissen Hemmung einhergeht. Es sind weder ‹euphorisierende› noch ‹analytische› Mittel, sondern enthemmende.»[13]

Auch bei Verwendung spezieller Skalen ist die Verlangsamung eines der besten Vorhersagekriterien.[14] Nach diesen Beobachtungen ist eine erste Phase der Depression stärker durch psychomotorische Erstarrung gekennzeichnet, während in einer zweiten Phase, nach Lockerung der Starrheit, der psychische Schmerz in den Vordergrund rückt, damit aber auch das Selbsttötungsrisiko ansteigen kann.

Andere Zeichen der äußerlichen Ruhigstellung: Erinnert die relative Erstarrung des motorischen Ausdrucks Depressiver bereits an eine besondere Art der Leblosigkeit («starr vor Schreck»), so wird dieser körperliche Eindruck noch durch andere Organveränderungen Depressiver unterstützt. Vor allem die Haut erscheint schlaff und fahl, so daß manche Angehörige bei Besuchen über die «Totenblässe» ihrer Patienten erschrecken. Auch medizinische Forscher, die in ihren Unter-

suchungen des elektrischen Hautwiderstandes eher Hinweise
für eine autonome Übererregbarkeit erwartet hätten, fanden
bei Messung das Gegenteil.[15]

Noch andere vegetative Aktivitäten sind ruhiggestellt. So
ist die Verstopfung nicht nur ein subjektiv störendes Symptom. Es läßt sich auch objektiv bei gehemmt Depressiven
eine verminderte Aktivität des Dickdarms nachweisen, die in
auffälligem Kontrast zur vermuteten autonomen Übererre-
gung steht.[16] Appetitstörungen wurden schon von Kraepelin
im letzten Jahrhundert als derart typisch für Melancholien angesehen, daß er Gewichtsabnahme als Zeichen eines ungünstigen, Gewichtszunahme als Zeichen eines günstigen Verlaufs
wertete.[17] In depressivem Stupor (Regungslosigkeit) wird die
Nahrungsaufnahme ganz eingestellt. Entsprechend wurde bei
medikamentös unbehandelten depressiven Patienten auch eine
Verminderung der Speichelsekretion festgestellt. Ferner si-
stiert am Tiefpunkt einer Depression jegliche sexuelle Betäti-
gung. Bei leichteren depressiven Störungen nimmt die
sexuelle Aktivität zwar ab, doch ist auch eine zwanghaft
wirkende Steigerung des Sexualverhaltens und eine Tendenz
zu masturbatorischen Ersatzbefriedigungen beobachtet worden.[18] Die Periodenblutungen der Frau hören häufig mit der
Gewichtsabnahme auf.

4.3.   Das Problem der
Stoffwechselveränderungen

So eindeutig diese Befunde der peripheren Gefühlsäußerungen
mindestens für gehemmte Depressionen erscheinen, so vielfältig und zum Teil widersprüchlich sind die Untersuchungsbe-

funde bezüglich der inneren Stoffwechselregulation depressiver Patienten. An der depressiven Erstarrung nehmen ganz verschiedene biochemische und neurophysiologische Regulationssysteme teil. Dabei haben die einzelnen Nerven- und Hormonsysteme an unterschiedlichen Organen auch verschiedene Wirkungen. Infolgedessen wird das Zusammenspiel der einzelnen regulativen Kräfte äußerst komplex. Um beispielsweise das eben gezeichnete Bild einer erstarrten Reglosigkeit hervorzurufen, sind ganz verschiedene Nervensysteme mit den unterschiedlichsten Überträgerstoffen nötig. Deshalb ist es bedeutend einfacher, die körperliche Gestalt einer depressiven Erkrankung nachzuzeichnen, als den Funktionszustand der daran beteiligten vielfältigsten und zum Teil noch unbekannten Regulationssysteme zu ermitteln. Wenn im folgenden dennoch versucht wird, einen knappen Einblick in die «Biochemie der Depression» zu geben, so sei vorab festgestellt, daß es bisher nicht gelungen ist, einen einzelnen Überträgerstoff im Gehirn für die depressive Erkrankung verantwortlich zu machen und die Ursache der Depression in einer Stoffwechselstörung zu finden.

Noch vor 25 Jahren hoffte man, mit der sogenannten «Monoaminhypothese» das Rätsel der Depression biochemisch zu lösen. Mitte der fünfziger Jahre fanden einzelne klinische Forscher Medikamente, die depressive Symptome lindern konnten. Diese Antidepressiva wurden zufällig entdeckt. Der Schweizer Ronald Kuhn[19] beobachtete als erster, daß ein neues, zur Schizophreniebehandlung vorgesehenes Medikament (Imipramin) bei Depressiven stimmungsaufhellend wirkte. Kline[20] wandte ein anderes Mittel (Iproniazid), das gegen die Tuberkulose eingesetzt wurde, wegen seiner euphorisierenden Eigenschaften mit Erfolg bei Depressionen an. Aus diesen zwei Stoffen wurden in der Folge zwei große Familien von antidepressiven Medikamenten entwickelt, die bis heute die biologische Therapie depressiver Erkrankungen großenteils bestimmen. Die pharmakologische Wirkung dieser Stoffgruppen legte nun einen Zusammenhang depressiver Erkrankungen mit dem Fehlen von bestimmten Überträgerstoffen (sog. Neurotransmittersubstanzen), den Monoaminen, nahe. Da die Medikamente beider Stoffgruppen zu einer Anreicherung von Monoaminen an den Nervenverbindungsstellen (Synapsen) führen, nahm man an, im Gehirn Depressiver seien nicht genügend dieser Überträgerstoffe oder Transmitter vorhanden.

Mit der Monoaminhypothese stimmte auch überein, daß Medikamente (wie Reserpin), die die Verfügbarkeit von Monoaminüberträgerstoffen reduzieren, gelegentlich (bei Reserpin 15 %) Depressionen hervorrufen. Vor allem wirkte die Monoaminhypothese aber auch deshalb suggestiv, da mit einem Mangel an Noradrenalin die generelle Desaktivierung in der Depression brillant erklärt worden wäre. Noradrenalin trägt bekanntlich zu einer Aktivierung menschlichen Verhaltens bei und wird zum Beispiel in einer Kampf- oder Streßsituation im autonomen Nervensystem ausgeschüttet.

Allerdings stellt Noradrenalin nur einen von vielen heute bekannten Monoaminüberträgerstoffen dar. Mit fortschreitender pharmakologischer Entwicklung zeigte sich, daß die gleichen klassischen Antidepressiva auch in den Stoffwechsel von Serotonin und anderen Überträgerstoffen eingreifen. Mit der Anerkennung anderer Wirkprinzipien wäre die Monoaminhypothese zwar etwas kompliziert worden, doch hätte sie ihre Beweiskraft behalten.

Aber 25 Jahre weitere biochemische Depressionsforschung haben das einfache Konzept eines Monoaminmangels erschüttert.

Die heute bekannten antidepressiv wirksamen Substanzen bewirken ganz unterschiedliche biochemische Veränderungen an den Übertragungssystemen des Gehirns und haben dennoch eine weitgehend gleiche Wirkung auf die Symptome depressiver Menschen (vgl. Tab. 11). Dieser Umstand macht es unwahrscheinlich, daß die veränderte Konzentration eines bestimmten Überträgerstoffes an den Nervenverbindungsstellen (Synapsen) unmittelbar die Ursache einer Depression beseitigt. Zudem haben sich bisher in Stoffwechsel- und Gewebsuntersuchungen keine sicheren Beweise für einen abnormen Auf- oder Abbau bestimmter Überträgerstoffe bei depressiven Pa-

Tab. 11:

Pharmakologische Eigenschaften einiger Antidepressiva

	Noradrenalin-wirkung	Serotonin-wirkung	Acetylcholin-wirkung
Amitryptilin (z. B. Saroten®)	+	++	+++
Clomipramin (z. B. Anafranil®)	+	+++	+
Maprotilin (z. B. Ludiomil®)	+++	–	+
Fluvoxamin (z. B. Floxyfral®)	–	+++	–

(verändert nach Pöldinger + Wider 1986)

tienten finden lassen. Auch sind die daran beteiligten enzymatischen Prozesse nicht in gleicher Weise verändert. Einzelne Monoamine können zwar in Untergruppen depressiver Patienten vermindert sein, sind in anderen allerdings auch erhöht. Da die antidepressiv wirksamen Medikamente regelhaft einen Anstieg von Monoaminen an den Synapsen bewirken (vgl. Tab. 12), ist auch zu diskutieren, inwiefern die Vermehrung unterschiedlicher Überträgerstoffe zur Anregung von körpereigenen Mechanismen beiträgt, die der Depression entgegenwirken oder die Selbstheilung beschleunigen.[21]

Die enormen biochemischen Anstrengungen haben also die klassische «Monoaminhypothese» nicht genügend bestätigen können. Sie haben aber zu faszinierenden Einsichten in die komplexen regulatorischen Verhältnisse der Überträgerstoffe

Tab. 12:

Stark vereinfachtes Modell der normalen Impulsübertragung zwischen zwei Nervenzellen

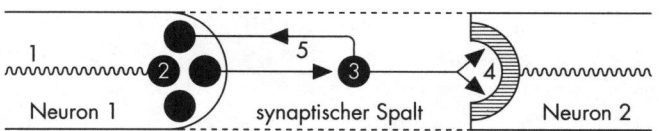

Elektrischer Impuls (1) setzt aus den präsynaptischen Speichern (2) den Transmitter, z.B. Noradrenalin oder Serotonin (3), frei, der die postsynaptischen Rezeptoren (4) stimuliert und dann in die Speicher zurücktransportiert wird (5).

Modell des Wirkungsmechanismus der Antidepressiva

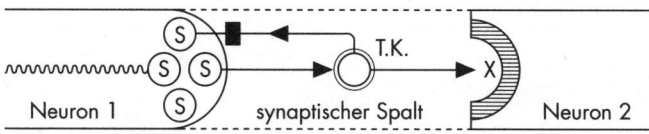

Durch Hemmung (■) des Rücktransportes der Transmitter aus dem synaptischen Spalt in die präsynaptischen Speicher (S) erhöht sich die Transmitter-Konzentration (T.K.) im synaptischen Spalt, wodurch die Reizleitung verstärkt wird. (Andere, nicht weiter diskutierte Einflüsse der Antidepressiva haben den gleichen Effekt.)

(verändert nach Kielholz et al. 1981)

im Gehirn geführt. Gerade die Entdeckung solcher kreisför-
miger und vernetzter Regulationsvorgänge macht einen iso-
lierten Mangel eines Überträgerstoffes oder eines Enzyms für
die Entstehung einer Depression eher unwahrscheinlich.

Das Nervensystem arbeitet in Erregungsmustern, die einen
bestimmten Rhythmus aufweisen und sich aus Momentauf-
nahmen nicht bestimmen lassen. So machen auch die bislang
diskutierten Monoamine als Überträgerstoffe bzw. ihre Empfangsstellen (Rezeptoren), an denen sie wirksam werden, eine
Periodizität ihrer Konzentration bzw. ihrer Sensibilität durch.
Da diese Systeme nach einem eigenen Rhythmus arbeiten und
also zu verschiedenen Uhrzeiten unterschiedlich aktiv sind,
spricht man auch von chronobiologischen Veränderungen.
Ferner sind die verschiedenen Übertragungssysteme im Gehirn miteinander so eng verwoben, daß weniger die Veränderung einer einzelnen Überträgersubstanz (zum Beispiel des
Noradrenalins oder Serotonins) von Bedeutung ist als das Zusammenspiel verschiedener Übertragungssysteme miteinander. Die ganze Komplexität dieser Regelsysteme ist aber bei
weitem noch nicht erfaßt. Immer mehr werden neuerdings
Einzelanalysen bestimmter Stoffe von Untersuchungsweisen
abgelöst, die zugleich biochemische, hormonale und physio-
logische Aspekte berücksichtigen.

Am eindrucksvollsten ist diesem vielstimmigen «chronobiologischen Schwingen des Gehirns» die Schlafforschung auf
die Spur gekommen. Depressive Menschen scheinen nach der
durch biochemische Methoden ergänzten Schlafforschung
nicht mehr im Einklang mit den Rhythmen der sie umgebenden Natur zu stehen. Ihre innere Uhr geht anders, so daß sie
unter einer Art Desynchronisation mit der Umwelt leiden,
gleichzeitig aber auch mit der eigenen Zeit nicht zurechtkommen.

4.4.   Depression als Rhythmusstörung

Nicht nur die uns umgebende Natur weist einen Tages- und Jahresrhythmus auf, sondern wir selbst unterliegen in unseren sämtlichen biologischen (und wohl auch psychologischen) Funktionen einer Tagesrhythmik. Schon der Wechsel von Wachen und Schlafen in einem 24-Stunden-Rhythmus weist auf die Bedeutung dieser Periodik beim Menschen hin. Daneben ist aber auch für die Körpertemperatur, die meisten Hormone sowie die vielfältigsten elektrophysiologischen Vorgänge eine Tagesrhythmik nachgewiesen worden. Bereits dieser Umstand beweist die Einbezogenheit des Menschen in ein größeres, umfassendes Geschehen. Die mannigfachsten Untersuchungen bezüglich chronobiologischer Rhythmen zeigen auf, daß der Mensch «im Atem der Natur» mitschwingt und daß selbst atomare Vorgänge dieser Rhythmizität weitgehend folgen.

Dieses faszinierende Zusammenspiel wird durch eine jahreszeitliche Periodizität, die neuere Untersuchungen an biochemischen und hormonellen Vorgängen nachgewiesen haben, noch unterstrichen. Die biologischen Abläufe richten sich bei Mensch und Tier also nach einer Art biologischer Uhr. Um die inneren Rhythmen nach den äußeren zu richten, dienen äußere Zeitgeber, wie zum Beispiel Hell-Dunkel-Wechsel, Arbeitsrhythmus, Mahlzeiten; doch wirkt die innere Uhr auch dann weiter, wenn die genannten Einflüsse, zum Beispiel durch Aufenthalt in Höhlen und Bunkern, ausgeschlossen werden. Ist dies in experimentellen Untersuchungen der Fall, so beträgt die «freilaufende» Periodik für den Schlaf-Wach-Rhythmus nicht mehr 24, sondern ungefähr 25 Stunden. Werden künstliche Zeitgeber eingesetzt, so kann sich – nach Untersuchungen an Freiwilligen – eine Person relativ leicht an kürzere Tage (bis 21 Stunden) und längere Tage (bis 27 Stunden) anpassen.[22]

Die innere Uhr für den Schlaf-Wach-Rhythmus ist im Hirnstamm – im Nucleus suprachiasmaticus – gelegen. Im Gegensatz zu anderen biologischen Rhythmen wie der Körpertemperatur oder der Ausscheidung des Nebennierenrindenhormons Cortisol oder Hydrocortison ist der Schlaf-Wach-Rhythmus besonders leicht durch äußere Zeitgeber zu beeinflussen. Man spricht deshalb auch von einem schwachen Schlaf-Wach-Oszillator und einem starken Oszillator der Körpertemperatur. Durch die relativ große Anpassungsfähigkeit des Schlaf-Wach-Rhythmus wird dem Menschen eine gewisse Freiheit gegeben, seine Wachzeit den jeweiligen Verhältnissen anzupassen. Die größere Anpassungsfähigkeit des Schlaf-Wach-Rhythmus, im Gegensatz zu anderen biologischen Rhythmen, ermöglicht aber auch ein Auseinanderfallen der verschiedenen Rhythmussysteme. Mit anderen Worten kann der Schlaf-Wach-Rhythmus anders schwingen als zum Beispiel der Rhythmus der Körpertemperatur.

Eine solche interne Desynchronisation tritt spontan eher bei älteren und nach Pflug[23] eher bei Menschen mit labiler psychischer Organisation auf. Sie kann aber auch erzwungen werden, was im Zeitalter des transkontinentalen Flugverkehrs immer mehr Menschen erfahren.

Kommt es bei Flügen über mehrere Zeitzonen hinweg zu einer drastischen Verschiebung zwischen subjektiver Zeit und neuer lokaler Zeit, führt dies zu Schlafstörungen und psychischen sowie vegetativen Beeinträchtigungen (man hat für diese Störung den Begriff «Jetlag» gefunden). Es treten bei solchen Reisen nämlich interne Phasenverschiebungen zwischen dem Schlaf-Wach-Oszillator und anderen biologischen Oszillatoren auf, die etwa bis zu einer Woche anhalten können.

Eine unter Umständen bedeutend stärker sich auswirkende Desynchronisation oder Desorganisation verschiedener biologischer Rhythmen ist bei depressiv erkrankten Menschen zu beobachten. Auf eine solche Störung der Rhythmizität lassen schon einige lang bekannte klinische Tatsachen schließen:

Schwer Depressive wachen morgens oft sehr früh nach einem zerhackten, oberflächlichen und meist kurzen Schlaf auf. Sie fühlen sich nicht erholt, sondern im Gegenteil erschöpft und gequält. Wenn der Tag vergeht, vor allem in den Nachmittags- und Abendstunden, fühlen sich viele Patienten hingegen wieder besser als im «Morgentief». Nur in schwerster Depression geht auch diese Tagesrhythmik verloren. Ihr erneutes Auftreten, mit zuerst abendlichen Aufhellungen, darf dann als günstiges Zeichen gewertet werden. Haben sich die Patienten wieder völlig von der Depression erholt, fühlt sich ein Teil der betroffenen depressiven Menschen in einer Art Umkehr morgens sogar besonders gut. 49 Prozent der (endogen) depressiven Patienten sind nämlich in gesunden Tagen ausgesprochene Morgentypen, sogenannte «Lerchen», während in der Durchschnittsbevölkerung dieser Typus nach einer deutschen Untersuchung von Middelhof[24] mit 18 Prozent viel seltener ist.

Neben den tageszeitlichen Schwankungen der depressiven Symptomatik ist bei endogen Depressiven seit jeher auch eine saisonale Abhängigkeit der Erkrankungshäufigkeit aufgefallen. Im jahreszeitlichen Ablauf treten Depressionen etwas häufiger im Frühjahr und vor allem im Herbst auf, wenn die Tage merkbar kürzer werden. Eine besondere Depressionsform findet sich überhaupt nur im Winter. Verbringen die Patienten, die von dieser seltenen Depressionsform betroffen sind, den Winter im Süden, spüren sie häufig eine Verbesserung ihres Leidens. Neuerdings können sie auch in nördlichen Breitengraden von der sogenannten Lichttherapie profitieren. Es ist nämlich gelungen, diese Kranken mit Erfolg mit sehr hellem Licht (1000 bis 2000 Lux) morgens und abends während weniger Stunden zu behandeln. Oft genügt auch nur eine abendliche Belichtung.

Einzelne Patienten mit schweren phasischen Depressionen haben darüber hinaus bemerkt, daß sie besser fahren, wenn sie einen anderen Schlafrhythmus wählen, also zum Beispiel früher zu Bett gehen und dafür auch morgens früher aufstehen. Eine Lehrerin, die in Behandlung eines deutschen Psychiaters stand und an Depressionen litt, machte die Erfahrung, daß es ihr nach einer schlaflosen Nacht besser ging als nach einer zerhackt durchschlafenen. Aufgrund solcher Beobachtungen hat ihr Therapeut, Schulte, eine Therapiemethode in die Depressionsbehandlung eingeführt, die auf verkürzten Schlafzeiten oder Schlafentzug basiert. Bei dieser Behandlung werden die Patienten die ganze Nacht oder die zweite Nachthälfte, etwa ab Mitternacht, wachgehalten und erfahren dabei oft gegen Morgen (zwischen zwei und sechs Uhr) eine dramatische Verbesserung ihres Zustands.[25]

Schlafentzug ist die einzige Behandlung, die zu einem schnellen Verschwinden depressiver Symptome innerhalb weniger Stunden führt. Alle anderen Behandlungsmethoden – Elektrokrampfbehandlungen eingeschlossen – benötigen ein bis zwei Wochen, bis ein antidepressiver Effekt eintritt. Allerdings ist die Schlafentzugsbehandlung meist ohne anhaltenden Erfolg. Schon ein Schläfchen tagsüber oder die Ruhezeit in den folgenden Nächten führt meist zu einem Rückfall in die depressive Symptomatik.

Die aufgeführten klinischen Auffälligkeiten weisen alle auf eine gestörte oder zumindest verstärkt in Erscheinung tretende Rhythmizität depressiver Menschen hin. Was nun die Rhythmizität des Schlafs betrifft, so konnten hier mittels Ableitungen des Hirnstrombildes sowie neuerdings auch mittels biochemischer und hormonaler Untersuchungen die Verschiebungen der Zeitstruktur detailliert nachgewiesen werden. Eine Einzelfall-Analyse dieser im folgenden näher beschriebenen Veränderungen ist in Tab. 13 dargestellt.

Beim Schlaf lassen sich zwei grundsätzlich verschiedene Aktivierungszustände unterscheiden: Erstens der «langsame Schlaf», der im Gegensatz zum Wachzustand keine schnellen Erregungsmuster aufweist, sondern je nach Schlaftiefe im Hirnstrombild des EEG (Elektroenzephalogramm) durch mehr oder weniger langsame Wellen gekennzeichnet ist. Zweitens der «paradoxe Schlaf», der demjenigen des Wachzustandes im Hirnstrombild ähnelt, ohne daß der Schläfer aus seiner Bewegungslosigkeit erwacht. Früher hat man dieser – auch REM genannten – Schlafphase die Träume zugeschrieben. Heute gilt dies nicht mehr vollumfänglich. EEG-Aufzeichnungen zeigen nun bei Depressiven eine Verminderung des «langsamen Schlafs», insbesondere seiner tiefen Schlafstadien, wie auch parallel dazu eine größere Zahl von Wachepisoden. Diese Befunde spiegeln auf elektrophysiologischer Grundlage präzise die Empfindung eines oberflächlichen, zerhackten Schlafs depressiver Menschen wider.

Noch aufschlußreicher ist die Veränderung des «paradoxen Schlafs». Einerseits findet sich dieser REM-Schlaftypus, der dem Wachzustand ähnlich ist, bei Depressiven vermehrt. Vor allem aber ist er ganz anders verteilt als bei nichtdepressiven Menschen. Die erste Phase des «paradoxen Schlafs» (REM-Schlafs) tritt normalerweise etwa 70 bis 110 Minuten nach dem Einschlafen auf. Bei Depressiven ist diese Zeit stark verkürzt (auf etwa 20 bis 60 Minuten). Dieses Phänomen ist so regelmäßig zu beobachten, daß es als guter biologischer Hinweis für eine Depression gelten kann. Es findet sich bei 60 bis 90 Pro-

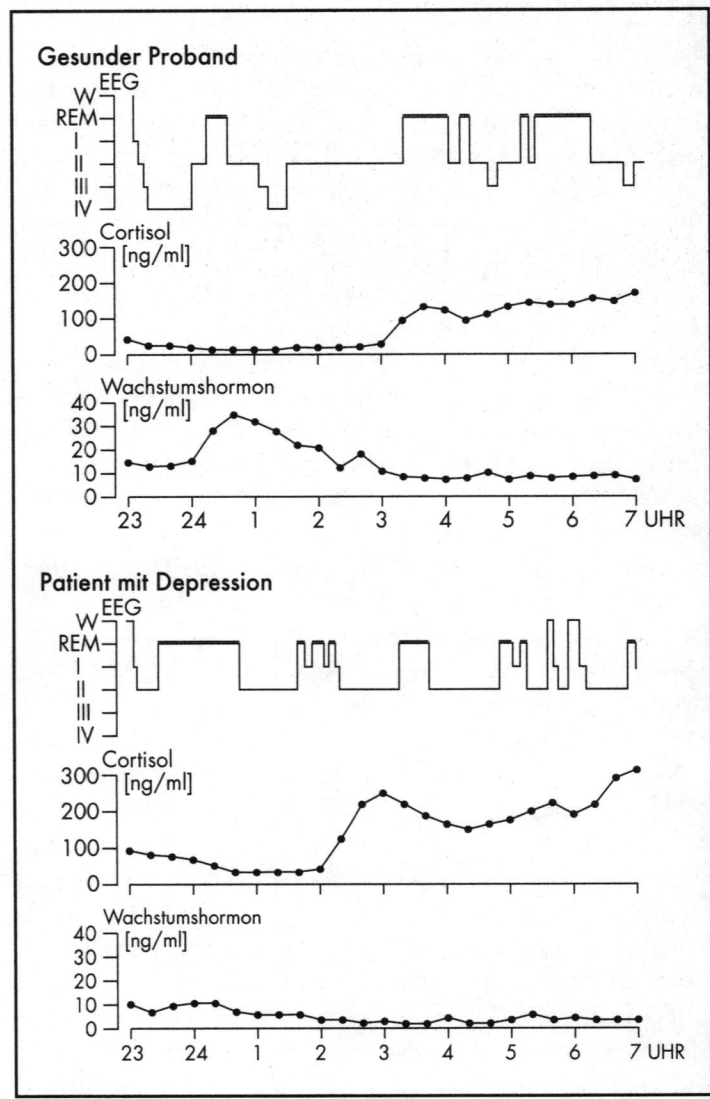

zent der depressiv erkrankten Menschen, unabhängig davon, ob sie an phasischen (endogenen) Depressionen erkrankt sind, aufgrund von bedrückenden Lebensumständen an depressiven Entwicklungen leiden oder infolge einer körperlichen Erkrankung depressiv geworden sind. Hingegen findet sich dieses depressionsspezifische Muster nicht bei Menschen, die ohne depressive Verstimmung unter Schlaflosigkeit leiden oder nur oberflächlich und kurz depressiv verstimmt sind.[26]

Cartwright[27] führte bei Frauen, die einen Scheidungsprozeß durchmachten, eine EEG-Analyse durch. Obwohl diese Frauen von Ärzten weder als depressiv diagnostiziert noch als solche behandelt worden waren, stand ein verfrühtes Auftreten des REM-Schlafs mit der testmäßig eingeschätzten Depressionstiefe in deutlichem Zusammenhang.

Leider ist die Ableitung des Schlaf-EEGs als Untersuchungsmethode ein relativ kompliziertes und teures Untersuchungsverfahren, das einen zeitintensiven und umständlichen

Tab. 13:

Schlafstruktur (EEG) und Sekretionsmuster (Cortisol, Wachstumshormon) eines gesunden und eines depressiven Mannes gleichen Alters (nach Holsboer-Trachsler 1989)

w = wach   I, II, III, IV = Schlafstadien   REM = paradoxer Schlaf

Die Darstellung zeigt, daß die gesunde Person zu Beginn der Nacht tief schläft, erst nach 1 ½ Stunden in REM-Schlaf kommt und daß der überwiegende Anteil des REM-Schlafes in die zweite Nachthälfte fällt, in der der Schlaf oberflächlicher ist. Demgegenüber tritt beim depressiven Patienten schon nach einer halben Stunde eine lange REM-Periode auf. Der Tiefschlaf fehlt fast während der ganzen Nacht.

Die hormonelle Sekretion ist beim depressiven Mann charakteristisch verändert. Der Cortisolanstieg ist bei ihm verfrüht und verstärkt, während das Wachstumshormon, das beim Gesunden hauptsächlich zu Beginn der Nacht ausgeschüttet wird, stark reduziert ist.

Eingriff ins Alltagsleben bedingt. Ferner verändern anti-depressiv wirksame Medikamente relativ rasch das verfrühte Auftreten der ersten REM-Phase, so daß die EEG-Untersuchung zu diagnostischen Zwecken nur medikamentenfrei durchgeführt werden kann. Oft ist aber das Einsetzen einer wirksamen pharmakologischen Hilfe nicht hinauszuzögern, so daß auch aus ethischen Gründen dieser Abklärungsmethode Grenzen gesetzt sind.

Für Forschungszwecke öffnet die nächtliche EEG-Ableitung jedoch eine Art Fenster in die Neurophysiologie des Gehirns. Viele Hormone (zum Beispiel Östrogen oder Testosteron als Geschlechtshormone sowie Schilddrüsenhormone) beeinflussen den Schlaf-Wach-Rhythmus und unterliegen selbst einer Tagesrhythmik. Auch die Empfangsstellen (Rezeptoren) vieler Überträgerstoffe im Gehirn machen bezüglich ihrer Empfindsamkeit einen 24-Stunden-Rhythmus durch und sind somit zu verschiedenen Zeiten unterschiedlich erregbar. Das gleiche gilt für die wichtige rückbezügliche Verbindung von Zwischenhirn und Nebennierenrinde, die unter anderem den Cortisolhaushalt regelt und etwa bei der Hälfte der endogen depressiv erkrankten Patienten auffällig verändert ist.[28]

Auch die Regelung der Körpertemperatur weist bei einem relativ großen Teil der depressiven Patienten auf eine tageszeitliche Verschiebung hin, indem eine Vorverlagerung der höheren Werte in die Nacht zu finden ist.

Diese und andere Beobachtungen haben zu Erklärungsversuchen Anlaß gegeben, wie die chronobiologischen Störungen bei Depressiven entstehen könnten. Ein erster interessanter Erklärungsversuch geht davon aus, daß im depressiven Zustand eine Phasenbeschleunigung jenes Oszillators, mit dem der «paradoxe Schlaf» verknüpft ist, vorliegt. Dadurch würde sich der Rhythmus der REM-Phasen vorverlagern, während der «langsame Schlaf» unverändert weiterliefe. Dies könnte zum Beispiel den Effekt des Schlafentzugs erklären, wonach Wachbleiben in der zweiten Hälfte der Nacht vorübergehend zu einer Besserung der Depression führt, weil die beiden auseinandergefallenen Rhythmen am folgenden Tage wieder zusammenkämen. Auch einzelne therapeutische Versuche, depressive Patienten in ihrem Schlaf-Wach-Rhythmus vorzuverschieben, hat bei einer kleinen Patientenzahl zu beeindruckenden Erfolgen geführt. Neuere größere Untersuchungen des EEG-Schlafs, der Körpertemperatur und der hormonellen Regulationen haben aber diese Annahme für eine Mehrheit depressiver Patienten nicht bestätigen können. Immerhin waren die Befunde bei einer Untergruppe depressiver Patienten mit der Hypothese vereinbar.[29]

Andere Theorien haben versucht, die Rhythmusstörung mit einer Desynchronisation der verschiedenen Rhythmen sowie mit einer Phasenlabilität der verschiedenen Systeme zu erklären. Neuerdings wurde auch ein depressionsauslösender Faktor, der im Schlaf produziert wird, postuliert. Umgekehrt wurde von den Schweizer Schlafforschern Alexander Borbély und Anna Wirz-Justice ein längeres Wachsein als protektives Element gesehen.[30]

Mit der Erörterung dieser Theorien soll angedeutet werden, daß die Rhythmusstörungen bei Depressionen ursächlich nicht geklärt sind. Es steht aber außer Frage, daß Rhythmusstörungen eines der markantesten biologischen Kennzeichen depressiver Menschen sind.

Die bisherigen Befunde der Schlafforschung lassen es als wahrscheinlich erscheinen, daß nicht alle Menschen gleich sensibel auf Rhythmusveränderungen reagieren. Eine anlagemäßige Verletzlichkeit, in bestimmten Situationen mit einer Desorganisation der Rhythmen zu reagieren, darf angenom-

men werden. Damit wird die Einbettung der Menschen in eine
für sie stimmige Rhythmizität auch therapeutisch besonders
wichtig. Interessanterweise sind Lithiumsalze, die prophylaktisch gegen die phasisch auftretenden Depressionen wirksam
sind, chronobiologisch aktiv. Sie zeigen in fast allen Untersuchungen an Pflanzen und Tieren eine die Tagesrhythmik ver-
längernde Wirkung.[31]

4.5.   Zusammenfassung

Trotz außergewöhnlich großer Forschungsbemühungen unter
Einsatz aller möglichen Untersuchungsmethoden ist es bisher
nicht gelungen, bei der Mehrzahl depressiver Patienten eine
organische Veränderung festzustellen, die die Entstehung einer
Depression auf biochemischer oder neurophysiologischer
Grundlage erklärt. Hingegen sind in den letzten Jahrzehnten
bedeutsame Fortschritte in der biologischen Therapiefor-
schung erzielt worden, so daß die Angriffspunkte antidepressiv
wirksamer Mittel viel besser bekannt sind.

   Diese Diskrepanz zwischen fortgeschrittenen Erkenntnissen
antidepressiver Wirkungsmechanismen auf der einen Seite und
weitgehender Unkenntnis der organischen Grundlage depressiver Zustände auf der anderen Seite ist so lange erstaunlich, als
eine direkte Wirkung der antidepressiven Medikamente auf
die Ursache der Depression angenommen wird. Etwas wahr-
scheinlicher ist aber die Annahme, daß die antidepressiv wirksamen Mittel nur zur Anregung körpereigener Mechanismen
beitragen, die die Selbstheilung fördern.

   Unter den körperlichen Symptomen einer Depression sind
die Erstarrung des Bewegungsmusters und die Veränderung
des Schlafprofils depressiver Menschen besonders hervorzuhe-

ben. Depressive zeichnen sich in biologischer Hinsicht mehrheitlich durch eine deutliche Verminderung der motorischen Aktivität aus. Auch die vegetativen Funktionen (wie Speichelfluß und Darmaktivität) sowie Appetit und sexuelle Erregbarkeit sind meistens verhindert. Infolgedessen wirkt ein depressiver Mensch nach außen hin in gewisser Hinsicht ruhiggestellt.

In engem Zusammenhang mit dieser Erstarrung ist der Depressive häufig auch schlafgestört, d. h. zum längeren Wachsein gezwungen. Tiefe Schlafphasen werden selten erreicht. Der paradoxe Schlaf (REM-Schlaf) tritt verfrüht und vermehrt auf. Die Rhythmizität des Depressiven ist auch in anderer Hinsicht (Körpertemperaturverlauf, Hormonspiegelschwankungen etc.) verändert, so daß insgesamt das Bild eines alarmierten und aus dem gewohnten Rhythmus geworfenen Menschen entsteht.

Anmerkungen zu Teil 4

1 G. Nicolis / I. Prigogine 1989, S. 97.

2 Zitiert nach Kuhs und Tölle 1987, S. 78.

3 Die Beobachtung von Ruhelosigkeit und Erregungszuständen bei depressiven Patienten hat dazu geführt, daß die psychomotorische Agitiertheit in modernen diagnostischen Manualen (z. B. DSM III) ebenfalls als Depressionskriterium aufgeführt wird. Es läßt sich aber diskutieren, ob es sich bei agitierten Depressionen nicht eher um Mischzustände von Depression und Angst oder seltener von Depression und Manie handelt (vgl. Angst 1987 a). Schließlich führt ein willentliches Aufbäumen gegen einen depressiven Zustand ebenfalls zu Ruhelosigkeit und Erregungszuständen bis zu Schreikrämpfen.

4 Royant-Parola et al. 1986.

5 Übersicht bei Lees 1989. Es ist in diesem Zusammenhang von besonderem Interesse, daß Parkinsonpatienten zu etwa 50 Prozent an Depressionen leiden. Diese Depressionshäufigkeit ist mindestens doppelt so groß wie jene, die bei andern eingreifenden körperlichen Erkrankungen beobachtet wird. Die teilweise Ähnlichkeit der Bewegungs- und Empfindungsmuster bei Depressiven und Parkinsonpatienten führt zur Frage: Wird das emotionale Erleben vom expressiv-motorischen Ausdruck beeinflußt? Diese Möglichkeit wird seit Darwin diskutiert und ist z. B. von Izard 1981 auf interessante Weise in seiner differentiellen Emotionstheorie aufgenommen worden.

6 Zitiert nach Lees 1989.

7 Zitiert nach Thase et al. 1985.

8 Zitiert nach Bowlby 1987, S. 40.

9 Übersicht bei Lees 1989.

10 Übersicht bei Kuhs und Tölle 1987.

11 Vgl. Seite 72 und Frey et al. 1980.

12 Übersicht bei Lader et al. 1987. Allerdings wird häufig vor einer motorischen Aktivitätssteigerung unter dem sedativen Effekt der medikamentösen Therapie eine motorische Entspannung beobachtet.

13 Widlöcher 1986, S. 218.

14 Z. B. «Echelle de ralentissement» von Widlöcher.

15 Übersicht bei Thase et al. 1985.

16 Ebd.

17 Kraepelin 1913.

18 Kuhs und Tölle 1987.

19 Kuhn 1957.

20 Kline 1958.

21 Eine Zusammenfassung der Geschichte der pharmakologischen Therapie bei Depressiven findet sich z. B. im Handbuch von Langer und Heimann 1983.

22 Eine packende und höchst informative Übersicht über die chronobiologische Schlafforschung hat einer ihrer Promotoren, Alexander Borbély, 1987, geschrieben.

23 Pflug 1987.

24 Zitiert nach Pflug 1987.

25 Eine Übersicht über die Methodik und die Behandlungsergebnisse der Lichttherapie und der Schlafentzugsbehandlung findet sich bei Pflug 1987.

26 Zusammenfassung der Befunde bei Thase et al. 1985.

27 Cartwright 1983.

28 Die Veränderungen der Hypothalamus-Hypophysen-Nebennierenachse haben zur Einführung des «Dexamethasontestes» geführt, um eine Depression mit biologischen Mitteln zu diagnostizieren. Die Aussagekraft dieses Tests ist aber insofern begrenzt, als er bei depressiven Patienten in ca. 50 Prozent negativ ausfällt, während er bei einzelnen nichtdepressiven Patienten ein positives Ergebnis liefert. Mangels besserer, relativ einfach durchzuführender Depressionstests wird der «Dexamethasontest» in bestimmten Centern weiterverwendet.

29 Übersicht bei Thase et al. 1985.

30 Eine Diskussion der verschiedenen Theorien auf dem aktuellen Wissensstand findet sich bei Wu und Bunney 1990.

31 Pflug 1987.

Teil 5 Depression – integrativ gesehen

Die Depression ist mehr als die Summe
ihrer Teilaspekte

5.1.   Das Zusammenspiel der Systeme

In den vorangegangenen Teilen dieses Buches bin ich depressivem Geschehen in den Bereichen des bewußten Erlebens, der
sozialen Kommunikation und der biologischen Veränderungen nachgegangen. Diese drei Betrachtungsebenen lassen die
Gestalt der Depression aus verschiedenen Gesichtswinkeln
sehen. Wie im berühmten Lehrgedicht Buddhas[1], in dem ein
und derselbe Elefant von Blinden einmal von hinten, das andere Mal von unten und zum dritten Mal von vorne beurteilt
wird – was drei ganz verschiedene Bilder ergibt –, so spiegeln
auch unsere Zugangsweisen auseinandergehende Ansichten
des gleichen Geschehens wider. Mit seinem Elefantenver-
gleich hat Buddha übrigens vor zweieinhalbtausend Jahren auf
den Streit verschiedener Schulmeinungen angespielt. Solche
Auseinandersetzungen zwischen verschiedenen Ansichten
sind aber auch der kurzen Psychiatriegeschichte nicht fremd.
   Seit Beginn der wissenschaftlichen Psychiatrie im 19. Jahrhundert haben sich die Psychiater mehr oder weniger regelmäßig in zwei Lager gespalten. Den «Psychikern», die einen
psychologischen Hintergrund psychiatrischer Krankheiten
vertreten, standen die «Somatiker» gegenüber, für die nach
dem berühmten Wort Wilhelm Griesingers (1817–1868) Gei-

steskrankheiten Gehirnkrankheiten sind.[2] Nach anfänglich
heftigen Auseinandersetzungen führten die beiden herrschen-
den Gruppen längere Zeit in einer Art Koexistenz eine gegenseitige Terrainbereinigung durch. Dem psychologischen
Lager wurden die reaktiven und neurotischen Störungen zu-
geschlagen, dem biologischen die sogenannten endogenen
Geistes- und Gemütskrankheiten (und die körperlich be-
gründbaren Psychosen wie zum Beispiel das Alkoholdelir
oder die Demenz). Flackerte allerdings der Krieg zwischen
den Fronten wieder auf, so wurden die territorialen Grenzen
stärker umstritten. Es wurde versucht, neurotische Störungen
nun auch dem biologischen Feld zuzuordnen; umgekehrt bra-
chen Psychoanalytiker und insbesondere Familientherapeuten
ins Gebiet der endogenen Erkrankungen ein.

   In den letzten zwei Jahrzehnten hat sich diese Aufteilung der
Psychiatrie in ein biologisches und ein psychosoziales Feld als
immer problematischer erwiesen. Zum einen zeigten sich biologische Behandlungsmethoden, wie etwa die Psychopharmaka, bei neurotischen Störungen ähnlich effizient wie bei sogenannt endogenen depressiven Erkrankungen. Umgekehrt
wurde klar, daß die Prognose endogener Erkrankungen nicht
nur von biologischen, sondern auch von psychosozialen Faktoren abhängt. Ferner zeigte sich in Befragungen von praktisch tätigen Psychiatern, daß sie unabhängig von ihrer Ausbil-
dung in der faktisch ausgeübten Tätigkeit meistens sowohl
biologische wie psychosoziale Behandlungsmethoden verwenden. George L. Engel suchte schon in den sechziger Jahren
den Schulenstreit zu überwinden, indem er einen bio-psycho-
sozialen Zugang zum Patienten vorschlug, was nichts anderes
meint, als daß sowohl seine körperlichen (bio), seine seelischen
(psycho) und seine sozialen (sozio) Bedingungen in der Behandlung berücksichtigt werden sollen.[3]

Dieser Vorschlag fand in den letzten Jahren ein gewaltiges Echo. Seine Annahme warf nun aber Probleme auf, welche die Aufspaltung der Psychiatrie in einzelne Lager vorher hatte umgehen können. Sind naturwissenschaftlich-biologische und geisteswissenschaftlich-verstehende Zugänge in der Behandlung in einer Art Methodenpluralismus einfach nebeneinanderzustellen? In welcher Reihenfolge sind sie einander allenfalls über- oder untergeordnet? Oder darf zufällig an irgendeinem Ort eine Therapie begonnen werden, weil Körper, Seele und Geist ein Ganzes, ein «System», bilden und die Veränderung eines Teils die Veränderung des Ganzen mit sich bringt? Ähnliche Fragen ergaben sich auch für die Theoriebildung, speziell für das Verständnis depressiver Erkrankungen in erlebnismäßiger, kommunikativ-sozialer und biologischer Hinsicht.

Im folgenden möchte ich versuchen, die zuvor behandelten Ebenen so miteinander in Verbindung zu bringen, daß sie nicht zufällig nebeneinanderstehen oder sich sogar durchschneiden, sondern sich ergänzend zusammenfügen. Daraus hoffe ich ein «integratives» Modell ableiten zu können, das die Depression möglichst weitgehend als ein organisatorisches Ganzes verstehen läßt (lat. integratio: Wiederherstellung eines Ganzen).

Ein solcher Versuch benötigt, will er nicht die spezifische Logik der einzelnen Denksysteme verletzen, einen Überstieg in eine höhere organisatorische Ordnung. Man kann versuchen, im depressiven Geschehen einen «organisatorischen Sinn» zu finden. Das depressive Geschehen würde dann nicht aus einer höheren Ordnung herausfallen, sondern die verschiedenen Teile selbst zweckvoll verbinden.

Es mag auf den ersten Blick befremdlich erscheinen, ein sichtbar leidvolles Geschehen wie die Depression nicht nur als Störung zu sehen, sondern dahinter auch eine sinnvolle Organisation zu vermuten. Wenn wir die Depression mit einem an-

dern schmerzvollen Geschehen, einer Entzündung, vergleichen, so finden wir dort allerdings durchaus Analoges. So
schmerzhaft eine entzündete Körperstelle auch ist und sosehr
die Entzündung auch Krankheitscharakter hat, mit ihren
Symptomen der Schwellung (Ödembildung) und der Rötung
(Ansammlung von Blutkörperchen) dient sie doch der Infekt-
abwehr. Auch der Schmerz einer Entzündung macht insofern
Sinn, als er Signalcharakter hat und zur Ruhigstellung des ent-
zündeten Gliedes beiträgt.

Man kann sich nun die Frage stellen, in welcher Weise die
Depression ebenfalls Sinn macht. Eine solche Fragestellung
orientiert sich nicht mehr an der Analyse des Vorhandenseins
erlebnismäßiger, kommunikativer und biologischer Strukturen, sondern interessiert sich für das Werden des Organismus,
für seine zielgerichtete Organisationsform, die ihn in seiner
Umwelt bestehen läßt. Sie setzt die verschiedenen Ebenen
voraus, benützt aber eine ökologische Zusammenschau und
eine evolutionäre Sichtweise zur Klammer, die sie miteinander
verbinden. Für diesen Versuch mit einem integrativen Modell
ist allerdings eine Neubewertung der Gefühle notwendig.

5.2.   Die Organisation der Gefühle

Gefühle stehen in unserer Gesellschaft nicht hoch im Kurs.
Viele ältere Erziehungspraktiken haben das offensichtliche
Ziel, Gefühle als etwas Niedriges beherrschen zu lernen. Und
noch Sigmund Freuds Leitsatz «Wo Es war, soll Ich werden»
wird gerne dahin gedeutet, daß die gefühlsbetonten Triebe
zugunsten der rationalen Kontrolle zurückgedrängt werden
sollen.

Das gefühlsfeindliche Klima unserer Tradition läßt uns

leicht übersehen, daß unsere Gefühle nichts Zufälliges oder gar Unvernünftiges sind. Was bliebe vom Menschen, wenn er ohne Gefühle wäre? Er wäre nicht nur «eine kaltberechnende und lieblose Vernunftsbestie» (Wiesing).[4] Er könnte, viel gravierender, kaum überleben, weil er seine Erlebnisse nicht mehr sinnvoll einzuordnen imstande wäre. Er wäre einem sinnlosen Durcheinander von Reizen ausgeliefert, die für ihn keine Bedeutung mehr hätten und auch nicht gedanklich weiterverarbeitet werden könnten.

Die Gefühle können – in Übereinstimmung mit den Ergebnissen der Verhaltensforschung bei Tier und Mensch – als erlebte Zustände, die das Verhalten sinnvoll organisieren, verstanden werden. Hunger löst Nahrungssuche aus, Angst das Vermeiden gefährlicher Situationen etc. Gefühle sind eine Art Bewertungssystem, auf das wir uns stützen können und das uns erlaubt, nicht jeden Reiz einzeln für sich beantworten zu müssen. Indem das Tier und später der Mensch «Gefahren nicht automatisch mit starren Handlungsmustern beantwortet, sondern sie fühlt, sie als Gefühl erlebt, als Furcht empfindet, faßt es eine große Zahl gefahrvoller Situationen zusammen: Es bildet sich eine Art emotionalen Begriff, lange vor jedem gedanklichen oder gar sprachlichen Begriff. ‹Angst› ist der emotionale Begriff für Gefahr; ‹Scham› ist der emotionale Begriff für den Verstoß gegen die bejahten Erwartungen der Mitmenschen, die verinnerlichten Normen... Um sich der Gefahr zu entziehen, kann das Tier, das ‹Angst› aufbringt, alle seine Mittel einsetzen und der jeweiligen Situation, so gut es geht, anpassen. Gefühle gestatten eine verstärkte Improvisation von Verhalten.» (Zimmer)[5]

Beim Menschen geht dieser Beratungsdienst der Gefühle über das «Parlament der Instinkte» der Tiere (Konrad Lorenz) hinaus.[6] Die Gefühle sind nicht mehr so eindeutig festgelegt;

sie sind flexibler und verbinden sich mit dem Intellekt zu übergeordneten «kognitiv-affektiven» (denkerisch-gefühlsmäßi-
gen) Verbindungen. Aber sie haben dadurch als Steuerungs-
system, das unser Handeln lenkt, keineswegs an Bedeutung
verloren. Sie sind vielmehr als Basis der darauf aufgebauten
sprachlich begabten Vernunft noch bedeutsamer geworden.
Auch sind wir in unseren Gefühlen mit anderen enger verbunden als in unseren Gedanken. «Wir verdanken diese Gemeinsamkeit unserer Stammesgeschichte. Gefühle sind älter und
tiefer als Gedanken, in der Evolution eine Erwerbung der
Säugetiere. Sie entstanden als gefühlte Beurteilungen einer
Reihe von überlebenswichtigen Standardsituationen, die ihre
Besitzer zum richtigen (das heißt zum wahrscheinlich zweck-
mäßigen) Verhalten anhielten, als sich die genetische Kontrolle über Einzelheiten ihres Handlungsablaufs lockerte und
ihr Nervensystem größere Fähigkeiten erlangte, zweckmäßi-
ges Verhalten zu improvisieren. Gefühle, so gesehen, sind
Meinungen, wenn auch ungedachte und sprachlose Meinungen.» (Zimmer)[7]

Diese evolutionsgeschichtliche Deutung stimmt mit der vergleichenden Hirnforschung überein.[8] Über dem ältesten Hirn-
teil (dem Stammhirn mit Zwischenhirn), der auch Reptilienhirn heißt, weil er in ähnlicher Weise schon bei Reptilien die
elementaren Lebensfunktionen wie Herzschlag, Atmung,
Hunger und Durst regelt, befindet sich wie ein Saum das sogenannte limbische System (vgl. Abb. 3). Es ist der Sitz der primären Gefühle oder Affekte und entspricht stammesgeschichtlich
der urzeitlichen Säugetierstufe. Entsprechend ist auch seine
Lage zwischen dem älteren Reptilienhirn und dem neueren
Großhirn (Neocortex), dessen hemisphärenartige Teile es wie
Schalen einer Muschel umschließen. Der Neocortex ist beim
Menschen besonders stark entwickelt. Er ist für höhere kogni-

tiv-affektive Funktionen zuständig und stellt die komplexeste
Entwicklungsstufe dar, die Denken und Sprechen (aber auch
die weitere Differenzierung der Emotionen) ermöglicht hat.

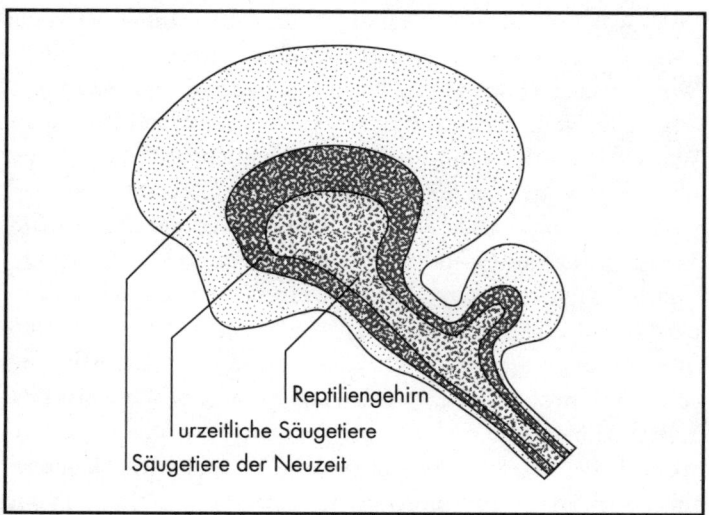

Reptiliengehirn
urzeitliche Säugetiere
Säugetiere der Neuzeit

Abb. 3

   In vereinfachend schematischer Weise läßt sich nun jedem
Teil des «dreieinigen Gehirns» (MacLean)[9] eine bestimmte
Gefühlsaufgabe zuteilen. Das Reptilienhirn ist für die automa-
tischen Reflexe sowie die festgelegten Instinkte zuständig.
Obwohl sich diese Reaktionen in recht komplizierter Art äußern können, laufen sie doch stereotyp ab und können über
Lernprozesse kaum gefördert werden. Sie dienen der Organisation elementarer Lebensfunktionen und werden nicht bewußt wahrgenommen. Deshalb können sie im engeren Sinne
auch nicht als Gefühle bezeichnet werden. Da sie aber als in-
stinktives und reflexhaftes Organisationssystem der Anpas-

sung an die Umwelt dienen, spielen sie bei der Regulation der Gefühle (als Vorstufe des Affektsystems) eine Rolle.

Dem limbischen System können die Grundgefühle (Primäraffekte) zugeordnet werden. Wir empfinden Grundgefühle wie «Angst», «Wut», «Trauer», «Freude», «Interesse» oder «Neugier», auch wenn wir für sie nicht immer die richtigen Worte finden können. Wir erleben sie aber, im Gegensatz zu den Instinkten, meist in bewußter Weise. Sie sind auch ohne Worte da. Wenn sie sich zu einem sprachlichen Ausdruck verdichten, erfolgt eine höhere, das limbische System übergreifende Leistung. Diese weitere (denkerische und sprachliche) Verarbeitung der Grundgefühle ist Sache der Großhirnrinde. Ohne kognitiv-affektive Differenzierung können sich die Primäraffekte aber auf direkterem Weg in Mimik, Gestik, Blick und Haltung (= motorisch expressiv), in muskulärer Bereitschaft (= motivational) oder auch physiologisch-hormonal äußern. Für unseren Zusammenhang ist vor allem der vorsprachliche, motorisch-expressive Ausdruck der Grundgefühle wichtig. Dieser Emotionsausdruck in Mimik, Gestik und Haltung signalisiert dem Sozialpartner, wie sein Gegenüber «gestimmt» ist und welches Verhalten von ihm selber erwartet wird. So gesehen sind Primäraffekte soziale Beziehungsregeln, die zum Beispiel bei «Wut» zu einer größeren, bei «Trauer» zu einer geringeren Distanz zum Artgenossen beitragen. «Angst», «Wut», «Trauer», «Freude» und «Interesse» stellen jene Reihe von Grundgefühlen dar, die in verwandter Weise auch bei Säugetieren zu vermuten sind und beim Menschen in allen Kulturen durchgängig vorkommen. Nonverbale Ausdrucksformen scheinen als spontane Kommunikationsweisen auch in zwischenmenschlichen Kontakten die größere Wirkungskraft behalten zu haben, als dies von der sprachlichen oder symbolischen Kommunikationsform zu beobachten ist.

Werden nun die Primäraffekte nicht nur subjektiv signalartig als «Gestimmtheit» wahrgenommen, sondern ich-haft empfunden, begrifflich benannt und zur Erklärung von Wahrnehmungen herangezogen, so entspricht dies einer höheren kognitiv-affektiven Leistung. Diese höhere Leistung der Integration von Gefühlen und Begrifflichkeiten ist, wie gesagt, der Großhirnrinde, dem Neocortex, zuzuordnen. Erst die weitere Verarbeitung der Grundgefühle in einem kognitiv-affektiven System führt zu einem Wissen dessen, was man wahrnimmt und fühlt. Man könnte, um eine klare Abgrenzung von den vorsprachlichen Primäraffekten zu machen, auch von verarbeiteten Gefühlen oder Sekundäraffekten sprechen.[10] Das kognitiv-affektive System der Großhirnrinde stellt in Verbindung mit Denken und Sprache die höchste Stufe der Regulation der Gefühle dar und bietet die optimalen Bedingungen für eine adäquate Auseinandersetzung mit der Umwelt. Dabei scheint die höhere «analoge» Verarbeitung der Gefühle eher in der rechten, nichtdominanten Hirnhemisphäre zu erfolgen, die sprachliche «digitale» Begriffsfassung hingegen in der linken, dominanten Hemisphäre.

Eine schematische Zusammenfassung der dargelegten Affektsysteme gibt Tab. 14 wieder. Dabei sind die Instinkte als Vorstufe eines Affektsystems nicht mit aufgeführt worden.

Die verschiedenen Affektsysteme sind nun nicht, wie aus didaktischen Gründen hier dargestellt, unabhängig voneinander zu denken. Im «dreieinigen Gehirn» bestimmen sie vielmehr in assoziativer Verbindung die «Grundschwingung» (Ciompi)[11] von Erleben, Verhalten und Denken des Individuums. Dabei prägen die Instinkte und die primären, «nicht-wissenden» Affekte hauptsächlich die biologische und soziale Sphäre, während die sekundären, «wissenden» Affekte die psychologische Ebene bestimmen. Aber erst alle zusammen machen eine differenzierte Gefühlsentwicklung möglich. Es ist keine übergeordnete, kognitiv-affektive Funktion denkbar ohne die zugrundeliegenden Primäraffekte, die die Ausdrucksbewegungen (äußere Regulation) und die physiologisch-hormonalen Vorgänge (innere Regulation) beeinflussen.

Die dargestellte Regulationsweise der Gefühle kann als Organisationsprinzip herangezogen werden, das das bio-psychosoziale Geschehen miteinander verbindet. Die Affektorganisation bildet den Rahmen, in dem sich Trauer und Depression als widersprüchliche Affekte weiter verfolgen lassen.

5.3.   Die paradoxe Beziehung von Trauer und Depression

In der Umgangssprache des Alltags wird Depression häufig mit Trauer gleichgesetzt. Zwar hat Depression mit Trauer zu tun. Trotzdem sind Trauer und Depression nicht gleichartige Gefühlszustände, die sich nur in ihrer Ausprägung oder Stärke voneinander unterscheiden. Depression ist weder starke Trauer, noch ist Trauer einfach eine abgeschwächte Form von Depression. Trauer und Depression stehen vielmehr in paradoxer Beziehung zueinander. Sie sind auf der kognitiv-affektiven Ebene der verarbeiteten, «wissenden» Gefühle Gegensätze, haben aber auf der Ebene der nichtsprachlichen Primäraffekte miteinander zu tun. Sie erscheinen als zwei unterschiedliche Weisen, wie der Mensch mit der gleichen zugrundeliegenden Problematik umgehen kann.

Im bewußten «wissenden» Erleben verhalten sich Trauer und Depression komplementär zueinander. Wo echte Trauer vorliegt, ist depressives Erleben fern. Wo eine schwere De-

Tab. 14:

Die verschiedenen Emotionsebenen

(vereinfachtes Modell)

	Erstes affektives System → ←	Zweites kognitiv-affektives System
Art der Emotionen	sprachlose «Grundge-fühle» (nicht ich-haft erlebte Primäraffekte)	eigentliche Gefühle (ich-haft erlebte, sprach-lich faßbare Affekte)
	«Trauer» «Freude» «Angst» «Interesse» «Ekel»	Trauer Freude Angst Interesse Ekel
Emotions-ausdruck	psychomotorisch mittels Gestik, Mimik, Haltung (spontane Kommuni-kation)	sprachlich mittels Worten (symbolische Kommuni-kation)
Organisations-niveau	nicht-wissend biosoziales Regulativ (occuring emotion)	wissend Orientierungshilfen über innere und äußere Zustände (experienced emotion)
hauptsächliche Gehirn-lokalisation	limbisches System ⇌	Neo-Cortex

pression einen Menschen blockiert, ist aktives Trauern vorerst unmöglich. Wie eine Balance bestimmt die Stärke des einen Affektmusters die Schwäche des andern. Sie sind mit zwei Polen vergleichbar, die sich gegenseitig abstoßen und doch –

oder gerade deshalb – etwas miteinander zu tun haben. Daß
Trauer und Depression offensichtlich eine innere Beziehung
zueinander haben, zeigt sich klinisch auch in jenen typischen
Fällen, wo auf eine abklingende Depression Trauer folgt oder
wo umgekehrt heftige, unaushaltbare Trauer in eine hem-
mende Depression umschlägt.

Darüber hinaus haben Trauer und Depression gemeinsam,
daß sie beide im Strom der Ereignisse rückwärts gerichtet
sind. Sie setzen sich mit einem zurückliegenden Verlusterei-
nis auseinander, genauso wie sich Freude in einem bereits eingetretenen Erfolgserlebnis sonnt. «Das Trauergefühl liegt im
Gegensatz zum Angstgefühl jenseits der Handlungsschwelle.
Es kann nur Geschehenes betrauert werden. Während der Ge-
ängstete den Objekten im Vorfeld der Wahrnehmung auszu-
weichen sucht, um sie so ‹unschädlich› zu machen, tut es
der traurige Depressive im nachhinein.» (Machleit und Mitarbeiter).[12]

Wirkliche Trauer setzt aber die Anerkennung eines Verlustereignisses voraus. Erst wer etwas verloren gibt, kann um das
Verlorene trauern. Indem der Trauernde Abschied vom Vergangenen nimmt, erhält er potentiell auch die Chance eines
zukünftigen Neubeginns. Depressive Menschen scheinen
demgegenüber einen erlebten Verlust nur teilweise auch gedanklich anerkennen zu können. Sie halten am Verlorenen weiter fest und lassen «wissende» Trauer nicht zu. Dadurch bleiben
sie aber dem Primäraffekt, der das Verlusterlebnis begleitet,
unterworfen, weil sie sich mit ihm nicht auseinandersetzen
können. Das nicht verarbeitete Grundgefühl beeinflußt dann
die Ausdrucksbewegungen in Mimik und Gestik wie den inneren Stoffwechsel. Erst wenn eine bewußte Anerkennung des
Verlustes möglich wird, weicht die depressive Verstimmung
einem schmerzhaften Trauerprozeß.

Der Primäraffekt, der sowohl der «wissenden» Trauer wie auch (teilweise) der Depression zugrunde liegt, wird in der Emotionspsychologie ebenfalls mit dem Wort «Trauer» bezeichnet. Dies kann zu Verwechslungen führen. Um der klaren Unterscheidung willen wird hier der vorsprachliche Primäraffekt «Trauer» konsequent in Anführungszeichen gesetzt (mit Ausnahme der Fremdzitate), während Trauer als aktiver, kognitiv-affektiver Prozeß ohne Anführungszeichen geschrieben wird.

Aufgrund der angestellten Überlegungen will ich im folgenden davon ausgehen, daß sowohl dem Trauerprozeß wie dem Depressionszustand im primären Affektsystem das gleiche Grundgefühl der «Trauer» zugrunde liegt, daß dieses Grundgefühl im höheren kognitiv-affektiven Bereich aber unterschiedlich gewertet und verarbeitet wird. Danach wären «wissende» Trauer und Depression Kinder desselben Primäraffekts, die aber in ihrer kognitiv-affektiven Entwicklung so weit auseinandergehen, daß sie zu unverträglichen Geschwistern werden.

Dieser Standpunkt wird von psychoanalytischen Autoren nicht restlos geteilt. Sie sehen hinter der depressiven Verstimmung statt «Trauer» vor allem «Wut» und «Angst» am Werk.[13] Diese Primäraffekte der «Wut» und «Angst» würden sich gegenseitig konflikthaft blockieren und dadurch eine trauernde Bearbeitung erschweren. In der Tat lassen sich bei Depressiven «Angst» und «Wut» häufig feststellen. Aber auch der normale Trauerprozeß ist von diesen begleitenden Primäraffekten keineswegs frei. Die Beimischung von «Angst» und «Wut» (aber auch von Scham und Schuld) macht die depressive Verstimmung zu einem zusammengesetzten und schwierig faßbaren Emotionsmuster.[14] Ohne den bindenden Kommunikationsaffekt der «Trauer» als zentrales

Grundgefühl ließe sich aber das Verharren Depressiver in ihren Beziehungen nicht verstehen. «Wut» und «Angst» allein müßten zur Auflösung der Beziehung führen, da beide Affekte die Distanz zum andern vergrößern (der Ängstliche zieht sich zurück, der Aggressive vertreibt den andern).

«Trauer», so habe ich mehrfach betont, hat als Primäraffekt eine bindende Funktion. Sie macht für jenen, der in Angst und Verzweiflung ist, durchaus Sinn. «Wut» tritt dagegen oft erst als Reaktion auf «Trauer» auf. Schon Augustinus (354–430) hat in seinen «Bekenntnissen» darauf hingewiesen, daß Zorn dem trauernden Menschen dazu verhilft, sich von der verlorenen und geliebten Person zu lösen.

5.4.   Bindung und Trauer bei Mensch und Tier

Wenn die «Vernunft der Gefühle» (Zimmer)[15] in differenzierter Weise die sozialen Kontakte bei Mensch und Tier regelt, so kommt der «Trauer» unter den verschiedenen Primäraffekten spezielle Bedeutung für den interindividuellen Zusammenschluß zu. Die Bindung innerhalb einer Familie erscheint den Verhaltensforschern als nichts Zufälliges, das zuerst erlernt werden müßte. Wäre ein neugeborenes Tier darauf angewiesen, im Ernstfall zuerst lernen zu müssen, daß ihm seine Mutter eine Hilfe sein kann, so käme dieser Lernvorgang wohl oft zu spät. Die Motivation, eine Bindung einzugehen, ist demnach nicht auf weitere Kräfte (zum Beispiel die Sexualität) angewiesen, sondern entspricht dem Wunsch nach einer Zufluchtsstätte, die Sicherheit und Geborgenheit spendet. Bei sozialen Tieren ist dieser Ort nach der Schweizer Zoologin Monika Meyer-Holzapfel ein «Individuum mit Heimcharakter»[16]. Zuerst wird meist die Mutter diese Stelle einnehmen.

Im Erwachsenenalter kann aber auch im Tierreich ein Ge-
schlechtspartner zum «Individuum mit Heimcharakter» werden.

   Das angeborene Bedürfnis nach Bindung ist beim Menschen vor allem vom englischen Kinderpsychoanalytiker und
Ethologen John Bowlby studiert worden. Er hat sein Lebens-
werk dem Studium von Trauerphänomenen bei Kindern gewidmet und ist über dieses Studium auf die Bedeutung des
Bindungsverhaltens im menschlichen Leben gestoßen. «Viele
der intensivsten Emotionen entstehen während der Bildung,
der Aufrechterhaltung, der Unterbrechung und der Erneuerung von Bindungsbeziehungen. Die Anknüpfung einer
Bindung wird als Sichverlieben beschrieben, die Aufrechterhaltung einer Bindung als Lieben und der Verlust eines Partners als Um-jemanden-Trauern. Auf ähnliche Weise erregt die
Drohung eines Verlusts Angst und der tatsächliche Verlust
Leid, während beide Situationen mit großer Wahrscheinlichkeit Zorn erregen. Die unangefochtene Aufrechterhaltung
einer Bindung wird als eine Quelle von Sicherheit erlebt und
die Erneuerung einer Bindung als eine Quelle von Freude.
Weil solche Emotionen gewöhnlich den Zustand der gefühls-
mäßigen Bindungen einer Person widerspiegeln, erweist sich
die Psychologie und Psychopathologie der Emotionen großenteils als Psychologie und Psychopathologie gefühlsmäßi-
ger Bindungen.»[17]

   In diesem Kontext ist «Trauer» der Versuch, bei einem «Individuum mit Heimcharakter» Unterstützung zu bekommen,
wenn man sich selber schwach oder von einem Unglück betroffen fühlt. Der Ausdruck der «Trauer» – das ergreifende
Weinen, der Blick der Augen und so weiter – sind Hinweise
dafür, daß von anderen Kraft und Hilfe erwartet werden. In
analoger Weise ist der erwachsene Mensch, der einen Verlust

erlitten hat, ob er es weiß oder nicht, vom Drang ergriffen, nach dem verlorenen Menschen zu rufen und dafür von anderen Unterstützung (und teilweise auch Ersatz für die verlorene Bindung) zu erhalten. Der Verhaltensforscher und Psychologe Norbert Bischof hat Ähnliches bei Tieren beobachtet. Er schreibt:

«Einsamkeit und Trauer sind Stimmungen, die uns befallen, wenn ein Quell emotionaler Sicherheit für uns unerreichbar wird. Prototypische Situation ist die Trennung des Kindes von seiner Mutter. Aber schon bei Tieren, am ausgeprägtesten bei solchen, die monogam leben, finden sich ernstzunehmende Anzeichen dafür, daß dieselben Affekte auch auf Verlust des Partners ansprechen. Die Tiere verhalten sich ängstlich, aufgeregt oder apathisch, verlieren den Mut, können eine zuvor etwa innegehabte hohe Rangstellung nicht mehr aufrechterhalten und lassen sich von den übrigen Gruppenmitgliedern, die für den Stimmungseinbruch offenbar ein feines Gespür haben, widerstandslos kleinkriegen. Gelegentlich kommt es vor, daß sie sich, wiewohl natürlich längst der eigenen Familie entwachsen, wieder ihren Eltern anschließen; in Seewiesen haben wir das bei ‹verwitweten› Gänsen zuweilen beobachtet. Solche Reaktionen kann man beim besten Willen nicht als Abstinenzerscheinung im Gefolge frustrierter Unternehmungslust erklären. Wäre der Partner wirklich nur ein Objekt der Erregungssuche, so sollte sein Verlust allenfalls zu Langeweile führen, zu erhöhter explorativer Aktivität wohl auch. Ersatz wäre leicht zu finden, da er einzig der Bedingung genügen müßte, neu zu sein.»[18]

Nun sind wir bei Tieren hinsichtlich der Interpretation von Bindungs- beziehungsweise Trauerfähigkeit ausschließlich auf ihr Verhalten angewiesen. Eine wissentliche Trauer ist das Vorrecht des Menschen. Nur er vermag seine Gefühle zu reflektieren und sie auch sprachlich in Begriffe zu fassen. Damit wird es ihm aber auch möglich, auf einen Primäraffekt wie die

«Trauer» zurückzuwirken und ihn als letzte Möglichkeit vor sich und vor andern als nicht-existent zu bestreiten. Indem der Mensch sich selbst und seine Gefühle beobachten kann, vermag er in Selbstbeherrschung auch ein Stück weit seine primäre «Trauer» zu verstecken, so daß sie sich nur noch im spontanen Gesichts- und Körperausdruck und in willentlich nicht direkt steuerbaren physiologisch-hormonalen Veränderungen zeigen mag. Der Mensch kann die Trauer aber auch willkürlich betonen, um bei Mitmenschen eine besonders starke Appellwirkung zu erzeugen. Diese kognitiv-affektive Revolution der Selbstbezogenheit verändert sein Dasein so stark, daß nun auch die «Trauer», die im Tierreich unwissentlich zur sozialen Sicherung beiträgt, zum persönlichen Schicksal des Menschen wird.

Zum Verlauf des Trauerprozesses beim Menschen: Beim Menschen verlaufen die Trauerreaktionen nach Verlustsituationen zum Teil sehr unterschiedlich. Immerhin kann ein durchschnittlicher Trauerverlauf bestimmt werden, wie ihn Bowlby[19] aufgrund von eigenen Literaturstudien idealtypisch aufgezeichnet hat. Dabei scheint die Trauerreaktion des Kleinkindes in unkomplizierterer und weniger verdeckter Weise die Trauerreaktion des Erwachsenen widerzuspiegeln.

Wird ein ein- bis dreijähriges Kleinkind von der Mutter oder dem Mutterersatz getrennt, so wird es «häufig laut schreien, an seinem Bett rütteln, sich hin- und herwerfen und eifrig auf jede Bewegung oder jedes Geräusch achten, die ihm die Rückkehr seiner Mutter anzeigen könnten. Dieses Verhalten kann mit Intensitätsschwankungen eine Woche oder länger andauern. Während dieser ganzen Zeit scheint das Kind durch die Hoffnung und Erwartung, daß seine Mutter zurückkehren wird, in seinen Anstrengungen angefeuert zu werden.

Früher oder später setzt jedoch Verzweiflung ein. Die Sehnsucht nach der Mutter wird zwar nicht geringer, aber es schwindet die Hoffnung auf ihre Erfüllung. Schließlich werden die ständigen lautstarken Forderungen eingestellt; das Kind wird apathisch und zurückgezogen, es gerät in einen Zustand der Verzweiflung, der vielleicht nur durch ein zeitweiliges monotones Wimmern unterbrochen wird. Es fühlt sich unendlich elend...

Früher war man fest davon überzeugt, daß ein kleines Kind seine Mutter rasch vergißt und damit über sein Elend hinwegkommt. Man glaubte, daß Kummer in der Kindheit kurzlebig sei. Jetzt haben jedoch genauere Beobachtungen gezeigt, daß dem nicht so ist. Die Sehnsucht nach Mutters Rückkehr bleibt bestehen.» (Bowlby)[20]

Auch der Ersatz durch eine andere Betreuungsperson kann den Kummer des Kleinkindes nicht sogleich stillen. Häufig erscheint jedoch das hartnäckige Verlangen eines Kindes nach seiner Mutter von Feindseligkeit – auch gegen den Mutterersatz – überdeckt. «Doch die vollkommene oder teilweise Ablehnung des fremden Erwachsenen hält nicht ewig an. Nach einer Phase des Rückzugs und der Apathie..., beginnt ein Kind, neue Beziehungen zu suchen. Wie diese sich entwickeln, hängt von der Situation ab, in der das Kind sich befindet.»[21]

Kehrt ein Kind nach einer längeren Trennung zu seiner Mutter zurück, nach der es sich so stark gesehnt hat, so zeigt es dieser überraschenderweise vorerst die kalte Schulter. Bei einzelnen Kindern ist diese Reaktion so stark, daß ihre Mütter sich darüber beklagen, daß sie von ihrem Kinde «wie eine Fremde» behandelt werden. Erst nach und nach legt das Kind dieses Fremdeln der eigenen Mutter gegenüber wieder ab. Bowlby sieht darin einen frühen Ansatz dafür, daß das angeborene Bindungsverhalten aufgrund der schmerzhaften Erfahrungen relativiert oder zugedeckt werden kann und sich – anstelle des abgewehrten Bindungssystems als zweitbeste Lösung – Selbstgenügsamkeit und überbetonte Autonomie entwickeln. Im Falle der zurückgekehrten Mutter wird sich die Entfremdung allerdings wieder legen, wenn die Mutter ihr Kind anhaltend freundlich umsorgt.

Bei erwachsenen Menschen nimmt die Trauer einen komplizierteren Verlauf. Aufgrund einiger vorwärts gerichteter, sogenannter prospektiver Verlaufsstudien unterscheidet Bowlby vier verschiedene Phasen, die im normalen Trauerprozeß durchlaufen werden müssen. Die erste, meist kurze Phase ist diejenige der Betäubung. Der Betroffene funktioniert weiter, als hätte ihn die schlimme Nachricht gar nicht erreicht. (Aus diesem Reaktionsmuster leitet Bowlby die gestörte Form eines dauerhaften Fehlens von Trauer ab). Dann folgt die Phase der Sehnsucht und der Suche, die mit Traurigkeit und Zorn vermischt ist. Daß in dieser, meist monatelang andauernden Phase der verlorene Partner nicht ganz aufgegeben wird, zeigt sich unter anderem in der ausgeprägten Tendenz, Signale oder Geräusche als Anzeichen für die Rückkehr des Vermißten zu deuten.

«Hört die Witwe beispielsweise um fünf Uhr nachmittags eine Türklinke gehen, so wird das als Rückkehr des Ehemannes von der Arbeit gedeutet, oder in einem Mann auf der Straße erkennt sie fälschlich den fehlenden Gatten.» (Bowlby)[22] In die Sehnsucht mischt sich aber auch Zorn. Der Trauernde wechselt in dieser zweiten Phase häufig zwischen zwei Zuständen hin und her. Auf der einen Seite beginnt er zu akzeptieren, daß der Verlust definitiv ist, mit allem Schmerz, der damit einhergeht. Auf der anderen Seite steht der Unglaube, daß alles unwiederbringlich ist, begleitet vom Verlangen, nach der verlorenen Person zu suchen. (Aus dieser zweiten Phase der Sehnsucht und des Zorns leitet Bowlby die gestörte Form der chronischen Trauer ab, deren Hauptsymptom die Depression ist.)

Normalerweise wird diese Phase, allerdings oft erst nach einem Jahr, von einer kurzen Zeit der Verzweiflung abgelöst. Hier weicht die Ambivalenz zwischen Glaube und Unglaube der Erkenntnis, daß der Verlust von Dauer und unwiderruflich ist. Kurzfristig entsteht der Eindruck, alles sei verloren. Nach langem Suchen und Prüfen, wie und warum der Verlust geschah, tritt eine Leere ein, die kein Hinterfragen mehr erlaubt.

Dieser Moment, der als Absturz so gefürchtet schien, führt aber im günstigen Falle relativ schnell zur Phase der Reorganisation, in der sich der Trauernde im Leben auf neue Weise einrichtet. Diese Neudefinition der Lebenssituation und des Selbst stellt einen erkennenden Akt im Sinne einer bewußten «Vergegenwärtigung» (Parkes)[23] dar. Es ist ein Prozeß der Neuformung innerer Vorstellungen und gleichzeitig ein Anzeichen des Ausklingens des Trauerns und der Überwindung der «Trauer».

Eine befragte Witwe bemerkte ein Jahr nach dem Tod ihres Mannes: «Ich glaube, ich fange jetzt an, aufzuwachen. Ich beginne zu leben, statt nur zu existieren... Ich weiß, ich sollte jetzt planen, etwas zu tun.»[24]

Was ist der Sinn eines solch langen Trauerprozesses? Offensichtlich bringt er den höchst traumatischen Verlust einer geliebten und im bisherigen Leben zentralen Person in kleineren Schritten zum Bewußtsein. Durch die intensive persönliche Bindung an einen Menschen stellt dieser für den Zurückbleibenden mehr als ein «Individuum mit Heimcharakter» dar. Die persönliche Beziehung läßt den Primäraffekt

«Trauer» so anwachsen, daß eine zu schnelle Lösung zur Desorganisation des betroffenen Menschen führen könnte. Es ist denkbar, daß die schrittweise ambivalente Annäherung an das schockerregende Ereignis die lebensbedrohliche Erschütterung eines schlagartigen Schocks vermeiden hilft.

5.5.   Depression als nicht zugelassene «Trauer»

Diesen Gedanken will ich noch etwas weiter führen: Wird der Betroffene durch den erlittenen Verlust extrem gefährdet, so könnte man sich vorstellen, daß der Trauerprozeß überhaupt nicht in Gang kommt oder – wie beim «Fremdeln» des Kleinkindes – in seinen ersten Phasen abgebrochen wird. In einem solchen Fall müßte, meinen Überlegungen zufolge, der Primäraffekt der «Trauer» als kommunikatives Ausdrucksmuster in Mimik und Gestik weiter bestehen, während im «wissenden» Erleben der kognitiv-affektiven Stufe das traumatische Verlusterlebnis eventuell ausgespart wäre. Es wären Reaktionsmuster zu erwarten, die sich hauptsächlich motorisch-expressiv (in Mimik und Gestik) und physiologisch-hormonal (im Stoffwechsel) äußern, im Bewußtsein aber eher Leere und Entfremdung widerspiegeln.

Tatsächlich scheint diese Konstellation bei schwereren gehemmten Depressionen in recht typischer Weise vorzukommen. Das äußere Erscheinungsbild schwer Depressiver ist durch eine Erstarrung gekennzeichnet, wie wir sie auch bei Trennungssituationen im Tierreich antreffen. Unter den biologischen Störungen finden sich hormonelle Veränderungen und eine auffällige Entrhythmisierung, die mit einem primä-

ren, schockartigen «Trauer»-Affekt in Zusammenhang gebracht werden können (vgl. Teil 4: Die Biologie der Depression). Die interpersonalen Kontakte sind bei aller negativen
Spannung mehrheitlich durch eine starke Verharrungstendenz
mit stabilisierendem Bindungseffekt gekennzeichnet (vgl.
Teil 3: Die kommunikativ-soziale Seite). Das bewußte Erleben ist schließlich durch ein Gefühl der Gefühllosigkeit, durch
eine Entleerung der Affekte und durch ein mangelndes Mit-
schwingen-Können mit der natürlichen und menschlichen
Umwelt charakterisiert (vgl. Teil 2: Psychologische Phänomene der Depression).

Dennoch bedürfen die postulierten Zusammenhänge weiterer Indizien und näherer Begründungen. Ich will im folgenden
einige Argumente zusammentragen, die mir eine solche Hypothese vertretbar erscheinen lassen. Auf die praktische Rele-
vanz hinsichtlich der therapeutischen Brauchbarkeit einer solchen Theorie werde ich erst im nächsten Teil des Buches zu
sprechen kommen. Die therapeutische Evidenz einer solchen
Annahme ist jedoch von vorrangiger praktischer Bedeutung.

Erstes Argument: Analoge psychomotorische («körpersprachliche»)
Ausdrucksmuster bei Verlustsituationen von Tieren

Vergleiche depressiver Reaktionen beim Menschen mit Ver-
lustreaktionen bei Tieren sind nur in sehr begrenztem Maße
angebracht. Tiervergleiche scheinen dort möglich, wo Vorgänge ohne bewußte Verarbeitung diskutiert werden. So kann
in Tierversuchen der Zusammenhang zwischen einem einschneidenden Verlusterlebnis einerseits und den motorisch-
expressiven («körpersprachlichen») sowie physiologischen
Veränderungen andererseits studiert werden. Die psychologische Bewußtseinsdimension bleibt dabei ausgespart. Ob bei

Tieren von Depression gesprochen werden kann, darf durchaus bezweifelt werden, da Depression meines Erachtens eine kognitiv-affektive Organisation voraussetzt und eine spezifische «conditio humana» darstellt. Diese Einschränkung ist für unsere Analogie aber nicht von Bedeutung, da hier nur die Reaktionsweise auf einer tieferen, primär-affektiven Ebene verglichen wird.

Immerhin werden jene Menschen, die mit Haustieren zusammenleben, das Gefühl einer «Bedrücktheit» bei höheren Säugetieren intuitiv kaum in Zweifel ziehen. Vor allem beim Hund sind Reaktionen auf den Verlust einer menschlichen Bezugsperson zu beobachten, die zu einem völlig veränderten Verhalten führen. Nach langer erfolgloser Suche seines «Herrn» mag ein Hund zu nichts mehr Lust zeigen, vorher freudig begrüßte Spaziergänge verweigern, sich still verkriechen und schlecht fressen. Ausgeprägte Reaktionen wurden von Konrad Lorenz auch bei Graugänsen nach dem Verlust der Prägungsfigur beschrieben. [25] Harlow und sein Team versuchten an der University of Wisconsin in den USA als erste, eine Depressionsform bei jungen Rhesusaffen experimentell hervorzurufen. Sie wollten prüfen, ob sich ähnliche apathische Zustände bei jungen Affen finden lassen, wie sie bei von der Mutter getrennten Kleinkindern zu beobachten sind. 1962 führte Harlow ein erstes Experiment durch, in dem junge Rhesusaffen im Alter von sechs Monaten für drei Wochen von der Mutter und andern Affen durch eine Plexiglaswand so getrennt wurden, daß sie die Mutter noch sehen und hören konnten, aber kein körperlicher Kontakt mehr möglich war. Nach einer ersten Protestzeit, in der das kleine Affenbaby «herzzerreißend» schrie und die trennende Glaswand zu zerbrechen suchte, wurde es immer stiller, hatte kaum mehr Blickkontakte zur Mutter und vergnügte sich auch nicht mehr mit den vorher gelernten Spielen. Es erschien immer stummer und bewegungsärmer. Wurde es nach drei Wochen der körperlichen Trennung durch eine Glasscheibe wieder zu den Artgenossen und der Mutter gelassen, hatte es sofort wieder intensiven Kontakt und schien sogar die verpaßten Interaktionen kompensierend nachzuholen.[26]

Solche grausam erscheinenden, aber nur kurzfristig durchgeführten Versuche wurden mit wechselnden Ergebnissen bei verschiedenen Affenarten durch andere Forscherteams wiederholt. Die beschriebene Trennungsreaktion ist danach, zwar in verschiedener Art und in unterschiedlicher Häufigkeit, bei den meisten Primaten anzutreffen.

Einzelne Forschergruppen haben auch versucht, eine stärkere Reaktion durch eine Verschärfung der Isolierung hervorzurufen. Wird dem Affenkind nach der Trennung vom familiären Milieu in einem Käfig sehr wenig Möglichkeit zur freien Bewegung und zu Spiel gegeben, so verfällt es nach einer Phase aktiven Kampfes in weitestgehende Apathie. Diese Bewegungslosigkeit und Zurückgezogenheit bleibt auch noch längere Zeit erhalten, nachdem es wieder zu seinen Artgenossen zurückgebracht worden ist. Ein analoges Reaktionsmuster kann auch bei älteren Affen durch Trennung von ihren Altersgenossen, ihrer «Peer-group», erzeugt werden. Zudem reagieren Affen mit frühen Trennungserfahrungen später besonders empfindlich auf Separation.

Die Analogie von motorischer Erstarrung und Verlustsituationen läßt sich bei Tieren auch dann beobachten, wenn sie im Kampf um einen Sexualpartner oder in der Auseinandersetzung um die Rangordnung innerhalb der Gruppe einem Rivalen unterliegen und dann – der Sprachweisheit entsprechend – ein «submissives» (= unterliegendes) Verhalten zeigen. Dieses «unterliegende» Verhalten ist durch eine Haltung gekennzeichnet, die bindende Unterstützung verlangt, indem sich die Tiere so schwach und bewegungsarm wie möglich machen.

«Wenn zwei Wölfe ernsthaft um den Status kämpfen, so kann der Unterlegene die Auseinandersetzung abbrechen, indem er sich auf den Rücken wirft und Verlassenheitssignale aus dem Baby-Repertoire abgibt. ‹Demutsgebärde› nennt das die Ethologie. Es ist schon beobachtet worden, daß der Sieger daraufhin Brutpflegehandlungen an dem soeben Bekämpften andeutet: jedenfalls hört er auf, ihn zu attackieren.» (Bischof)[27]

Die erstarrende Hilflosigkeitsgebärde hat ethologisch Sinn, wenigstens solange ein Partner zur Stelle ist, der auch sozial motiviert ist und ebenfalls dem Bindungsverhalten unterliegt. Ist letzteres nicht der Fall, bleibt dem Tier nur noch die Möglichkeit, sich totzustellen. Täuscht ein Tier in der Not, ohne Fluchtweg, reglos und kaum noch atmend den Tod vor, so wahrt es wenigstens die geringe Chance, daß ihn der Totstellreflex vor dem tödlichen Biß des artfremden Feindes schützt, zum Beispiel, weil das feindliche Raubtier kein Aas, sondern nur lebende Tiere frißt. Diese «Mimikry des Todes» (Bischof)[28] oder das «faire la mort» (Widlöcher)[29] ist nicht mehr auf den «trauervollen» Affektzustand angewiesen, der um Mitleid bittet. Infolgedessen geht dem Totstellreflex auch der Appellcharakter ab, wie er in Demutsgebärden verlassener oder unterlegener Tiere beobachtbar ist. Er scheint vielmehr reflexartig (auf dem organisatorischen Niveau des Reptilienhirns) abzulaufen. Doch enthält dieser Totstellreflex Desaktivierungsmuster der Muskulatur, wie sie unter (limbischer) Verarbeitung auch im kommunikativ wirksamen Ausdrucksverhalten der «Trauer»-Reaktion enthalten zu sein scheinen. So fanden zum Beispiel Fisch und Mitarbeiter in einer sorgfältigen Studie von Videoaufnahmen, daß Patienten

in depressivem Zustand sich weniger bewegen, ein einfache-
res Bewegungsmuster zeigen und langsamer handeln als in
erholtem, nicht-depressivem Zustand.[30] Im Abschnitt über
die Biologie der Depression sind wir bereits dieser allgemeinen Herabsetzung der muskulären Aktivität begegnet (vgl.
S. 116f). Damit lassen sich die äußeren motorischen Verhal-
tensmerkmale depressiver Menschen mit dem motorischen
Bild der Trennungsreaktion bei Tieren ein Stück weit vergleichen.

Eine weitere Parallele läßt sich zwischen der Stoffwechselreaktion bei
höheren Tieren, insbesondere Menschenaffen, in Trennungssituationen und dem physiologischen Zustand bei depressiven Menschen ziehen. Wie dargelegt (S. 134), gehen Depressionen bei Menschen oft
mit hormonellen Veränderungen der sog. Hypothalamus-Hypophy-
sen-Nebennierenrindenachse, also mit einer Aktivierung des Corti-
sonsystems, einher. Versuche an Primaten haben nun aufgezeigt, daß
dieses hormonelle Steuersystem bei Tieren, die von ihrer Mutter oder
ihren Altersgenossen getrennt werden, in der «Protestphase» in
gleichgerichteter Weise verändert ist.
    Auch führten solche Trennungsexperimente in der «Rückzugs-
phase» der Tiere zu den analogen Veränderungen des REM-Schlafes,
wie sie für depressive Menschen typisch sind. (Vgl. S. 131f)[31] Darüber hinaus ist gezeigt worden, daß die verzweifelte Trennungsreaktion bei Affen durch bestimmte antidepressive Medikamente genau
gleich gedämpft werden kann, wie der depressive Zustand des Menschen mit Antidepressiva aufgehellt wird.[32]

*Zweites Argument: Ausdruck von «Trauer» in der nonverbalen
Kommunikation depressiver Menschen*

Es kann zweitens versucht werden, den Ausdruck des primären Affekts der «Trauer» in Mimik und Gestik Depressiver
nachzuweisen. Tatsächlich erscheinen uns depressive Men-

schen auf den ersten Blick oft traurig. Sie lassen die Mundwin-
kel hängen, schauen zu Boden oder ziehen die Augenbrauen
zusammen und in der Mitte hoch. Das (konsekutive) seitliche
Hängenlassen der Lider ist in der Psychiatrie früh als physio-
gnomisches Merkmal depressiver Patienten gewertet worden
(als sogenannte Veraguthsche Falte).

Bei genauerer Analyse mit Hilfe objektiver Untersuchungs-
mittel ist der mimische und gestische Ausdruck Depressiver
allerdings vielschichtiger. So lassen sich typisch traurige Verhaltensweisen (wie Weinen) nur bei etwa knapp der Hälfte der
Kranken finden.[33] Ellgring studierte am Max-Planck-Institut
in München 36 depressive Patienten und 9 Kontrollpersonen in
einer Vergleichsstudie über 2 bis 33 Monate bezüglich ihres
nichtsprachlichen Kommunikationsverhaltens mit Hilfe von
standardisierten Videoaufnahmen.[34] Seine Befunde lassen
ebenfalls nicht auf einen gleichförmigen Gesichtsausdruck bei
allen depressiven Menschen schließen. Doch bestätigte sich die
generelle Einschränkung des mimischen und gestischen Aus-
drucksverhaltens Depressiver, indem auch in dieser Studie die
untersuchten Patienten ihre persönliche Ausdrucksvielfalt, die
sie in gebessertem Zustand hatten, während der Depression
deutlich reduzierten (mit Ausnahme einiger neurotisch-depres-
siver Patienten). Als typischer Hinweis für «Trauer» waren vor
allem der Blick und das Lächeln deutlich eingeschränkt. Während der Depression lächelten praktisch alle untersuchten
Patienten weniger und blickten die meisten den Interview-
partner auch seltener an. Dagegen erschienen Sprechweise
und Gestik in weniger spezifischer Weise verändert. Ferner
drückte sich bei einer erheblichen Zahl depressiver Patienten
im Gesichtsausdruck auch «Wut» und «Angst» aus, so daß
sich kein stereotypes Affektmuster ergab. «Im allgemeinen
aber», so faßt Ellgring seine Befunde zusammen, «zeigten die

meisten Patienten... stimmungsadäquate Veränderungen in den verschiedenen nonverbalen Verhaltensmustern. Die Vielfalt der vorgefundenen nichtsprachlichen Reaktionsmuster weist in keiner Weise auf eine Kommunikationsstörung hin...»[35], wie aus dem subjektivem Empfinden depressiver Patienten erwartet werden müßte. Auch mit reduziertem Ausdrucksrepertoire vermochten offenbar die meisten Patienten ihre Gestimmtheit mimisch und gestisch richtig weiterzugeben. Dabei drückte ihr nichtverbales Verhalten nicht nur «Trauer» aus. Ellgring erklärt die Hinweise auf «Wut» und «Angst» im Gesichtsausdruck «als Ausdruck schwächerer Motivationen... die in der Depression ebenfalls vorhanden sind.»[36]

So rundet sich das Bild der Depression zu einem differenzierten kommunikativen Geschehen ab, das im motorischen Ausdruck die Primäraffekte erkennbar wiedergibt, auch wenn der vorherrschende Affekt der «Trauer» manchmal von «Angst» und «Wut» überdeckt ist.

Drittes Argument: Das Grundgefühl der «Trauer» im Hirnstrombild Depressiver

Ein drittes Argument für die Hypothese, daß eine Depression einen nicht (oder nur teilweise) wahrgenommenen «Trauer»-Affekt widerspiegelt, liefert die Analyse von Hirnstrombildern depressiver und trauernder Menschen. Mit der besonders fortgeschrittenen Methodik der Spektralanalyse können die Hirnstrombilder (EEG = Elektroenzephalogramm) so aufsummiert werden, daß sie ein Bild des Funktionszustandes des (rindennahen) Gehirns geben. Machleit und Mitarbeiter[37] von der Medizinischen Hochschule Hannover haben vor kurzem eine prägnante Differenzierung der Grundgefühle geleistet, die allerdings noch durch andere Forschergruppen zu bestätigen ist. Es gelang ihnen, die Gefühle der «Freude», der «Trauer», der «Wut», der «Angst» und des «Interesses» im EEG-Spektralmuster scharf voneinander zu trennen. Damit vermochten sie eine Brücke zwischen der psychologischen und der physiologischen Forschung zu schlagen, indem sie den einzelnen Grundgefühlen ein je abgrenzbares und hochspezifisches physiologisches Grundmuster zuordnen konnten. Im Verlaufe ihrer Untersuchungen haben sie auch Vergleiche zwischen Menschen, die in Trauer versetzt sind, und depressiv erkrankten Patienten gezogen.

Aus der EEG-Spektralanalyse schließen sie mit einiger Bestimmtheit, «daß normale Traurigkeit, traurig-depressive Verstimmung und psychotische Trauer eine analoge trauerspezifische EEG-Dynamik zeigen.»[38] Mit andern Worten weisen depressive Menschen, die sich ihrer «Trauer» nicht bewußt sind, sondern sich eher gespannt und gefühllos empfinden, in ihrem Hirnstrombild die Zeichen dieses Grundgefühls auf. Die EEG-Abweichungen von Menschen in einem leichteren Trauerzustand sind nur quantitativer Art. Qualitativ aber sind die Depressionszustände mit Trauer-Empfindungen im EEG-Bild identisch. Sie sind im physiologischen Abbild des EEG auch nicht mit andern Grundgefühlen wie «Angst» oder «Wut» vermischt.

Selbst «die EEG-Unterschiede zwischen normalen Trauerreaktionen und endogenen Depressionen sind gradueller Art, und von der Intensität des depressiven Gefühls, der Dauer und vom Grad der Regression des Individuums abhängig; sie sind nicht prinzipieller Natur.» (Machleit und Mitarbeiter)[39]

Viertes Argument: Die Nähe depressiver Störungen zum Primäraffekt der «Trauer» in außereuropäischen Kulturen

Transkulturelle Studien haben trotz vielfältiger Besonderheiten in der Ausprägung depressiven Leidens einen weltweit identischen Kernbereich ergeben. Vor allem die Störungen der Vitalsphäre, die Erstarrung und der Gefühlsverlust lassen sich nach dem führenden Ethno-Psychiater Murphy[40] überall antreffen. In Kulturen, die außerhalb des christlich-jüdischen Einflußgebiets liegen, äußert sich nun aber die Depression ganz überwiegend in Störungen des Leibgefühls, während der «psychische Überbau» depressiver Störungen (Selbstvorwürfe, Schuldwahn) weniger in Erscheinung tritt. Besonders eindrucksvoll scheinen in unserem Zusammenhang die Schilderungen Wulffs[41] über die Bilder von Erschöpfungsdepressionen bei den Ärmsten der Armen in Vietnam, die sich fast nur in appellativer Körpersprache äußern und einem Totstellreflex gleichkommen.

Je stärker das Individuum in die Gemeinschaft eingebettet ist und je weniger von ihm eine besondere persönliche Leistung verlangt wird, desto leibnäher und kommunikativer kommt nach den transkulturellen Erkenntnissen die Depression zum Ausdruck. Insgesamt scheinen Depressionen außerhalb des westlichen Kulturkreises seltener aufzutreten, während offen geäußerte Trauerreaktionen häufiger vorkommen.

Die aufgeführten Argumente sprechen dafür, daß der Depression ein primärer «Trauer»-Affekt zugrunde liegt, der aber im bewußten Erleben nicht wie normale Trauer wahrgenommen wird. Trauer setzt etwas Verlorenes voraus. Schwer Depressive sind sich eines solchen Verlustes aber öfters nicht bewußt. Wie kann diese fehlende Wahrnehmung eines Verlustereignisses in der Depression erklärt werden? Es ist möglich, daß der depressive Rückzug vom «Trauer»-Affekt eine Art Schutzhaltung darstellt, die den Betroffenen von der Auseinandersetzung mit dem Verlorenen befreit, wenn sie ihn zu übermannen droht. Engel[42] hat eine solche Schutzhaltung für Depressive angenommen, indem er den depressiven Rückzug als eine Art Winterschlaf ansah, die den Betroffenen bei Überforderung das Überleben ermöglicht. Und die Pychoanalytiker Sandler und Joffe[43] haben die Depression als psychobiologische Reaktion auf die Erfahrung eines Verlustes interpretiert. Übersetzt man die psychoanalytische Deutung in die hier gewählte Sprache, würde ein als bedrohlich stark erfahrener Affekt der «Trauer» die depressive Reaktion auslösen. Das Grundgefühl der «Trauer» würde aber als Konsequenz der depressiven Reaktion wieder so zugedeckt werden, daß bei schweren Depressionen nur noch ein Gefühl der Hilflosigkeit und der Leere übrigbliebe.

So verstanden, erlebt ein betroffener Mensch zwar die biologischen Konsequenzen (Erstarrung des Bewegungsmusters, vegetative Symptome) und die sozialen Auswirkungen (Spannung, Rollenverlust) seiner Depression als wacher Beobachter in aller schmerzhaften Deutlichkeit, doch ist ihm der gefühlsmäßig-denkerische Zugang zur Problematik mehr oder minder versperrt. Infolgedessen empfindet er sich einem biosozialen Geschehen ohnmächtig ausgeliefert und innerlich gefühlsarm und gedankenlos.

Bei leichteren Depressionen wäre danach diese Dynamik weniger ausgeprägt, so daß eine geringere Erstarrung mit stärkeren gefühlhaften Reaktionen einherginge.

5.6.   Verlusterlebnis und Depression

Der Sprung zwischen dem Grundgefühl der «Trauer» und dem trauerlosen Erleben der Depression ergibt einen Sinn, wenn davon ausgegangen wird, daß dem Betroffenen eine Auflösung der eingegangenen Bindung nicht zumutbar ist. Bereits bei der normalen Trauerreaktion auf den Verlust eines Lebenspartners ist, wie wir gesehen haben, immer wieder zu beobachten, wie der verlorene Partner in der Phantasie des Trauernden eine Zeitlang weiterlebt. Der englische Trauerforscher Parkes[44], der 22 Witwen nach dem Tode ihres Mannes in regelmäßigen Abständen während eines Jahres in London interviewt hat, schildert Fälle, bei denen Witwen empfinden, daß sie seit dem Todestag ihrem verstorbenen Manne ähnlicher geworden seien oder sogar unter dem Eindruck standen, ihr Mann lebe irgendwo in ihnen weiter. Eine interviewte Frau meinte: «Es ist kein Gefühl der Anwesenheit, sondern er ist hier in mir. Darum bin ich die ganze Zeit glücklich. Es ist, als seien zwei Menschen eins... Obwohl ich allein bin, sind wir irgendwo zusammen, wenn Sie verstehen, was ich meine... Ich glaube nicht, daß ich die Willenskraft habe, allein weiter zu machen, also muß er da sein.»[45]

Im Übergang zu gestörten Trauerprozessen wird öfters beobachtet, daß der Verstorbene im eigenen Hause mumifiziert wird. An seinen Sachen wird nach dem Tode nichts verändert, «alles läuft genau so, wie zur Zeit, als er noch da war.»[46] Es scheint dann wie im alten Ägypten, wo die Leichen einbalsamiert wurden, um Vorsorge dafür zu treffen, daß der Verstorbene wieder zurückkehren kann. Gardner und Pritchard[47] beschreiben sogar sechs extreme Fälle, in denen die Hinterbliebenen den Leichnam des Verstorbenen über Wochen und Jahre (!) im Hause behielten. Andere Autoren schildern Einzelfälle, die den Verstorbenen in ihren Kindern weiterleben sahen oder nach östlichem Glauben reinkarniert in Gestalt von Haustieren präsent glaubten.

Bei einer Patientin, die an einer langdauernden, immer wieder neu sich verstärkenden Depression litt, konnte ich eine tiefe, aber problematische Bindung an ihre verstorbene Mutter in einer viele Jahre dauernden Psychotherapie mitverfolgen. Die Patientin konnte ihre Mutter nicht aufgeben, weil sie weitgehend ihre einzige emotionale Beziehungsperson war. Ihren Vater hatte sie seit dem Vorschulalter vehement abgelehnt. Ihre Beziehung zur Mutter war aber höchst ambivalent, da sie einerseits stark auf sie angewiesen blieb, andererseits aber von früher Kindheit an spürte, daß diese ihren Bruder, der der Mutter ähnlicher war, vorzog und sie selber von der Mutter in wesentlichen Belangen nicht verstanden wurde. Infolgedessen versuchte sie lange Zeit die Mutter durch besondere Dienstfertigkeit an sich zu binden.

Als diese starb, fühlte sich die Patientin für deren Tod verantwortlich. Je stärker sie unter Schuldgefühlen litt und je einsamer sie sich in der Folge fühlte, desto stärker pflegte sie insgeheim eine Mutterverehrung. Sie verkehrte in Gedanken weiter mit ihrer Mutter und wähnte in einzelnen schweren depressiv-psychotischen Zusammenbrüchen ihre Mutter auch leibhaftig in ihrem Zimmer anwesend.

Hatte sie zu Beginn der Psychotherapie die Zusammenarbeit mit mir sichtlich als Verrat an ihrer Mutter empfunden, so erlebte sie Jahre später an einem Jahrestage des Todes ihrer Mutter ihren faktischen Verlust erstmals in aller Schärfe durch. Die Annahme des Todes ihrer Mutter in ihrem inneren Erleben – und nicht nur als rationales Faktum – führte zu einer schweren suizidalen Krise, die trotz Hospitalisationsschutz äußerst schwierig durchzutragen war. Man kann sich vorstellen, daß zu einem früheren Zeitpunkt und ohne das Mittragen einer schützenden Umwelt eine vorzeitige Anerkennung der Realität in einer Trauerreaktion zum Tode der Patientin geführt hätte. In einem solchen Fall scheint die blockierende Depression ein Schutz vor einer übermächtigen «Trauer» zu sein. Der depressive Schutz läßt allerdings wie ein Panzerkleid nur wenig Bewegung zu. Die Erstarrung kostet ihren Preis. Er dürfte nur zu zahlen sein, wenn alle anderen Möglichkeiten versagen.

An diesem Beispiel läßt sich eine stimmige Abkehr von der akzeptierenden Trauerreaktion zur erstarrenden und entleerenden Depression aus dem biographischen Kontext nachvollziehen. Es stellt sich aber die Frage, ob Verlustsituationen tatsächlich auch statistisch überzufällig häufig vor dem Auftreten depressiven Leidens anzutreffen sind und welche Faktoren dazu führen, daß depressive Menschen für Verlustsituationen besonders verletzlich sind.

Verlusthäufigkeit und Depression

Depressive Störungen und ihre Beziehungen zu Verlustsituationen wurden vor allem in einer sehr bekannt gewordenen, groß angelegten Studie von George Brown und Tirril Harris[48] in einem Stadtteil Londons untersucht. Die methodischen Schwierigkeiten solcher zurückschauenden, sogenannten retrospektiven Studien wie derjenigen von Brown und Harris liegen darin, daß erkrankte Menschen bei Befragungen eventuell stärker auf vorausgehende Verlustereignisse achten als im Alltag stehende gesunde Kontrollpersonen, und daß demzufolge von Patienten mehr belastende Ereignisse genannt werden als von Gesunden. Zudem könnten allfällige Verlusterfahrungen bei Depressiven bereits durch die beginnende Erkrankung ausgelöst worden sein. Umgekehrt ist denkbar, daß ein

depressiv erkrankter Mensch es aus vielerlei Gründen unter-
läßt, bestimmte Ereignisse, welche für seinen Kummer bedeu-
tungsvoll sind, zu erwähnen, weil sie für ihn selbst zu belastend oder zu beschämend sind.

Um diesen methodischen Problemen zu entgehen, haben
Brown und seine Mitarbeiter verschiedene Vorsichtsmaß-
nahmen in ihre sorgfältige Untersuchungsanordnung eingeführt. Zum einen wurde zwischen krankheitsabhängigen und
krankheitsunabhängigen Ereignissen zu unterscheiden versucht. Zum zweiten wurden alle Einschätzungen der Lebens-
ereignisse von Forschungsmitarbeitern durchgeführt, die an
den Interviews nicht beteiligt waren und die tatsächliche Reaktion der Befragten nicht kannten.

Die Gruppe der 114 depressiven Frauen wurde repräsentativ
aus ambulanten und stationären psychiatrischen Behandlungs-
fällen gesammelt. Die Kontrollgruppe von 458 Frauen gleichen Alters wurde aus demselben Innenstadtbezirk Londons
zufällig ausgewählt. Aufgrund dieser Untersuchungsmetho-
dik, die noch manche hier unerwähnte Feinheiten enthielt, fanden Brown und Harris große und signifikante Unterschiede
zwischen den untersuchten Gruppen. Bei den depressiven Patientinnen betrug der Anteil jener, die mindestens ein schwer
belastendes Ereignis im letzten Jahr vor der Befragung erlebt
hatten, 61 Prozent, bei der Vergleichsgruppe 20 Prozent. Auffälligerweise hatten die Patientinnen, die als endogen depressiv
(von innen heraus erkrankt) diagnostiziert worden waren, mit
58 Prozent fast ebenso viele schwerwiegende Ereignisse wie
die Gruppe mit sogenannten reaktiven oder neurotischen Depressionen (65 Prozent).

Unter den schwerwiegenden Ereignissen kamen Verlust
und Enttäuschung am häufigsten vor, in der Hälfte der Fälle
der Verlust einer nächsten Bezugsperson durch Tod, Krank-

heit, Scheidung, Wegzug oder außereheliche Liaison. In weiteren Fällen wurde ein solcher Verlust erwartet oder eine quälende Situation als unlösbar angesehen. Ferner kamen Verluste der Arbeitsstelle oder erzwungene Wohnortwechsel vor.

Nach dieser Studie läßt sich demnach bei über der Hälfte depressiver Patientinnen ein schwerwiegendes Verlusterlebnis vor der Erkrankung finden. Diese hohe Zahl ist schon deshalb überraschend, weil viele Depressive – und vor allem sogenannt endogen Depressive – ja gerade keine Trauer zu fühlen vermögen und ihnen ihr Leid grundlos erscheint. Es ist in der klinischen Praxis keine Seltenheit, daß schwer Depressive erst in gebessertem Zustand in einer vertrauensvollen therapeutischen Beziehung überhaupt über belastende Situationen sprechen können oder sich überhaupt erst aus der Sicherheit einer Therapeut-Patienten-Beziehung heraus zugestehen können, was sie zuvor an Verlustsituationen erlebt haben. Wenn demnach in der erwähnten Studie über die Hälfte der depressiven Patientinnen über schwerwiegende Verluste zu fremden Forschern gesprochen haben, weist dies auf eine sehr hohe Rate an Verlusterlebnissen unter Depressiven hin. Die Untersuchung hat demzufolge auch sehr viel Aufsehen erregt und nicht wenig Kritik herausgefordert. Sie wird aber von manchen weiteren kontrollierten Studien aus verschiedenen Ländern in ihrer Tendenz unterstützt.

Eugene S. Paykel, ein führender britischer Depressionsforscher, hat 11 Studien an Depressiven, die mit Kontrollgruppen aus der Bevölkerung verglichen wurden, zusammengefaßt: «Alle zeigten mehr belastende Ereignisse vor dem Depressionsbeginn.»[49] Wenn die schwerwiegenden Ereignisse bei Depressiven mit jenen anderer Krankengruppen verglichen wurden, fand Paykel bei Depressiven eine höhere Rate an Trennungen.

Besonders interessant ist sein Hinweis auf zwei Studien[50], die nicht nur Verlustereignisse berücksichtigten, sondern auch umgekehrt neue Beziehungserfahrungen untersuchten. Dabei ergab sich, daß nicht nur Verlustereignisse häufiger bei Depressionen vorkamen, sondern auch weniger neue Beziehungsaufnahmen erfolgten. Verlusterlebnisse führen also in vielen Fällen zur sozialen Isolation, was dem Trauern auch insofern einen Sinn nimmt, als niemand auf den Trauerappell reagiert. Keine Vertrauten zu haben, die an der «Trauer» teilnehmen, läßt das kommunikative Trauergeschehen, das eigentlich Bindung aktivieren soll, leerlaufen. Der Trauernde ist mit der «Trauer» allein. Es ist naheliegend, daß er versuchen wird, die selbstbezogene «Trauer» zu bekämpfen, um sich ihrem Sog zu entziehen.

Einsamkeit oder mangelnde Unterstützung können demnach zwei der Faktoren sein, welche für Depressionen empfänglich machen. Andererseits können weiter bestehende Verpflichtungen gegenüber Personen, vor allem kleinen Kindern, die als Tröstende weniger oder gar nicht in Frage kommen, ebenfalls dazu beitragen, daß die «Trauer» bekämpft wird.

Lassen sich solche sozialen Situationen, die für eine depressive Reaktion besonders verletzlich machen, auch in größeren vergleichenden Untersuchungen nachweisen? Brown und Harris versuchten in der bereits zitierten Studie auch solche begünstigenden Voraussetzungen (sog. Vulnerabilitätsfaktoren) zu erforschen. Ihre Ergebnisse bestätigen die Rolle, welche mangelhafte Unterstützung und stärkere soziale Verpflichtungen als Voraussetzungen einer depressiven Entwicklung spielen. Die vom englischen Autorenteam untersuchten Frauen reagierten dann häufiger auf belastende Ereignisse mit Depressionen, wenn sie mehrere kleine Kinder zu versorgen hatten (Verpflichtungssituation) und wenn sie keine Vertrauensper-

son als Partner zu Gesprächen über ihre Schwierigkeiten zur
Verfügung hatten. In den meisten Fällen der Studie von
Brown und Harris fehlte den Frauen ein unterstützender Ehe-
partner.

In einer Folgestudie in einer ganz anderen, ländlichen Kultur
(auf den Äußeren Hebriden) konnten Brown und sein Team
diese «Vulnerabilitätsfaktoren» bestätigen.[51] Auch einzelne
andere Forschergruppen fanden analoge Zusammenhänge. In
der Praxis sind natürlich noch viele andere belastende Situationen zu beobachten. Zudem ist immer wieder auffällig, wie
verschiedenartig Menschen trotz ähnlicher sozialer Voraussetzungen auf Belastungen reagieren. Diese persönliche Sensibilität, depressiv zu reagieren oder umgekehrt, gegenüber
belastenden Situationen relativ immun zu sein, hat die Depressionsforscher seit langem beschäftigt.

5.7. Biosoziale Voraussetzungen depressiver
        Reaktionsweisen

Alle Versuche, das persönliche Risiko auf einzelne Erb- oder
Umweltfaktoren zurückzuführen, haben aber mit dem komplexen methodischen Problem zu kämpfen, einzelne Ein-
flußfaktoren aus einer langen und vielschichtigen Lebensentwicklung rückblickend herauszukristallisieren und zu isolie-
ren. Selbst Adoptiv- und Zwillingsstudien, die sich für die
Abgrenzung erblicher gegen entwicklungsmäßige Einflüsse
aufzudrängen scheinen, sind letztlich doch schwierig zu inter-
pretieren und haben auch, je nach angewandter Methodik, zu
recht unterschiedlichen Resultaten geführt.[52]

So litten in einer 1977 durchgeführten Studie von Mendlewicz und Rainer[53] von 29 manisch-depressiven Patienten, die im Alter von durchschnittlich 5,2 Monaten adoptiert worden waren, die leiblichen Eltern doppelt so häufig an manisch-depressiven Erkrankungen (28 Prozent) wie die Adoptiveltern (12 Prozent). Dieses Ergebnis einer doppelt so hohen Erkrankungsrate der biologischen Eltern gegenüber den Adoptiveltern, mit denen die Kinder zusammenlebten, spricht für einen stärkeren erblichen Einfluß. Spätere Adoptivstudien konnten aber diese Zusammenhänge nicht durchgehend bestätigen. So fanden Knorring und Mitarbeiter[54] überhaupt keine Beziehung zwischen der psychiatrischen Erkrankungshäufigkeit von leiblichen Eltern und wegadoptierten Kindern. Eine weitere Forschergruppe um Cadoret[55] beobachtete sogar bei 48 depressiv gewordenen Adoptivkindern eine engere Beziehung der Erkrankungshäufigkeit zu verschiedenen Umweltfaktoren als zum familiären Erbgut.

Auch die Ergebnisse repräsentativer Zwillingsstudien tendieren in neuester Zeit eher zu schwächeren Zusammenhängen zwischen Erbgut und Erkrankungshäufigkeit, als dies bei älteren Untersuchungen von ausgewählten Krankenhauspatienten der Fall war. Eineiige Zwillinge erkranken aber auch nach modernen Untersuchungen[56] mindestens doppelt so häufig gemeinsam an einer depressiven Erkrankung wie zweieiige Zwillinge mit unterschiedlichem Erbgut. Der erbliche Einfluß scheint um so gewichtiger zu sein, je schwerer kranke depressive Patienten untersucht werden. Werden auch mittelschwere und leichtere Verstimmungen in die Studien einbezogen, so nähert sich die Depression einer allgemeinen menschlichen Reaktionsweise an, die einen großen Teil der Durchschnittsbevölkerung betrifft. Man kann heute – wie auf Seite 28 dargelegt – davon ausgehen, daß um 10 bis 15 Prozent der Männer und um 20 bis 30 Prozent der Frauen einmal in ihrem Leben an einer mehrwöchigen Depression leiden. Würden kurzfristige depressive Reaktionsmuster in die Zählung eingeschlossen, wären wohl noch deutlich höhere Raten zu finden. Solche Zahlen lassen darauf schließen, daß die Depression eine den meisten Menschen offenstehende Möglichkeit darstellt, auf belastende Situationen zu reagieren – oder mit anderen Worten, daß die Anlage zum potentiellen Depressivsein den meisten Menschen in unterschiedlicher Ausprägung mitgegeben ist.

Eine solche Sichtweise läßt die Depression aber nicht mehr als einfachen Mangelzustand oder als Defizienzsyndrom verstehen. Sie ist nicht mehr bloß eine «gemeinsame Endstrecke», in die verschiedene biologische und psychosoziale Probleme führen. Die Depression erscheint vielmehr als menschliche Fähigkeit.

Fehlt einem Menschen das körperliche Schmerzempfinden, so fehlt ihm auch ein biologisches Alarmsystem, das ihn vor Überforderungen und Verletzungen schützt. Keiner jener seltenen Menschen, die aus einer körperlichen Fehlanlage heraus zu einer Schmerzempfindung unfähig sind, soll älter als 30 Jahre geworden sein. In analoger Weise kann die Depression als elementare Reaktion verstanden werden, die eine Bremswirkung ausübt und zur Sicherung beiträgt, wenn äußerer Schutz verlorengeht.

Solange ein Mensch unter einer Depression in kaum auszuhaltender Weise leidet, ist diese Sichtweise schwer zu akzeptieren. Wenn aber ein bereits depressiv erkrankter Patient zusätzlich einen äußeren Schicksalsschlag erleidet (zum Beispiel ein Kind durch einen tragischen Unfall verliert, wie ich das bei einem älteren Mann erlebt habe), so wird wie in einem Naturexperiment deutlich, daß dieser schlimme Verlust von depressiven Menschen erst richtig empfunden werden kann, wenn die Depression gebessert ist. Während der Depression legt sich die Erstarrung wie ein Schutzpanzer um sie.

Der Basler Psychiater Raymond Battegay, der die Depression als narzißtische Störung betrachtet und dazu ein grundlegendes Werk verfaßt hat[57], sieht in Angst, Panik und Depression drei zunehmend einschneidendere Mechanismen, um auf existentielle Bedrohung zu reagieren. Aus seiner Sicht tritt Depression als letzte Maßnahme auf, wenn andere Abwehrmöglichkeiten mehr oder weniger erloschen sind (vgl. Tab. 15).

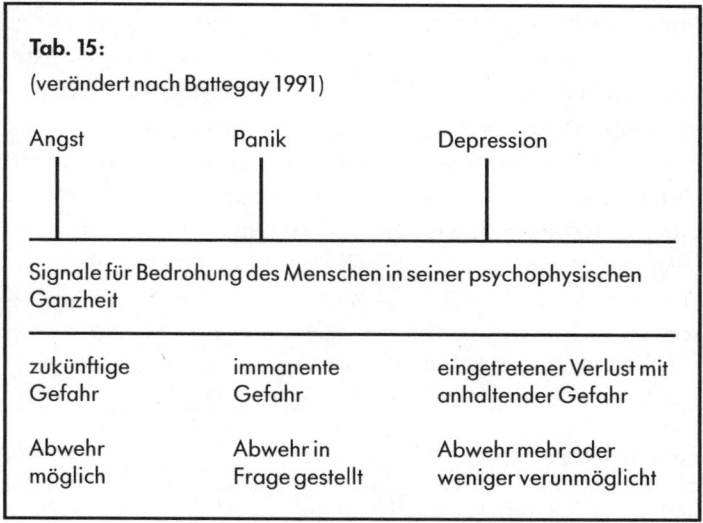

Tab. 15:

(verändert nach Battegay 1991)

Angst	Panik	Depression

Signale für Bedrohung des Menschen in seiner psychophysischen Ganzheit

zukünftige Gefahr	immanente Gefahr	eingetretener Verlust mit anhaltender Gefahr
Abwehr möglich	Abwehr in Frage gestellt	Abwehr mehr oder weniger verunmöglicht

Auf der Suche nach sozialen Mangelsituationen und biologischen Störungen, die das Auftreten einer Erkrankung erklären, ist in der Depressionsforschung die Überprüfung positiver Voraussetzungen, die eine depressive Reaktionsweise erst ermöglichen, zu kurz gekommen. Es gibt jedoch eine Reihe von Hinweisen, daß fundamentale körperliche und soziale Bedingungen erfüllt sein müssen, damit eine depressive Reaktionsweise auftreten kann. Im medizinischen Alltag ist es immer wieder eindrucksvoll, daß schwere körperliche Leiden mit ausgedehnter Hirnbeteiligung (zum Beispiel bei Multipler Sklerose oder bei bestimmten Hirntumoren) häufig zu keiner depressiven Symptomatik führen. Bei sehr schweren Hirnveränderungen lassen sich überhaupt keine depressiven Störungen mehr nachweisen. So verunmöglicht grober Hirnabbau, insbesondere der Hirnrinde, offensichtlich eine persönlichkeits-orientierte depressive Reaktion, auch wenn bei leichten Hirnveränderungen depressive Verstimmungen keineswegs selten sind. So kann ein betagter Mensch mit beginnender Alzheimerscher Krankheit anfänglich zwar mit depressiven Verstimmungen reagieren. Ist die degenerative Hirnerkrankung jedoch fortgeschritten, ist allenfalls ein rascher Stimmungswechsel oder eine Neigung zu Gereiztheit zu beobachten, jedoch keine länger anhaltende Depression.[58]

Bei schwerst geistig behinderten Personen sind kaum depressive Phasen beschrieben worden. Auch eine anhaltende Vergiftung mit Alkohol, Drogen oder Medikamenten läßt zwar akute Verstimmungszustände wie «das trunkene Elend» zu, doch verunmöglicht die Betäubung mit Rauschmitteln gerade eine tiefere und länger dauernde depressive Reaktion oder gar deren Verarbeitung in einem Trauerprozeß. Hingegen treten nach allgemeiner therapeutischer Erfahrung depressive Reaktionsweisen in der Entwöhnungsphase Süchtiger in recht typischer Weise auf. So schmerzhaft sie sind, erscheinen sie doch als Voraussetzung für einen neuen Umgang mit Lebensschwierigkeiten, der vorher durch die chronische Hirnvergiftung mit betäubenden Substanzen unmöglich war.

Wo die kognitiv-affektive Verarbeitung infolge struktureller oder biochemischer Veränderungen des Gehirns zu stark gestört ist, erscheint eine depressive Reaktion nicht mehr möglich. Neben solchen biologischen Voraussetzungen dürfte es auch gewisse soziale Bedingungen geben, die eine depressive Reaktionsweise überhaupt erst möglich machen. Kinder, die ohne geeignete Bindungsfigur «unbehaust» in früher Verwahrlosung aufwachsen, entwickeln kaum Bindungsverhalten und weisen im späteren Leben eine Tendenz zu asozialen Handlungen, aber nicht zu Depressionen, auf. Solche elternlosen Kinder aus schlecht geführten Heimen mit wechselndem, wenig engagiertem Personal sind oft durch eine distanzlose und gleichzeitig beziehungsarme Haltung geprägt. Sie knüpfen schnell Kontakte, lösen die Beziehung aber ebenso schnell, wie sie sie eingegangen sind, wieder auf. In Kinderheimen und Spitälern läßt sich von Kinderärzten häufig beobachten, wie Kinder mit einem solchen «Verlassenheitssyndrom» wildfremden Besuchern mit offenen Armen entgegenlaufen, als wären sie nahe Verwandte von ihnen. «Die Ehepaare auf der Suche nach einem Adoptivkind haben sich durch solche spontane Vertraulichkeit schon täuschen lassen; sie mißdeuteten sie als persönlich gemeinte Sympathiekundgabe. Dabei handelt es sich um einen ganz unspezifischen Effekt, und ob die Kinder später in der Lage sind, eine persönliche Bindung an die Adoptiveltern auszubilden, steht auf einem andern Blatt.» (Bischof)[59] Der Schweizer Schriftsteller Traugott Vogel, von Haus aus Lehrer, beschreibt in seinem Roman «Die verlorene Einfalt»[60] Erfahrungen, die ein idealistisch geprägter Erzieher mit seinem Adoptivkind macht, das allen einbindenden Maßnahmen trotzt und schließlich mit verführerischem Charme und ungebundener Skrupellosigkeit die Tochter des Lehrers verführt und sie für sich gewinnt. Allerdings gilt es festzuhalten, daß viele durch frühkindliche Mangelsituationen hervorgerufene Verwahrlosungsneigungen durch spätere günstige Einflüsse wiedergutgemacht werden können. Machen aber Kinder eine ungünstige «Heimkarriere» durch, ohne in ihrer Kindheit eine konstante tragende Beziehung zu erleben, so verkümmert ihr Bindungsverhalten. Solche Kinder, die mangels Urvertrauen keinen Aufschub der Befriedigungen ertragen, werden im Erwachsenenalter häufiger delinquent oder sonstwie asozial. Die sofortige Wunscherfüllung triumphiert über die gemeinschaftliche Bindung. Wird ihnen aus äußeren Gründen eine rasche Befriedigung versperrt, so mögen sie zwar kurz und heftig deprimiert sein. Eigentliche depressive Zustandsbilder von längerer Dauer treten aber kaum auf. Es scheint ihnen eine depressive Reaktionsform zu fehlen, die erst durch konstantere Bindungserfahrungen möglich wird.

Aber nur schwerste Verlassenheitssyndrome führen zu einem depressionslosen Zustand, in dem Urmißtrauen statt Urvertrauen herrscht und Trauer sinnlos erscheint. Da das Bindungsverlangen der Kinder angeboren sein dürfte, reagieren Kinder auch gegenüber abweisenden Eltern primär positiv. Der Verhaltensforscher Irenäus Eibl-Eibesfeldt[61] hat neben vielen Argumenten für ein angeborenes Bindungsverhalten auch auf ein grausames und gewissenloses Erziehungsexperiment aufmerksam gemacht, das ein Ehepaar Dennis vor dem Zweiten Weltkrieg bei angenommenen Zwillingsmädchen durchgeführt hat. Das Ehepaar versagte diesen Säuglingen im ersten Halbjahr jegliche Zuneigung. Sie beachteten weder ihr Schreien, noch lächelten sie sie jemals an oder liebkosten sie. Trotzdem versuchten die beiden Mädchen, den Panzer der Gleichgültigkeit zu durchdringen, was ihnen schließlich auch gelang, so daß das herzlose Experiment abgebrochen wurde.

Infolgedessen bedarf es schon extremer Verhältnisse, um das Bindungsverlangen von Kindern auszulöschen. Die viel häufigeren unglücklichen Erziehungssituationen sind nicht durch ein Fehlen von Bindung, sondern durch eine hohe Zwiespältigkeit der Beziehung oder durch unsichere Bindungsmöglichkeiten gekennzeichnet. Sie dürften ein ambivalentes Bindungsverhalten fördern und die Sicherheit beziehungsweise das Urvertrauen des heranwachsenden Kindes schmälern. Aber die Verankerung gemeinschaftlicher Bindung wird dabei nicht ausgelöscht, sondern vielmehr aus der «gelernten Unsicherheit» heraus immer wieder zu bestätigen gesucht.[62]

Wenn im übrigen Kleinkinder meist im achten Monat gegen erwachsene Personen zu «fremdeln» beginnen, so haben sie zuvor schon eine gewisse persönliche Bindung an ihre Eltern entwickelt und reagieren mit Angst und Abwehr, wenn diese in Gefahr scheint.

Eine biologisch in ihren Grundlagen weitgehend intakte Hirnfunktion und ein sozial wirksames Bindungsverhalten dürften für die Entwicklung einer Depression Voraussetzung sein. Sie stellen meines Erachtens die Bedingungen dar, die erfüllt sein müssen, damit ein Mensch depressiv reagieren kann. Wie ein Betroffener jedoch mit einer eingreifenden Mangel- und Verlustsituation umgeht, ist nicht mehr ausschließlich biologisch oder soziologisch begründbar. Die persönliche Ausgestaltung der Reaktionsweise ist vielmehr biographisch geprägt. Die selbstbewußte, kognitiv-affektive Entwicklung des Menschen vergrößert seinen Handlungsbereich. Der «wissende» Umgang mit Problemen kann sogar auf die biologischen und soziologischen Bedingungen zurückwirken und ihre Auswirkungen in mäßigender oder verstärkender Weise beeinflussen.

In einer prozeßtheoretischen Sicht (nach Sabelli)[63] haben die biosozialen Bedingungen Priorität, doch ist ihnen die Bewußtseinsebene an Informationsdichte überlegen und in einer andern Hierarchie übergeordnet. Da diese höhere, bewußte Verarbeitung individuell prägbar ist und weniger festgelegt erscheint als die zugrundeliegenden biosozialen Strukturen und ihre Primäraffekte, ist für den Umgang mit Verlustsituationen die Biographie des einzelnen von entscheidender Bedeutung. Dies schließt nicht aus, daß sich die bewußte Verarbeitung nach biologischen und sozialen Schwachstellen zu richten hat. So dürften die im Teil «Die Biologie der Depression» behandelten Schwächen der biochemischen Regulation oder der Schlaf-Wach-Rhythmizität vor allem für endogene Depressionen eine Rolle spielen. Aber der Spielraum der kognitiv-affektiven Verarbeitung kann auch dazu genutzt werden, die biosozialen Regulationen zu beeinflussen oder einen geeigneten Umgang mit ihren Schwachstellen zu finden.

Der Beeinflußbarkeit und Wahlfreiheit des Menschen sind allerdings Grenzen gesetzt. Je schwerer ein Mensch depressiv erkrankt, desto eingeschränkter ist seine Entscheidungsfreiheit. Trotzdem ist aus evolutionärer Sicht die Fähigkeit zur Selbstbestimmung des Menschen mit der menschlichen Möglichkeit, depressiv zu reagieren, geheimnisvoll verbunden. Beide menschlichen Möglichkeiten scheinen die Bindungsfähigkeit und damit die Gemeinschafts- und Kulturbildung zur Voraussetzung zu haben und über diese notwendige (aber nicht ausreichende) Bedingung miteinander verknüpft zu sein. Beide sind nicht ohne einander zu denken. Erst mit der Fähigkeit, sich selber zu erkennen und über sich selbst zu bestimmen (was biblisch mit dem Essen vom Baum der Erkenntnis symbolisiert ist), ergibt sich auch die menschliche Möglichkeit, sich Selbstvorwürfe zu machen und sein Schicksal auf depressive Weise zu erleben (was biblisch mit Schuld- und

Schamgefühlen bei den ersten Menschen mit ihrer Vertreibung aus dem Paradies angedeutet ist).

Handlungsspielraum im positiven und Depression im negativen Sinne sind Zeichen dafür, daß die Menschheit einem ausschließlich triebhaften Imperativ entwachsen ist und sich bewußt mit Fragen der Gemeinschaftsbildung auseinandersetzt. Damit ist natürlich die Biologie nicht außer Kraft gesetzt. Doch kann nach jenem evolutionsgeschichtlichen Zeichen gesucht werden, das den Beginn der Gemeinschaftsentwicklung und den Abschied von solitären Einzelinteressen bedeutet. Es ist versucht worden, diesen Anfang in der Überwindung primitiver Antriebe wie Aggressivität und Fluchtverhalten zu finden. Denn eine soziale Gemeinschaft erscheint nur möglich, wo der Automatismus, bei Gefahr allein zwischen Flüchten und Angreifen wählen zu müssen, durch eine dritte Wahlmöglichkeit ersetzt ist. Eine solche, zwischen Flucht und Angriff ausgleichende Verhaltensweise ist die «arretierte oder umgekehrte Flucht» («inverted flight» von M. R. A. Chance[64]), die schon von J. Price[65] mit dem depressiven Reaktionsmuster in Zusammenhang gebracht worden ist.

Was ist damit gemeint? Wird bei Affen z. B. ein Pavian von einem dominanten Gruppenmitglied bedroht, so ergreift der Unterlegene nicht einfach die Flucht oder stürzt sich, sein Leben gefährdend, auf den stärkeren Artgenossen, sondern er bleibt wie blockiert stehen und macht eine Geste der Unterwerfung. Dank dieser Reaktionsweise wird der Gruppenzusammenhalt geschützt statt gefährdet.

Es ist nun auffällig, daß dieses Sichducken und Erstarren eine Ausdrucksweise darstellt, wie sie als bleibendes Muster gerade bei depressiven Menschen zu finden ist. Vermag die «arretierte Flucht» – wie wir das in ähnlicher Weise auch bei der menschlichen Depression gesehen haben – die Gemeinschaft äußerlich vor Desintegration zu schützen, so kann man auch überlegen, inwieweit eine depressive Blockierung innerlich zur Blockierung auseinanderstrebender und desintegrierender Antriebe beitragen mag. Diesen Gedanken hat entwicklungspsychologisch die Psychoanalytikerin Melanie Klein aufgegriffen, als sie von der Notwendigkeit einer «depressiven Position» als Durchgangsstadium der menschlichen Entwicklung sprach. Sie meinte damit nicht eine eigentliche Depression, jedoch einen schmerzhaften Prozeß, der das Kind zur Einsicht führt, daß die Mutter nicht entweder nur «gut» oder nur «böse» ist, sondern beides zugleich. Etwas von diesem innerlichen Integrationsversuch kommt auch im depressiven Leiden zum Ausdruck, wenn der Depressive einerseits den Anspruch auf ein gutes Idealbild hochhält und sich gleichzeitig sein böses Versagen vorwirft. Hier deutet sich an, wie die menschliche Fähigkeit zur Reflexion, verbunden mit der Verpflichtung zur Gemeinschaft, die Depression als Schicksal mitbedingt. Oder anders gesagt: wie das Selbstbestimmungsrecht des Menschen mit dem Schatten der Depression verbunden ist.

Welche Menschen sind nun davon besonders betroffen?

5.8.   Die verlorene Sicherheit – biographische Einflüsse auf die Depressionsentwicklung

Der bewußte Umgang mit Verlustsituationen scheint in erster Linie von den Erfahrungen abhängig zu sein, welche die Menschen in ihrer Entwicklung mit ihren wichtigsten «Bindungsfiguren» gemacht haben. Zwar sind solche Einflüsse – auch wegen ihrer Wechselseitigkeit – äußerst schwierig auf methodisch stichhaltige Weise zu erfassen; doch machen die therapeutischen Erfahrungen der verschiedensten Autoren eine solche Annahme wahrscheinlich. Bowlby[66] hat in einem Literaturüberblick vor allem zwei Konstellationen herausgearbeitet, die zu problematischem Bindungsverhalten und damit zu einer problematisierten Bindungsfähigkeit führen. *Zum einen* dürfte sich eine ungünstige Erwartungshaltung herausbilden, wenn der betreffende Mensch nie eine stabile oder sichere Beziehung zu seinen Eltern entwickeln konnte. «Diese Kindheitserfahrungen führen dazu, daß er eine starke Neigung entwickkelt, jeden Verlust, den er später erleiden mag, als ein weiteres eigenes Versagen bei der Herstellung oder Aufrechterhaltung einer stabilen affektiven Beziehung zu deuten.» (Bowlby)[67]

Die mangelnde Stabilität des erfahrenen Erziehungsmusters kann vielerlei Gründe haben. Manche Eltern sind selber verunsichert, stark verängstigt oder stehen unter großem Druck, wie die in der zitierten Studie von Brown und Harris untersuchten Frauen. Manfred Bleuler pflegte seine Assistenzärzte am Burghölzli darauf aufmerksam zu machen, daß man Eltern weniger zu kritisieren geneigt ist, wenn man auch deren eigene Herkunftssituation kennt.

Eine andere Ursache kann darin liegen, daß ein Kind wichtige und bindende Emotionen wie «Angst» oder «Trauer» nicht zeigen darf, weil diese Gefühle bei der Mutter panische Ängste auslösen oder mit der Befürchtung einhergehen, das Kind würde sich ungünstig entwickeln. Vor allem in sehr rigiden Gemeinschaftsverhältnissen ist eine gefühlsfeindliche Einstellung oft zur zweiten Natur geworden und wird als Selbstverständlichkeit unwissentlich auch vom Kind übernommen. In Familien, bei denen bereits Depressionen aufgetreten sind, kann natürliche Traurigkeit und Angst eines Kindes zum Beispiel die Sorge auslösen, es werde dem depressiven Vater oder Onkel ähnlich. Infolgedessen werden vom heranwachsenden Kind solche Gefühle als etwas Gefährliches erlebt und zu unterdrücken versucht.

Zum zweiten kann sich nach Bowlby eine ungünstige Erwartungshaltung herausbilden, wenn dem Kind der Eindruck vermittelt wurde, es sei wenig liebenswert oder unfähig. «Hat er (der betreffende Mensch) diese Erfahrungen gemacht, so führen sie dazu, daß er ein Modell seiner selbst als unliebenswert, unerwünscht entwickelt und ein Modell seiner Bindungsfiguren als wahrscheinlich nicht verfügbar oder zurückweisend oder strafend. Wann immer ihm ein Unglück zustößt, erwartet ein solcher Mensch daher nicht, daß andere hilfreich sind, sondern vielmehr, daß sie feindlich und zurückweisend sind.» [68]

Diese lebensgeschichtlichen Hintergründe können erklären, weshalb sich depressive Menschen nach den systematischen Untersuchungen von Beck [69] selber regelmäßig als unfähig und hilflos einschätzen, sich von andern abgelehnt oder ungeliebt glauben und auch ihre Zukunft negativ sehen. Ihre Voreingenommenheit führt dazu, daß sie Fehler vermehrt bei sich selber suchen und aus einer Überschätzung ihrer Bezugspersonen heraus Kritik an andern, und insbesondere an ihrer Herkunftsfamilie, oft vermeiden. Insbesondere ist bei Menschen, die phasenweise an schwer gehemmten Depressionen leiden, häufig auffällig, daß sie ihre Eltern oder Ehepartner überhaupt nicht kritisieren, sondern eher idealisieren. Stellen sie ihre Angehörigen auch nur andeutungsweise in Frage, so erschrecken sie oftmals darüber, als hätten sie etwas bei Strafe Verbotenes getan oder ihre als offenbar höchst fragil erlebten Eltern aufs schwerste verletzt.

Diese Schonhaltung dürfte dazu beitragen, daß ihre wirk-

lichen biographischen Erfahrungen nicht nur bei Routinebe-
fragungen, sondern auch bei diagnostischen Interviews kaum
zum Ausdruck kommen, weil sie ihnen selber oft nicht bewußt sind. Nach meinem persönlichen Eindruck aus intensi-
veren und längerfristigen Therapien endogen Depressiver
schützen diese Patienten auf diese Weise ihre Bindungsfiguren,
damit sie ein durch schwierige Verhältnisse gefährdetes Bindungsverhalten trotzdem aufrecht erhalten können. Ihre Idea-
lisierungstendenz gibt aber auch einen indirekten Hinweis
darauf, wie verletzlich sie selber für einen persönlichen Verlust
wären. Ihre tiefsitzende Befürchtung, die Zuneigung von Mitmenschen sei ihnen nicht sicher, wenn sie sich nicht stets um
sie verdient machen, macht sie für spätere Verluste verletzlich.
Es ist verständlich, daß sie einen Verlust nicht einfach hinneh-
men können, sondern am Verlorenen festzuhalten suchen. Fallen sie aber «aus ihrer Rolle» und bricht ihre eingenommene
Position zusammen, so übermannt sie die Verzweiflung. Mit
der Aufgabe der Bindungsfigur oder auch einer ideellen Wert-
vorstellung glauben sie, aus der Gemeinschaft herauszufallen
und befürchten, demzufolge auch keinen emotionalen Austausch mit andern mehr haben zu können.

Diese Eigenart scheint den kommunikativen Unterschied
zwischen depressiven und traurigen Menschen auszumachen.
Glaubt ein Trauriger an mögliche Unterstützung durch andere
und letzten Endes auch an eine mögliche Überwindung des
eigenen Leids, so fehlt dem Depressiven diese Basis. Er sucht
vom eingetroffenen Verlust abzusehen und entsprechend seiner biographischen Voreingenommenheit alles Leid auf sich
selbst hinzulenken; oder er erstarrt beim Versagen eines solchen schützenden Manövers in ohnmächtiger Hilflosigkeit. In
dieser Erstarrung kommt ihm eine biosoziale Grundlage zu
Hilfe, die der Depressive aber nicht als «sinnvoll», sondern

nur als «fremd und leer» ansehen kann. Die Logik der Erstarrung ist nicht mehr auf biographischer Grundlage zu verstehen. Sie entspricht einem biosozialen Muster. «Die Depression... steht in keiner verständlichen Beziehung zur
Erfahrung insgesamt. Es handelt sich gewissermaßen um
einen angeborenen Verhaltensapparat, der eingeschaltet wird,
wenn die Umstände es verlangen oder wenn eine neurobiolo-
gische Veranlagung vorliegt.» (Widlöcher)[70]

Der Depressive erlebt diese vorübergehende Entpersön-
lichung als Entleerung des Lebens und als Entfremdung von
den Mitmenschen. Die Zeit hält an, und der Raum wird zum
Punkt, an dem der Depressive sich festgehalten fühlt. Er findet
sich schwer und in seinem Werden gehemmt. In eben diesen
Worten habe ich im ersten Teil des Buches das subjektive Erleben depressiver Menschen charakterisiert. Jetzt scheint sich
der Kreis zu schließen. Ich bin vom depressiven Erleben ausgegangen, habe die sozialen und biologischen Grundlagen ge-
streift und schließlich auf integrativ-evolutionäre Weise eine
Zusammenschau der verschiedenen Ebenen versucht.

Der Kreis schließt sich, aber nicht ganz. Es bleibt ein Sprung
vom Geschichtlichen ins Natürliche, der Geheimnis bleibt.
Und es bleibt dem Depressiven auf seinem Weg aus der Depression auch ein Sprung ins Leere zu tun, der Bios und Logos,
Natur und Vernunft trennt. Solange jedoch eine Depression in
gravierender Weise anhält, ist der Betroffene dem natürlichen
Geschehen ausgeliefert. Dementsprechend vermögen ihn ra-
tionale Erklärungen auch kaum je zu befriedigen. Aber es kann
versucht werden, ihm mit symbolhaften Bildern näherzu-
kommen.

5.9.   Erstarrung und Entfremdung –
ein Syndrom macht Sinn

Ein solches Symbol, das die empfundene Erstarrung und Entfremdung der Depressiven in ein stimmiges Bild zu sammeln
weiß, ist der Winter. Das Bild der Verwinterlichung, das
George L. Engel[71] in die Psychiatrie eingeführt hat, trifft das
Wesen depressiven Erlebens in einprägsamer Weise. Es
stimmt gleichsam in die depressive Daseinsform auf primäraf-
fektiver Grundlage ein, ohne daß differenzierende Überlegungen angestellt werden müssen. Deshalb mag dieses Bild auch
für Depressive intuitiv faßbar sein, wenn rationalere Erklärungen kein Verständnis mehr finden.

Das Bild des Winters fügt widersprüchliche Erlebensweisen
stimmig zusammen und ordnet sie in ein naturhaftes Geschehen ein: Im Winter frieren Bäche und Seen ein. Die Bäume
sind laublos. Keine Anstrengung kann sie zum Blühen bringen. Die Landschaft erscheint grau in weiß. Klirrende Kälte
macht jedes Tätigsein anstrengend. Lange Nächte und kurze
Tage mit fahlem Licht zeugen von der geringen Kraft der
Sonne. Die Natur erscheint wie erstarrt.

In diesem Bilde einer winterlichen Daseinsform erkennen
sich manche Depressive wieder. Viele spüren auch, daß ihre
Mitmenschen wie zu einer anderen Jahreszeit leben. Versuchen sie sich ihnen anzupassen, so fühlen sie sich zurückge-
worfen, im Tempo überfordert.

Das Bild vom Winter gibt ihrem Verhalten aber auch eine
neue Dimension. Es macht verständlicher, daß sie mit ihren
Kräften haushalten müssen oder daß ihnen zu fasten näherliegt,
als sommerliche Feste zu feiern. Der Vergleich mit der Jahreszeit des Winters setzt unausgesprochen auch einen Frühling

voraus. Er bringt heimlich Hoffnung und entlastet ohne
weitere Erklärung, da es im jahreszeitlichen Ablauf genauso-
viel Berechtigung für einen Winter wie für einen Sommer
gibt.

5.10. Zusammenfassung

Der Versuch lohnt sich, die psychologischen, sozialen und
biologischen Ebenen der Depression, die je für sich logisch
selbständige Systeme bilden, unter einer evolutionären Perspektive zusammen zu schauen. Ausgehend von der ethologi-
schen Beobachtung, daß höhere Lebewesen und insbesondere
die Menschen ein starkes Bindungsbedürfnis – zuerst an Eltern, vor allem die Mutter, dann an Partner – haben, ist es
verständlich, daß der Verlust einer solchen Bindungsperson
tiefe Traurigkeit auslöst. Neben Angehörigen können auch
Glaubens- und Wertvorstellungen oder häusliche und heimat-
liche Bindungen, aber auch Autonomie- und Kontrollbedürf-
nisse, für manche Menschen eine so große Bedeutung haben,
daß sie nur unter Trauer aufgegeben werden können.

Dabei ist das Gefühl der Trauer nicht einfach zu definieren.
Es ist insofern mehrschichtig, als es entsprechend der menschlichen Gefühlsorganisation sowohl spontan in Blick, Mimik
und Haltung wie auch symbolhaft mittels Sprache zum Ausdruck kommen kann. Der spontanen Kommunikation liegt
ein erstes affektives System zugrunde, das hauptsächlich im
limbischen System des Gehirns lokalisiert ist. Die wissende
Verarbeitung der Trauer und ihre sprachlich-symbolische Fas-
sung erfolgt aufgrund eines zweiten, kognitiv-affektiven Systems, das seine neurologische Grundlage im Neocortex hat.

Diese mehrschichtige Gefühlsorganisation eröffnet dem

Menschen nun verschiedene Möglichkeiten, mit Trauer- und Verlustsituationen umzugehen. So kann ein Bindungsverlust im zweiten kognitiv-affektiven System nicht oder nur in beschränktem Ausmaß bewußt und trauernd angenommen werden, während er sich im ersten System in Form von spontan ablaufender mimischer und haltungsmäßiger «Trauer» widerspiegelt. Diese Möglichkeit kann zur Erklärung depressiver Reaktionen herangezogen werden. Nach einem solchen Verständnis ist die Depression «der Zustand des Nichttrauerns in einer Situation, wo Trauer am Platze wäre» (Volkart).[72] Kann ein Mensch sich selber nicht eingestehen, daß er verloren hat, was ihm wichtig war, verschließt sich ihm mit der Abkehr von der Trauer auch eine akzeptierende Neuorientierung. Dadurch läuft er Gefahr, durch unrealistische Erwartungen neue Enttäuschungen zu erleben, so daß die unwissentliche «Trauer» im ersten Affektsystem noch anwachsen und sich weiter mit «Angst» und «Wut» verbinden kann.

Eine solche Sichtweise wird durch einige neuere Untersuchungsbefunde unterstützt. Bei der Analyse der nichtsprachlichen Kommunikationsweise Depressiver ist zum Beispiel festgestellt worden, daß die Betroffenen unwissentlich in Blick, Haltung und Mimik den Ausdruck von «Trauer», «Angst» und «Wut» zeigen. Computergesteuerte Analysen der Hirnstrombilder depressiver Patienten verweisen ebenfalls auf eine zugrundeliegende «Trauer» dieser Menschen, auch wenn sich diese weder einer Verlustsituation noch eines Trauergefühls selber bewußt sind.

Wird das Grundgefühl der «Trauer», vielleicht auch der «Angst» und «Wut», in einer aussichtslos erscheinenden Situation ohne Verarbeitungsmöglichkeit übermächtig, so ist die Auslösung evolutionär älterer Schutzmechanismen (submissives Verhalten, Aktivitätsverlust oder gar Totstellreflex) denkbar, in allerdings menschlich komplexerer, da kulturell eingebundener Weise, als dies bei Primaten in Trennungssituationen zu beobachten ist. Als eine solche protektive Maßnahme kann bei depressiven Menschen in erster Linie die von Beginn an auftretende Erstarrung des Bewegungsmusters angesehen werden. Aber auch die unwissentliche Vermittlung von spontaner «Trauer» in Haltung und Mimik kann einen sozialen Schutzfaktor darstellen, weil dadurch Mitmenschen zu Mitleid aufgefordert werden. Zudem schützt das depressive Reaktionsmuster vor (sozial schädlichen) aggressiven Durchbrüchen und vor Fluchtversuchen.

Wird die Depression als biosozialer Schutzmechanismus verstanden, der bei Versagen andersartiger Lösungsversuche zur Abwehr gegenüber einer übergroßen Gefahr eingesetzt wird, so wird auch verständlich, daß die betroffenen Menschen sich nicht mehr als selbstbewußt Handelnde, sondern als schmerzhaft Veränderte empfinden. Nach einem solchen Verständnis erleben die depressiven Menschen zwar die biologischen Konsequenzen (psychomotorische Erstarrung, vegetative Symptome) und die sozialen Auswirkungen (Freiheits- und Rollenverlust) ihrer Depression als wache Beobachter in aller schmerzhaften Deutlichkeit, doch ist ihnen der gefühlsmäßig-denkerische Zugang zur Problematik mehr oder minder versperrt. Infolgedessen empfinden sie sich in unterschiedlichem Ausmaß einem biosozialen Geschehen ausgeliefert und innerlich ohnmächtig und leer.

Trotzdem stellt das depressive Reaktionsmuster eine «organismische» Leistung dar. Es kann eine Überlebens- und Integrationsfunktion haben und setzt ein bestimmtes Organisationsniveau im biologischen und psychosozialen Bereich voraus. Umfassende Hirnstörungen wie auch schwere Sozialisationsdefizite scheinen depressive Lösungen zu verunmöglichen. Andererseits dürften konstitutionelle Faktoren

und vor allem konflikthafte biographische Erfahrungen das
Auftreten depressiver Reaktionsmuster erleichtern. Die
Tab. 16 soll diese Zusammenhänge schematisch zusammen-
fassen.

Tab. 16:
Psycho-bio-soziales Depressionsmodell

	biologisch	psychologisch	sozial
gesunde Grundlage	weitgehend intakte Gehirnstrukturen (mit: Affektsystem-Vorstufe, erstem Affektsystem, zweitem Affektsystem)	Ich-Entwicklung (über: Instinkte, reflexhafte Reaktionen, sprachlose Grundgefühle, ich-haft erlebte Gefühle)	Betreuungssystem in früher Kindheit (mit: Pflege, gegenseitigem Bindungsverhalten, Gemeinschaftsbildung, kulturelle Einbettung)
mögliche Risikofaktoren	genetisch verletzliche Konstitution		
	Sensibilisierung des ersten Affeksystems für «Angst» und «Trauer»	Verlustangst (evtl. starkes Anklammern an Elternteil)	emotional ambivalente Verfügbarkeit der «Elternfigur» oder Verlust eines Elternteils
	negativ besetzte (depressogene) Gedächtnisspeicher	Selbstunsicherheit (evtl. kompensatorisches Leistungsstreben oder Ordentlichkeit)	mangelnde Anerkennung (soziale oder familiäre Stigmatisierung)
	eingeschränkte kognitiv-affektive Verarbeitungskapazität (für «Trauer»)	Vermeidungshaltung gegenüber Verlust (narzißtische Verletzlichkeit)	unsichere oder unflexible Partnerschaften (starre Rollenverteilung)
Auslösung			(drohender) Verlust eines Partners oder einer «Lebensbasis» (z. B. Beruf, Häuslichkeit, Autonomie, Gesundheit)
Depressionszustand	psychomotorische Erstarrung, evtl. Entrhythmisierung (Reaktivierung älterer Affektsysteme?)	Einbuße an ichhaften Gefühlen (Empfindung der Hemmung und Schwere)	Lähmung der Beziehungsdynamik (interaktioneller Stillstand)

Anmerkungen zu Teil 5

1 Udana 6. 4., zitiert nach «Reden des Buddha», Reclam Nr. 6245, S. 44 f.

2 Die Entstehung der Psychiatrie gegen Ende des 18. und im Verlauf des 19. Jahrhunderts ist von Dörner 1984 in seinem Buch «Bürger und Irre» kritisch nachgezeichnet worden.

3 Engel entwickelte das bio-psycho-soziale Modell aus dem Studium der allgemeinen Systemtheorie. Die Grundthese geht von der Annahme aus, daß die Natur ein Ganzes darstellt, das hierarchisch geordnet ist, wobei sich kleinere, einfachere Einheiten zu größeren, komplexen Systemen aufbauen. Eine kritische Diskussion dieses Modells findet sich bei Goodman 1991.

4 Zitiert nach Zimmer 1988, S. 96.

5 A. a. O., S. 69 f.

6 Konrad Lorenz, einer der Väter der Ethologie (Verhaltensbiologie), hat sich mehrmals über die Beschreibung von Verhaltensschemata bei Tieren hinaus mit Fragen des subjektiven Gefühlserlebens beschäftigt und hat die Grundgefühle als evolutionäre Errungenschaft höherer Tiere eingeschätzt. Lorenz zitiert Heinroth: «Tiere sind Gefühlsmenschen mit äußerst wenig Verstand» (Lorenz 1965, S. 371).

7 Zimmer 1988, S. 97.

8 Eine ausgezeichnete Darstellung der Verbindung von Emotions- und Hirnforschung findet sich bei Buck 1984.

9 Zitiert nach Buck 1984, S. 84.

10 Emotionswissenschaftler verwenden zum Teil unterschiedliche Begriffe für die gleichen Gefühlsebenen (vgl. Volkart 1989). Ohne auf diese Unterschiede hier einzugehen, ist festzustellen, daß die meisten Autoren einer Abgrenzung eines ersten «nicht-wissenden» affektiven Systems von einem hierarchisch höheren «wissenden» kognitiv-affektiven System zustimmen (auch wenn einzelne Autoren andere Begriffe wählen).

11 Ciompi 1982.

12 Machleit et al. 1989, S. 210.

13 Eine Übersicht über psychoanalytische Vorstellungen in emotionspsychologischer Hinsicht findet sich bei Krause 1988.

14 Nach der differentiellen Emotionstheorie von Izard 1981 setzt sich
   das Affektmuster bei Depressiven aus ganz verschiedenen Emotionen zusammen. In je unterschiedlicher Legierung finden sich
   neben «Trauer» als Kernaffekt sowohl «Angst» und «Ärger»,
   aber auch «Ekel», Geringschätzung, Schuldgefühl und Schüch-
   ternheit. Infolgedessen lassen sich viele Konfliktmöglichkeiten
   zwischen den einzelnen beteiligten Emotionen denken. Nach
   Tomkins (zitiert nach Izard 1981) soll langanhaltende «Trauer»
   sogar ein angeborener Auslöser von «Zorn» sein. Die Bedeutung
   der Scham bei Depressiven hat v. a. Helen Lewis (1987) herausgearbeitet.
15 Titel des anregenden und leicht lesbaren Buches von Zimmer
   1988.
16 Zitiert nach Bischof 1985, S. 175.
17 Bowlby 1987, S. 58 f.
   Eine gute Übersicht über den neueren Untersuchungsstand zur
   Bindungstheorie gaben Großmann et al. 1989.
18 Bischof 1985, S. 438 f.
19 Bowlby 1987.
20 A. a. O., S. 20 f.
21 A. a. O., S. 27.
22 A. a. O., S. 116.
23 Zitiert nach Bowlby 1987, S. 125.
24 Bowlby 1987, S. 126.
25 Lorenz 1965. Lorenz spricht von einer «Du-Evidenz» im Gegenüber von Tieren. Er beschreibt z. B. eine verwöhnte Schneegans,
   die bei einer Frustration durch ihren Meister begonnen habe, «laut
   und herzbrechend zu weinen wie ein kleines Kind, dem man die
   Puppe weggenommen hat.» S. 371.
26 Zitiert nach Widlöcher 1986, S. 202 f. Eine Zusammenfassung
   weiterer Experimente mit Primaten gibt Porsolt 1981.
27 Bischof 1983, S. 345.
28 A. a. O., S. 341.
29 Widlöcher 1986, S. 215.
30 Fisch et al. 1983.
31 Übersicht bei Bohus und Berger 1992.
32 Zusammenfassung bei Porsolt 1981.

33 Übersicht bei Ellgring 1989, S. 48 f.

34 Ellgring 1989.

35 A. a. O., S. 181 f.

36 A. a. O., S. 167.

37 Machleit et al. 1989.

38 A. a. O., S. 138.

39 A. a. O., S. 217.

40 Murphy 1982.

41 Wulff 1967.

42 Engel 1962.

43 Sandler und Joffe 1969.

44 Zitiert nach Bowlby 1987, S. 117 f.

45 A. a. O., S. 131.

46 A. a. O., S. 196.

47 Zitiert nach Bowlby 1987, S. 196.

48 Brown und Harris 1976.

49 Paykel 1987, S. 183.

50 A. a. O., S. 185.

51 Zitiert nach Paykel 1987, S. 192.

52 Eine Übersicht über genetische Studien bei affektiven Erkrankungen gibt Zerbin-Rüdin 1987.

53 Zitiert nach Zerbin-Rüdin, S. 142.

54 Ebd.

55 A. a. O., S. 143.

56 A. a. O., S. 141 f.

57 Battegay 1991: Depression. Hans Huber, Bern.

58 Je schwerer die Gedächtnisfunktionen gestört sind, desto seltener sind eigentliche depressive Reaktionen zu beobachten. In diesem Zusammenhang kann diskutiert werden, inwieweit eine künstlich herbeigeführte, vorübergehende Gedächtnisstörung, wie sie z. B. bei Elektrokonvulsionsbehandlungen zu beobachten ist, bei schwersten Depressionszuständen zu einem antidepressiven Effekt beiträgt.

59 Bischof 1985, S. 474.

60 Verlag Stocker-Schmid, Dietikon, 1964.

61 Eibl-Eibesfeldt 1976, S. 251.

62 Eine aktuelle Übersicht über bisherige Langzeitstudien zur per-

sönlichen Entwicklung von Bindungsverhalten bei Kindern findet sich bei Großmann et al. 1991.

63 Sabelli 1989.
64 Chance 1976.
65 Price 1988. Diesen Hinweis verdanke ich Claude Aubert.
66 Bowlby 1987.
67 A. a. O., S. 319f.
68 A. a. O., S. 320.
    In anderer Weise postuliert auch die Neurophysiologin Martha
    Koukkou aufgrund von EEG-Befunden, daß die Informationsver-
    arbeitung des Gehirns während Depressionszuständen vor allem
    Zugang zu Gedächtnisspeichern hat, die mit besonders negativen
    («depressogenen») Erinnerungen beladen sind (vgl. Koukkou
    1988).
69 Beck 1981.
70 Widlöcher 1986, S. 219.
71 Engel 1962.
72 Volkart 1989.

Teil 6 Depressionstherapie aus integrativer Sicht

6.1. Die therapeutische Haltung

Die integrativ-evolutionäre Sichtweise kann dazu verhelfen, eine Depression nicht nur als krankhaftes Geschehen zu sehen, sondern auch als letzten Ausweg aus einer verzweifelten Situation zu deuten. Die depressive Reaktionsweise erscheint dann in einer bestimmten Situation und unter gegebenen persönlichen Voraussetzungen als zwar schmerzhafte, aber schützende Abwehrleistung. Eine solche Sichtweise verändert die Haltung gegenüber depressiven Menschen.

Depressive Patienten neigen zur Mißachtung ihrer selbst. Vermögen sie ihrem Leistungsideal nicht gerecht zu werden, sehen sie sich in der Position von Angeklagten und übernehmen eine negative soziale Wertung, die heute gegenüber psychischem Schmerz noch weit verbreitet ist. Ihr herabgesetztes Selbstwertgefühl behindert sie zusätzlich, trauern zu können und einen eingetretenen Verlust zu verschmerzen.

Solange nun depressives Leiden ausschließlich ursächlich betrachtet wird, fehlt ihm eine Dimension, die zu seinem Verständnis ebenso wichtig ist wie das Erkennen von biologischen Mangelzuständen oder sozialen Schwierigkeiten beziehungsweise biographischen Problemstellungen. Die Depression wird dann aufgrund von bereits Vorgefallenem und Vergangenem festgeschrieben, ohne die zukunftsgerichtete Überlebensbasis, die im Depressionsakt ebenso enthalten ist, mitzuberücksichtigen. Gerade schwere Depressionszustände stellen aber Durchgangsstadien dar. Chronische Verläufe bilden eher die Ausnahme, die besonderer Beachtung bedürfen (vgl. Kapitel 6.5. auf S. 235f). Ein wesentliches Charakteristikum depressiver Zustände ist gerade ihre Selbstbegrenzung. So stellt sich in der Depressionsbehandlung häufiger die Frage, wie das Leiden durchgetragen und erleichtert werden kann, als die Frage, wie ein Krankheitsprozeß zur Abheilung gebracht werden muß. Damit bekommt der Begriff «Therapie» in ökologischer Einbettung wieder seinen ursprünglichen griechischen Sinn.

Therapeia bedeutet griechisch «Sorgen» oder «Dienen». Der Therapeut wird seinem alten Wortsinn nach zu jenem Helfer, der dafür sorgt, daß die Not durchgestanden wird. Konsequenterweise benötigt die überwiegende Zahl von Menschen mit leichteren depressiven Reaktionen keine therapeutische Hilfe, da ihre Symptome spontan abheilen. Eine Behandlung wird aber dort gesucht, wo eine schwere Depression die alltäglichen Möglichkeiten der Betreuung übersteigt oder der psychische Schmerz von einem Betroffenen nicht mehr auszuhalten ist. Hier wird nun vom Therapeuten oft nicht nur erwartet, daß er die Not lindert und die Selbstheilung unterstützt, sondern daß er mit einem einschneidenden Eingriff die schwere Depression beseitigt. Eine integrative Sichtweise trägt nun eher zur therapeutischen Vorsicht bei, diesen verständlichen Erwartungen der Patienten und ihrer Angehörigen unkritisch und umgehend entsprechen zu wollen. Sie setzt sich praxisorientiert mit den offenen oder versteckten Schwierigkeiten depressiv erkrankter Menschen auseinander, um einerseits echte Hoffnung und Unterstützung zu vermitteln, ohne andererseits die Sehnsucht nach sofortiger Heilung und grenzenloser Hilfe zu nähren. Eine umgehende Besserung kann bei der Mehrzahl der Depressiven ohnehin weder mit biologischen, psychotherapeutischen noch magisch-spirituellen Mitteln herbeigezwungen werden; wenn sie erfolgt, dann geschieht dies spontan, was gerade bei phasischen Formen nicht selten zu beobachten ist. Hingegen kann fast jeder Depressive – und mag die Depression noch so tief sein – Linderung erfahren und therapeutisch Schritt für Schritt aus der Depression begleitet werden.

Für die Begegnung mit dem Patienten hat das dargelegte Depressionsmodell die Konsequenz, eine abwehrende Haltung des depressiven Patienten nicht so sehr als persönliche Ablehnung zu verstehen, sondern als unwillkürlichen, reflexhaften Schutzmechanismus eines in Not geratenen Menschen. Statt sich durch die mitunter feindselig wirkende Abkehr irremachen zu lassen, kann das Modell dazu beitragen, den Botschaftscharakter des Leidens zu sehen.

In entfernter Analogie zum Kind, das von seiner Mutter getrennt worden ist und bei ihrem Wiedererscheinen fremdelt, kann der depressive Widerstand gegen eine emotionale Zuwendung als ein biosozial tief verankertes Reaktionsmuster auf schwere Enttäuschungen interpretiert werden. Es muß deshalb davon ausgegangen werden, daß sich die depressive Entfremdung nur durch geduldige Anteilnahme, nicht aber durch ein Übermaß an spontanen Gefühlen auflösen läßt.

6.2.   Der Zeitfaktor in der Therapie

Im übrigen zeichnet sich die integrative Sichtweise eines Therapeuten weniger durch ein spezifisch ausgewähltes Verfahren aus als durch die Berücksichtigung des zeitlichen Einsatzes

verschiedener therapeutischer Mittel. Zur Zeit steht eine
große und ständig noch wachsende Zahl unterschiedlicher
Verfahren zur Behandlung depressiver Patienten zur Verfügung. Diese Verfahren können grob in körperliche, psychologische und soziologische eingeteilt werden. Auch wenn sich
aufgrund unterschiedlicher Konzeptionen verschiedene therapeutische Schulen – teilweise mit Alleinbehauptungsanspruch
– gebildet haben, schließen sich die divergierenden Ansätze
nicht aus. Bei der Auswahl geeigneter Verfahren stellt sich
deshalb weniger die Frage: «Welcher therapeutische Ansatz
hat recht?» als die Frage: «Welcher therapeutische Zugang eig-
net sich in welchem Zeitpunkt bei welcher Person?»

Wenn wir davon ausgehen, daß die Depression eine Durch-
gangsphase in einer kritischen Lebenssituation darstellt, so ist
auch ein typischer Verlauf dieser «Störung» zu erwarten. Tatsächlich kann zwar der Ablauf einer depressiven Krise von Fall
zu Fall starken Schwankungen unterliegen. Meist hat er aber
Crescendo–Decrescendo–Charakter, indem eventuell nach
einer Alarmphase die «erstarrende Schwere» und die «Hemmung der basalen Lebensbewegung» zunächst an Stärke zu-
nimmt. Über ein Stadium der maximalen Blockierung, die
bei seltenen schwersten Fällen einem «Totstellreflex» gleichkommen kann, klingt die Depression dann wieder ab. Jetzt
kann in günstigen Fällen Trauer empfunden werden. Die
Dauer dieses Geschehens schwankt zwischen wenigen Wochen und vielen Monaten. Der Ablauf ist oft so charakteristisch, daß er einem selbstregulierenden Prozeß gleicht und
nach dem Schweregrad der Blockierung in verschiedene Stadien (leicht – mittelschwer – schwer) eingeteilt werden kann.

In Abb. 4 sind einige Zeichnungen einer Patientin wiedergegeben, die diesen phasischen Erkrankungs- und Heilungs-
verlauf illustrieren.

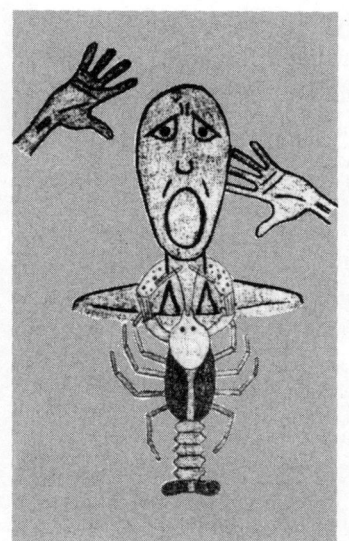
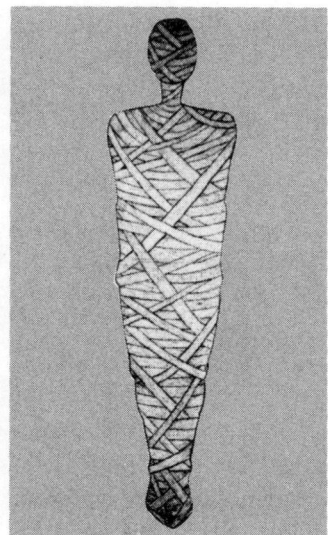
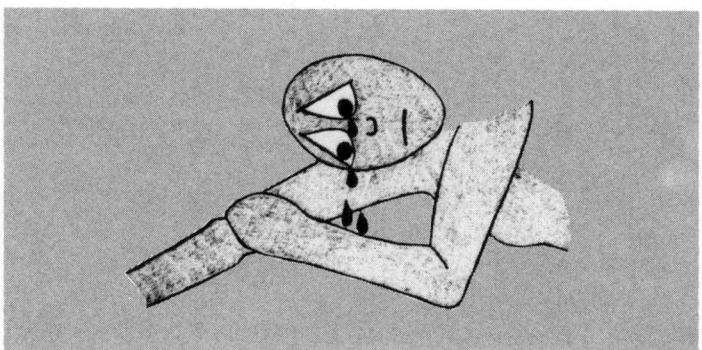

Abb. 4 Zeichnungssequenz einer depressiven Frau: Mit Beginn der Depression fühlt sich die Patientin in einer Alarmphase existentiell bedroht (1). Mit zunehmender depressiver Erstarrung empfindet sie sich handlungsunfähig (2). Bei Aufhellung der Depression löst sich die Erstarrung in Trauer und Tränen (3).

6.3.   Phasengerechte Unterstützung

Aus meiner Sicht ist die Behandlung eines depressiven Menschen keine mechanistische Tat noch eine von außen initiierte
Persönlichkeitsveränderung. Sie gleicht vielmehr dem Bei-
stand einer Hebamme oder eines Geburtshelfers bei einer
schwierigen Geburt. Von der Schwangerschaft über den
eigentlichen Geburtstermin bis hin zum Wochenbett gilt es,
die adäquaten Vorbereitungen beziehungsweise Erleichterun-
gen anzubieten, um den Geburtsprozeß zu begünstigen. Nur
in Notfällen ist auch einmal ein einschneidender Eingriff wie
die Kaiserschnittoperation angezeigt.

Was die Depressionsbehandlung im «hinkenden» Vergleich
zur Geburtshilfe so schwierig macht, ist der Umstand, daß
nicht nur etwas gewonnen wird, sondern unter Umständen
für den einzelnen auch etwas Wichtiges und Bedeutungsvolles
verlorengegeben werden muß. Somit ist das Ziel nicht als
glückliches Ereignis festzumachen, sondern nur als Weg aus
dem Leiden beschreibbar. Wie bei einer Geburt ist aber immer
die Phase zu berücksichtigen, in der sich der Patient in seiner
depressiven Entwicklung befindet. Eine Therapiemethode,
die für leicht depressive Menschen eine Hilfe ist, kann sich bei
schweren Depressionszuständen als zusätzliche Belastung auswirken. Deshalb wird in der folgenden Darstellung auf die Berücksichtigung der Depressionstiefe und der Lebenssituation
der betroffenen Menschen Wert gelegt.

Der deutsche Klinikpsychiater und Depressionsspezialist
Günter Hole[1] hat sechs sich aneinanderreihende Thera-
pieschritte formuliert, um die Behandlung dem jeweiligen Be-
hinderungsgrad des Patienten anzupassen. In Abwandlung
seines Vorschlages ist in Tab. 17 mein Therapieschema aufgeführt, das den folgenden Ausführungen zugrunde gelegt wird.

Tab. 17

Reihenfolge der Therapieziele bei einem gestuften Therapiekonzept

1. Entlastung und symptomatische Maßnahmen zur Verminderung des psychischen Schmerzes
   (bei schweren Depressionszuständen)
2. Schrittweise Aktivierung, Einhalten eines Tagesrhythmus
   (bei gebesserten oder nicht so schweren Depressionszuständen)
3. Stärkung nicht-depressiven Verhaltens
   (bei Abklingen des Depressionszustandes)
4. (Psychotherapeutisches) Herausarbeiten depressiver Risiken in der Persönlichkeitsstruktur sowie Gegensteuerung im Alltag
5. Eigenverantwortliche Änderung depressionsfördernder Umweltfaktoren
   (bei allfälligem biologischem Risiko: medikamentöse Prophylaxe)

6.3.1. Therapeutisches Handeln bei schwerer depressiver Hemmung

Für sehr schwere Depressionen mit ausgeprägter Aktivitätseinbuße oder sehr nachhaltigen, oft wahnhaften Selbstvorwürfen hat die Erleichterung von plagenden Symptomen als erstes Therapieziel Vorrang. In diesem *schwersten Depressionsstadium* können antidepressiv eingesetzte Medikamente innerhalb von Tagen bis Wochen eine deutliche Linderung bringen. Kontrollierte, sogenannte doppelblind durchgeführte Psychopharmakastudien haben für die meisten Antidepressiva gezeigt, daß sie bei etwa zwei Dritteln der betroffenen Menschen eine langsam einsetzende Stimmungsaufhellung und Antriebssteigerung bewirken. Einzelne Symptome (wie starker Gewichtsverlust, frühmorgendliches Erwachen, depressiver Stupor, Zwangsdenken, wahnhafte Selbstvorwürfe und schwere Angstzustände) scheinen unter allen zur Verfügung stehenden Behandlungsmethoden am besten auf Psychopharmaka anzusprechen. Medikamentös hilfreich sind eventuell auch Schlafmittel (vom Benzodiazepin–Typus), um den Patienten in der Nacht wenigstens einige Stunden Ruhe zu gönnen oder Neuroleptika (starke Beruhigungsmittel) bei wahnhaften Depressionen.[2]

Schwer depressive, stark antriebsgehemmte Menschen bedürfen aber nicht nur einer Verschreibung von Medikamenten oder allenfalls einer Infusionstherapie mit solchen Mitteln. Aus Hoffnungslosigkeit, Antriebshemmung und Unentschlossenheit heraus sind sie oft gar nicht in der Lage, sich zu einer Behandlung zu entschließen. Vielmehr sind sie auf die entschlossene Betreuung von Bezugspersonen, die ihnen auch Entscheidungen abnehmen, angewiesen. Je nach den sozialen Verhältnissen und dem Schweregrad ihrer Erkrankung beziehungsweise der Suizidgefährdung benötigen sie Hilfe in einer psychiatrisch spezialisierten Klinik. Eine Aufnahme in eine psychiatrische Institution ist auch deshalb manchmal von Vorteil, weil durch den Milieuwechsel für den depressiven Patienten unerfüllbare häusliche Verpflichtungen wegfallen, eine entlastende Krankschreibung erfolgt oder ein ungünstiger Interaktionszirkel in der Familie durchbrochen wird. Zudem stehen guten psychiatrischen Kliniken neben der medikamentösen Behandlung zusätzliche Therapieverfahren für schwere Depressionszustände zur Verfügung (zum Beispiel Ergotherapie, Musiktherapie, physiotherapeutische Wärmeapplikation und Massage, eventuell Lichttherapie oder Schlafentzugsverfahren).

Von größter Bedeutung ist die Art und Weise, wie schwer depressiven Menschen begegnet wird. Ärgerliche Gefühle sind bei Bezugspersonen kaum zu vermeiden. Um so wichtiger ist es, daß feindselige Gegenreaktionen unterlassen werden. Auch Appelle an den Willen wirken sich auf schwer depressive Menschen belastend aus, ebenso wie gut gemeinte, aber falsche Trostworte oder allzu deutliche Mitleidsbekundungen. Wichtig ist, daß der Depressive verläßliche Zuwendung bekommt, auch wenn er völlig gleichgültig oder ablehnend darauf reagiert. (Vgl. die Verhaltensempfehlungen auf Seite 267 f.)

Erst bei Antriebssteigerung und nach Stimmungsaufhellung eventuell unter medikamentösem Einfluß können depressive Patienten wieder einen gewissen Aktivitätsgrad erreichen, der sie selbständiger handeln und flüssiger denken läßt. In diesem *mittelschweren Stadium* sind strukturierte Beschäftigungsprogramme besonders hilfreich, um eine verlorengegangene Rhythmizität im Tages- und Wochenablauf wiederzugewinnen. Günstige Aufgabenbereiche, die depressive Menschen zuerst eventuell nur (halb)stundenweise übernehmen können, sind manuelle Tätigkeiten (Tisch decken, Blumen versorgen, Abwaschen, Töpfern, Gymnastikübungen etc.), soweit sie den Patienten entsprechen und mit einem Erfolgserlebnis abgeschlossen werden können (vgl. Schritt 2 in Tab. 17).

Allerdings bewerten sich gerade depressive Personen nach Lösung der größten Starre oft als unzulänglich, unfähig und hilflos. Sie neigen dazu, ihr Unglücklichsein auf persönliches Versagen zurückzuführen. Entsprechend ihrer Selbst-Infragestellung erscheinen ihnen selbst geringste Anforderungen unerfüllbar, so daß der Therapeut die Aktivierung sehr feinfühlig anzuregen hat. Anderseits würde eine anhaltende Entlastung von Depressiven unterschwellig auch als Botschaft verstan-

den, sie seien nichts wert – «mit der typischen melancholischen Generalisierungstendenz, die im Wörtchen ‹nicht› in-
newohnt» (Leder).[3]

6.3.2. Sokratische Auseinandersetzung mit depressivem Denken bei leichteren Depressionszuständen

Wenn bei leichteren bis mittelschweren Stadien das Denken
(wieder) flüssiger vonstatten geht, aber (noch) von *negativen
Gedanken* geprägt ist, kann eine aktuelle Auseinandersetzung
mit den depressiven Vorstellungen hilfreich werden. Der
Amerikaner Aaron T. Beck hat von seinem ursprünglich
psychoanalytisch und später verhaltenstherapeutisch orientierten Ansatz her eine besondere Gesprächstherapieform für
Depressive entwickelt, die sogenannte «*kognitive Therapie*»,
welche in besonderer Weise auf die negative Weltsicht und die
damit einhergehenden logischen Verzerrungen der Realitäts-
sicht Depressiver einzugehen vermag. Diese Therapieform hat
sich in vielen Verlaufsstudien (bezüglich der Veränderung des
Selbstkonzepts und der Abnahme der Hilflosigkeit) anderen
Methoden mindestens gleichwertig oder überlegen gezeigt.
Diese Form der Gesprächsführung kommt ausgeprägt depressiven Patienten besonders entgegen, da sie keine tiefere Verarbeitung biographischer Erlebnisse voraussetzt und infolge der
konsequenten Gesprächsführung durch den Therapeuten
einen Halt anbietet, für die an sich zweifelnde und gehemmte
Depressive dankbar sind. Zudem greift diese Therapiemethode die Tendenz vieler Depressiver zur Selbstkontrolle insofern auf, als sie in sokratischer Weise negative Gedanken hinterfragt und auch mit Hausaufgaben zur Selbstbewältigung

der Probleme anregt. Ein Beispiel «kognitiver» Gesprächsführung gibt folgendes Gespräch aus einer Veröffentlichung
von Wright und Beck.[4]

Herr A.: «Ich gerate richtig in Panik und resigniere, wenn ich daran
denke, daß ich zur Arbeit gehen muß.»
Therapeut: «Wie sehen die panischen Gefühle aus?»
A.: «Es ist wie ein Gefühl von Übelkeit. Mir wird schlecht, ich
spüre eine Benommenheit im Kopf und befinde mich in einem Zustand äußerster Anspannung. Dann fühle ich mich sehr niedergeschlagen und meine, ich müßte wieder ins Bett gehen.»
Th.: «Also allein schon der Gedanke, wieder an den Arbeitsplatz
zurück zu müssen, ruft unangenehme Gefühle hervor.»
A.: «Ja, so ist es. Ich möchte am liebsten alles abblocken.»
Th.: «Haben Sie das versucht?»
A.: «Ja. Das hat nicht funktioniert. Das Problem bleibt, und ich bin
immer wieder damit konfrontiert.»
Th.: «Dann sieht es so aus, als ob ein anderer Weg gefunden werden müßte, um mit der Situation fertigzuwerden. Wären Sie bereit,
sich Ihre Gedanken genau anzuschauen, um zu sehen, ob es irgend-
welche Möglichkeiten gibt, Ihre Schwierigkeiten zu überwinden?»
A.: «Ich weiß nicht, ob ich Sie jetzt richtig verstanden habe.»
Th.: «Sie haben mir gerade erzählt, wie der Gedanke an Ihre Arbeit
panische und depressive Gefühle in Ihnen auslöst. Als Beispiel für
das, was ich meinte, stellen Sie sich jetzt für einen Moment einmal
folgende Situation vor: Sie sind auf dem Weg zur Arbeit und haben
bestimmte berufliche Probleme im Kopf, aber Sie sehen auch Möglichkeiten, damit fertig zu werden. Würden Sie sich dann anders fühlen?»
A.: «Ich wäre sicher weitaus weniger in Panik, wenn ich wüßte,
was ich dagegen tun könnte.»
Th.: «Sehen Sie jetzt, wie stark die Art und Weise, sich mit einer
Situation gedanklich auseinanderzusetzen, Ihre Gefühle beeinflußt?»
A.: «Ja, das leuchtet mir ein.»
Th.: «Können Sie mir sagen, inwieweit Sie das soeben Bespro-
chene verstanden haben?»

A.: «Ich glaube, daß Sie mir klarmachen wollten, daß die Art, wie ich über die Dinge, wie meine Probleme am Arbeitsplatz, nachdenke, sich stark auf meine Gefühle auswirkt. Ich kann das nachvollziehen, aber ich sehe keinen Weg, wie ich meine Gedanken ändern soll, wenn die Probleme so groß sind.»

Th.: «Das klingt so, als wären wir uns darin einig, daß die Art, wie Sie über die Dinge denken, einen Einfluß auf Ihre Gefühle haben kann. Es tauchte auch die Frage nach einer möglichen Änderung Ihrer Gedanken auf. Möchten Sie, daß wir da fortfahren?»

A.: «Ja.»

Ein behutsamer «kognitiver» Gesprächsstil, der die Meinung des Patienten nicht abwertet, sondern sie als Grundlage eines Gedankenexperiments nimmt, kann auch zum vermehrten Aufbau nicht-depressiven Verhaltens genutzt werden. Die Stärkung aktiven Verhaltens ist wichtig, weil depressive Symptome bei Mitmenschen zuerst einen schonenden Mitleidseffekt auslösen, was für die längerfristige Entwicklung depressiver Menschen zu einem Risiko werden kann, wenn Mitleid der einzige Gewinn bleibt, der Depressiven erreichbar scheint (vgl. S. 77 f). Dadurch laufen sie Gefahr, depressives Verhalten unnötig lange beizubehalten. Auf längere Sicht wirkt sich aber depressives Verhalten zwiespältig und blockierend auf die Bezugspersonen aus. Indem nun der Therapeut depressive Ansichten hinterfragt und kleinschrittig zu befriedigenden Alltagsbeschäftigungen anregt, wird der Abbau des negativen Denkens und Handelns unterstützt. Dies entspricht dem dritten Schritt in Tab. 17 auf Seite 209.

6.3.3. Interpersonaler Zugang zum Verlorenen

Bei einer größeren Zahl leichter bis mittelschwer depressiv erkrankter Menschen stehen weniger persönliche Selbstzweifel
im Vordergrund als offen zutage liegende *Ehe- und Familien-
probleme* sowie Kommunikationsschwierigkeiten.[5] Ärger oder
Schmerz werden nicht so sehr verdrängt, sondern es liegen
einsichtige Verlusterlebnisse vor, über welche die Depressiven
nicht hinwegkommen. In solchen Fällen ist – wie im folgenden
Beispiel – meist ein direkter Zugang zu den hinter der Verlust-
problematik stehenden Konflikten möglich:

Ein 70jähriger höherer Staatsbeamter kommt mehrere Jahre nach
dem Tode seiner Gattin mit dem Witwerstatus nicht zurecht. Nach
längerer hausärztlicher Betreuung läßt er sich an einem Wochenende
freiwillig in die psychiatrische Klinik aufnehmen, weil er befürchtet,
aus Verzweiflung Suizid zu begehen. Nach einer kurzdauernden sta-
tionär durchgeführten Infusionstherapie wird er anschließend über
mehrere Monate ambulant behandelt, wobei vorerst die antidepressive Behandlung in Tablettenform fortgesetzt wird. Bei wöchentlich
durchgeführten einstündigen Gesprächen wird deutlich, daß sich
Herr W. auch noch vier Jahre nach dem Tode seiner Gattin verheiratet
fühlt. Er ist zwar eine sexuelle Beziehung, die er wie ein außerehe-
liches Verhältnis im verborgenen führt, zu einer jüngeren Frau eingegangen. Diese hat ihm aber nach kurzer Zeit zu verstehen gegeben,
daß sie nur aus Mitleid bei ihm bleibt, aber in ihrer Beziehung keine
Zukunft sieht.
   Vom Therapeuten immer wieder auf seine Beziehung zu seiner
verstorbenen Frau angesprochen, zeigen sich bei Herrn W. tiefe
Schuldgefühle seiner Gattin gegenüber. Er glaubt, seine verstorbene
Frau, die sich für ihn aufgeopfert habe, im tiefsten unglücklich gemacht zu haben, weil er sich ganz seinem Beruf und seinen Hobbies
gewidmet hatte. Nach ihrem Tode habe er eine große Leere verspürt,
aber nie wirklich traurig sein können. Auf den Verlust angesprochen,
bricht er in der Therapie erstmals in Tränen aus. Einige Wochen spä-

ter nimmt er über ein Inserat Beziehung zu einer ihm altersmäßig
entsprechenden Witwe auf, mit der er zusammenzieht. Zwar fühlt er
sich noch oft traurig, benötigt aber keine antidepressive Behandlung
mehr.

In solchen interpersonal ausgelösten Depressionen können
betroffene Menschen sehr entlastet werden, wenn ihnen der
Verlauf normaler Trauerreaktionen aufgezeigt wird (vgl. Seite
159f). Wenn ein Therapeut genau zwischen wichtigen Grundgefühlen des Patienten und depressiver Erstarrung unterscheiden kann, vermag er dem Hilfesuchenden eine Stütze zu sein
bei der Aufgabe, «Trauer», «Ärger» oder «Angst» auch bewußt zu erleben, ohne daß diese wegen biographisch begrün-
deter Einschätzung als Schwächezeichen unterdrückt werden
müssen (ein depressiver Patient: «Brav sein hat für mich immer geheißen, nicht zu weinen, weil damit meine Eltern fru-
striert worden wären.»).

Der Umgang mit Gefühlen nimmt in der Behandlung Depressiver gerade auch aus integrativer Sicht eine zentrale Stelle
ein. Es nützt nichts, über Gefühle nur zu schwatzen. Auch hilft
es nicht weiter, wenn ein depressiver Mensch aus gewohnter
Gefälligkeit dem Therapeuten gegenüber Gefühle vorzeigen
will. Wenn aber ein Depressiver in der Therapie verspürt, daß
seine Mitteilungen und seine Gefühlslage ein adäquates Echo
erhalten und ungefähr so verstanden werden, wie sie gemeint
sind, wird er darin unterstützt, seine Gefühle und damit sich
selber ernst zu nehmen. Schwer depressive Patienten müssen
allerdings schon erheblich gebessert sein, damit sie überhaupt
zu ichhaften Gefühlswahrnehmungen in der Lage sind.

6.3.4. Voraussetzungen einer Psychotherapie im tiefenpsychologischen Sinne

Zur Klärung der therapeutischen Beziehung gehört vor Aufnahme der eigentlichen psychotherapeutischen Arbeitsphase (Schritt 4 in Tab. 17 auf Seite 209) eine genaue Abmachung zwischen Therapeut und Patient. Nicht jeder depressive Mensch wünscht eine vertiefte Auseinandersetzung mit seiner Persönlichkeitsstruktur. Wird aber einem therapiewilligen depressiven Menschen in der beginnenden psychotherapeutischen Arbeit nicht seine Eigenverantwortung betont, so läuft er aus einem tiefen «symbiotischen» Bedürfnis heraus Gefahr, den Therapeuten nur als Ersatzfigur für einen verlorenen Menschen zu sehen oder eine allfällige gesundheitliche Besserung als Leistung des Therapeuten zu verkennen. «Die Rolle des Therapeuten besteht aber in der Hilfe zur Selbsthilfe.» (Slipp)[6] Dieser Satz eines familientherapeutisch interessierten Psychoanalytikers entspricht einem integrativen Ansatz. Ein Organismus steuert sich über vielfältige Rückkoppelungsprozesse selber. Er kann meines Erachtens nie von außen zu seinem Glück gezwungen werden. Er kann nur von einer günstigen Umgebung, die ihn selber wachsen läßt, profitieren. Aufgabe des Therapeuten ist es, die Wünsche des Patienten ernst zu nehmen. Er darf ihnen jedoch nicht einfach entgegenkommen oder sie willfährig erfüllen, sonst verunmöglicht der Therapeut dem Patienten, das Verlorene als unwiederbringlich anzuerkennen und zu betrauern.

Ein Therapeut, der standhält, muß mit dem Depressiven einmal im Verlaufe einer längeren Therapie ein Stück Leere aushalten, im Ungewissen, ob «die andere Seite des Grabens» auch wirklich erreicht wird. Bei diesem Stillhalten des Therapeuten handelt es sich nicht um neutrale Gleichgültigkeit, son-

dern um den Ausdruck eines Grundvertrauens in die selbstän-
digen Möglichkeiten des Patienten. Der Umgang mit dem
Augenblick der Leere, der bei Depressiven aufscheint, wenn
das Eingebüßte wirklich verlorengegeben wird, ist ein Angel-
punkt der Therapie Depressiver. Er setzt einen Arbeitsvertrag
des Patienten mit dem Therapeuten voraus. Solange der Patient der Meinung ist, daß der behandelnde Arzt oder Psychologe an ihm eine Behandlung so durchführt, wie ein geschä-
digter Apparat repariert wird, wird der Patient die Nähe einer
ungewissen und angsterregenden Leere als Zumutung und
Versagen des Therapeuten empfinden.

Deshalb ist eine Klärung des psychotherapeutischen Vorge-
hens von entscheidender Bedeutung. Es liegt im freien Ermes-
sen des Patienten, ob er nach einer gewissen Aufhellung der
Depression oder bei von Beginn an nur leichterem Depressionszustand eine psychotherapeutische Begleitung annehmen
will, oder ob er sich mit dem Erreichten beziehungsweise mit
der (weiteren) Durchführung einer nur symptomatischen antidepressiven Therapie ohne größere aktive Selbstbeteiligung
zufriedengeben will.

Gerade Patienten mit phasisch verlaufenden Depressionen
(vom sogenannten endogenen Typus) haben häufig erhebliche
Schwierigkeiten, ihre Erkrankung in Zusammenhang mit persönlichen Problemstellungen zu bringen. Einerseits erleben sie
ihre depressiven Schwankungen weitgehend unabhängig von
lebensgeschichtlichen Zusammenhängen, andererseits gehen
sie häufig in sozialen Rollenbezügen so stark auf, daß ihnen
eine persönliche Tragik außerhalb des Krankheitsgeschehens
fremd ist. Diese Menschen mögen auch intuitiv verspüren,
daß eine psychotherapeutische Behandlung sowohl für sie wie
für den Therapeuten, aber auch für ihre Angehörigen schwerwiegende Belastungen mit sich bringen kann. Auch gilt es the-

rapeutisch zu bedenken, daß es schwerstbelastete Lebensschicksale gibt, die ohne ungeheuren Schmerz und eventuell auch ohne Zusammenbruch der Persönlichkeit überhaupt nicht aufgearbeitet werden können. Hierzu bemerkt Ida Cermak: «Es ist unmenschlich, vom Patienten einen Heroismus zu verlangen, den der Arzt sehr oft auch nicht aufbringen würde, und dem Patienten, der nicht oder nicht mehr fragt, wird das mildtätige Schweigen des Arztes am besten gerecht.» [7] Allerdings können sich einzelne biographisch besonders belastete Menschen dennoch zu einem psychotherapeutischen Schritt entschließen, wenn sie spüren, daß der Therapeut vorsichtig, verläßlich und tragfähig ist.

Zur Abschätzung der Belastung einer analytisch deutenden Psychotherapie kann es von Vorteil sein, wenn Patient und Therapeut die psychotherapeutische Zusammenarbeit vorerst auf eine bestimmte Stundenzahl (zum Beispiel zehn bis zwanzig Stunden über drei bis sechs Monate verteilt) begrenzen. Ferner können Ergänzungen zur psychotherapeutischen Behandlung hilfreich sein. Dazu gehört in erster Linie die zeitweise Fortführung einer pharmakologischen Therapie mit antidepressiven Mitteln, ferner eventuell Ausdrucksmalen, Musik- oder Atemtherapie. Phasisch depressiv erkrankte Patienten profitieren von einer ärztlich verordneten Prophylaxe mit Lithium (Mineralstoff, der in einer bestimmten Konzentration stimmungsstabilisierend wirkt) oder Carbamazepin (einem ebenfalls chronobiologisch wirksamen Medikament). Lichttherapie kann sogenannten Winterdepressionen vorbeugen.

War früher die Kombination von medikamentöser und psychotherapeutischer Behandlung unter den verschiedenen medizinischen und therapeutischen Schulen ein beliebter Streitpunkt, so weicht heute die strittige Abgrenzung der verschiedenen Schulmeinungen einer differenzierteren Auseinan-

dersetzung. Das frühere Hauptargument gegen eine Kombination der verschiedenen Verfahren bestand in dem Bedenken,
daß eine pharmakologische Behandlung den Leidensdruck als
Triebfeder für eine Psychotherapie einschränken und damit
motivationsschädigend wirken könnte. Solange die Konzen-
trationsfähigkeit eines depressiven Menschen aber etwas eingeschränkt ist und wesentliche vegetative Symptome sowie
eine Behinderung der Bewegungsfreiheit vorliegen, wird der
Patient von einer medikamentösen Therapie auch für den
psychotherapeutischen Prozeß eher profitieren, als daß er
daran gehindert würde. Eine Lithiumprophylaxe sollte meines
Erachtens nie aus psychotherapeutischer Indikation unterbrochen werden. Hingegen wird es bei einer Kombination von
medikamentöser und psychotherapeutischer Hilfe (vor allem
durch den gleichen Arzt) wichtig sein, die Rolle, die der Patient der medikamentösen Behandlung im Rahmen der
Psychotherapie zuschreibt, genauer zu erfassen.

Hat die verabreichte Pille für den Patienten eine überaus große, magi-
sche Bedeutung, so läuft er Gefahr, den Therapeuten als allmächtig zu
idealisieren und sich in seinem Selbstwertgefühl weiter abzuwerten.
Sachlich kommt der Medikation nur eine den Heilungsprozeß unter-
stützende oder prophylaktische Bedeutung zu. Häufig wird es möglich sein, durch therapeutische Interventionen die verschiedenen Ebenen der biologischen und kommunikativen Einwirkungen zu trennen
und die magisch überbewertete Einschätzung der Medikamente als
Ausgangspunkt zur Klärung der Patienten-Therapeuten-Beziehung
zu nehmen. Eine solche Auseinandersetzung erscheint erwünscht, da
es darum geht, den Depressiven die vielschichtige Wirklichkeit näher-
zubringen und ihnen angesichts der Tendenz zu harmonisierenden
Pseudolösungen eine differenzierende Sicht zu eröffnen, auch wenn
dies über die Ent-täuschung magischer Allmachtsvorstellungen geht.
    Andere Schwierigkeiten der Kombination von Psycho- und Phar-
makotherapie können durch die falsche Annahme des Patienten her-

vorgerufen werden, die medikamentöse Therapie bedeute das Versagen der psychologischen Arbeit, oder durch die ungerechtfertigte Befürchtung, der Patient werde durch die Medikamente in seiner Persönlichkeit verändert oder davon abhängig.

Umgekehrt besteht bei weitem nicht immer die Notwendigkeit, eine pharmakologische Behandlung über die schwersten Krankheitsstadien hinaus zu führen. Es liegt eine Reihe kontrollierter Studien[8] vor, die aufweisen, daß bei leichteren bis mittelschweren Depressionszuständen eine geeignete psychotherapeutische oder «kognitive» Begleitung auch ohne medikamentöse Behandlung zum Ziele führt. Was den Langzeitverlauf betrifft, bestehen auch statistische Hinweise, daß längerfristig die Prognose günstiger ist, wenn Depressive (auch) eine Psychotherapie durchlaufen, als wenn sie allein psychopharmakologisch behandelt werden.

Eine Reihe von alternativen Behandlungsverfahren[9], die in ihrer Wirksamkeit nicht überprüft sind, kann hier nicht besprochen werden. Auf die praktisch bedeutsame Paar- und Familientherapie wird im Kapitel 6.5. (S. 243 f) näher eingegangen werden. Aber auch in jenen Fällen, die «nur» in einer Einzeltherapie behandelt werden, ist immer zu bedenken, daß auch die individuelle Behandlung eines depressiven Menschen über seine Entwicklung und Veränderung einen Einfluß auf die ganze Familie hat. Neuerdings ist Chubb[10] sogar so weit gegangen, die Individualtherapie als die wirksamste Veränderung eines Familiensystems zu preisen. Angesichts der Schwierigkeiten von Angehörigen in der Begegnung mit depressiven Menschen ist jedenfalls eine klärende und stützende Zusammenarbeit des Therapeuten mit den Angehörigen auch dann oft hilfreich, wenn keine eigentliche Familientherapie durchgeführt wird.

6.4. Persönlichkeitsorientierte Verarbeitungshilfen

Die Auswahl der therapeutischen Hilfsmittel ist außer von der Depressionstiefe von der persönlichen Situation des Depressiven abhängig. Gilt es bei ausgeprägter Depression darauf zu achten, die Auswirkungen der depressiven Blockade (Wortkargheit oder Jammern, negative Ausstrahlung etc.) nicht mit der Persönlichkeit des Patienten zu verwechseln, so werden bei geringerer Depressionstiefe die persönlichen Eigenheiten der betroffenen Menschen die Behandlungssituation stärker bestimmen. Für jede Person bedeutet ein depressives Erleben etwas anderes. Ida Cermak[11] unterscheidet aufgrund von Zeugnissen schöpferischer Menschen drei grundsätzlich verschiedene Arten, dem eigenen Leiden zu begegnen. Ihre Einteilung soll hier herangezogen werden, um die Bedeutung der persönlichen Situation für die Therapie zu würdigen.

6.4.1. Der Wunsch nach Ausgrenzung depressiver Not

Für viele Menschen ist die depressive Erkrankung etwas ausschließlich Störendes. Sie möchten das Leiden möglichst vollständig von sich fernhalten und wenn möglich sofort zum Verschwinden bringen. Wie im Teil 2 (auf Seite 60) erwähnt worden ist, wird vor allem die phasische (endogene) Form als persönlichkeitsfremd erlebt und vehement abgelehnt. Diesem Typus entspricht der russische Schriftsteller Maxim Gorki, wenn er schreibt: «Das Leiden ist die Schande der Welt, und man muß es hassen, um es auszurotten.»[12] Mit 23 Jahren hat Gorki einen Selbstmordversuch unternommen, schämt sich aber später dieser «Schwäche» und findet «keine Rechtfertigung für diese Torheit».[13] Gorki verbietet sich seine Schwermut und gesteht sich auch in den schlimmsten Stunden seiner Krankheit niemals Selbstmitleid zu: «Ich bin ein alter Hasser physischer und moralischer Leiden. Die einen wie die andern, subjektiv und objektiv genommen, erregen in mir Empörung, Ekel und sogar Zorn. Das Leiden muß man hassen – nur dadurch vernichtet man es. Es erniedrigt den Menschen, ein großes und tragisches Wesen.»[14]

Diese Einschätzung, die viele phasisch erkrankende depressive Menschen teilen, ruft eher nach einer symptomatischen antidepressiven Behandlung, mitunter auch eingreifender Art, als nach einer schrittweisen psychotherapeutischen Bearbeitung der Problematik. Diese Menschen möchten die depressive Schwere und Lähmung möglichst umgehend beseitigt wissen, um wieder aktiv zu sein. Hinter der Verachtung des Leidens, das Gorki zur Forderung veranlaßt, «den leidenden Menschen ihre Wortlumpen vom Leibe zu reißen»[15], stehen mitunter harte Schicksale, die einen trauernden Umgang als verführerisch-weich und als gefährlich-entwaffnend erscheinen lassen angesichts des als notwendig erlebten Widerstandes.

Andere Betroffene mögen aufgrund ihrer lebensgeschichtlichen Erfahrungen befürchten, als Patient vom Therapeuten so unter Druck gesetzt zu werden, wie sie als Kind von den Eltern autoritär behandelt worden sind. Wieder andere mögen eine Psychotherapie nur unter dem Aspekt der Leistungspflicht sehen, so daß sie eine drohende Überforderung befürchten. In solchen Fällen vermag eine geduldige Begleitung durch äußerlich vehement abgelehnte depressive Erkrankungsphasen hindurch oftmals doch zu psychotherapeutischen Kontrakten führen, die eine biographische Auseinandersetzung ermöglichen. Da eine eigentliche psychotherapeutische Zusammenarbeit immer die erklärte Bereitschaft des Patienten dazu voraussetzt, wird der Zeitpunkt des Beginns auch vom Depressiven mitbestimmt. Gerade «endogen» depressive Menschen sind dazu häufig nicht schon nach der ersten Krankheitsphase in der Lage. Sie benötigen einen «längeren Atem» ihres Therapeuten.

Der Schritt in eine Psychotherapie ist öfters auch aus starker familiärer Abhängigkeit erschwert oder verunmöglicht. Hier könnte die Einbeziehung der ganzen Familie in die therapeutischen Bemühungen womöglich weniger Angst auslösen als eine individuelle Therapie. Auch vermag der familientherapeutische Ansatz die gegenseitige tiefe Verbundenheit zwischen den Familienmitgliedern besser zu berücksichtigen als eine Einzeltherapie.

6.4.2. Das Bedürfnis zur Eingliederung der depressiven Seite

Als zweite Form der Auseinandersetzung mit der Krankheit hat Ida Cermak das Bestreben, sie ins Leben einzugliedern, herausgearbeitet. Sie zitiert den Dichter Christian Morgenstern.

«Jede Krankheit hat ihren besonderen Sinn, denn jede Krankheit ist eine Reinigung, man muß nur herausbekommen, wovon – es gibt darüber sichere Aufschlüsse, aber die Menschen ziehen es vor, über hunderte und tausende fremder Angelegenheiten zu lesen und zu denken, statt über ihre eigenen. Sie wollen die tiefen Hieroglyphen ihrer Krankheit nicht lesen lernen und interessieren sich... noch weit mehr für das Spielzeug des Lebens als für seinen Ernst, als für ihren Ernst.

Hierin liegt die wahre Unheilbarkeit ihrer Krankheiten, im Mangel an und im Widerwillen gegen Erkenntnis, hierin, nicht in Bakterien.»[16]

Nach meiner Erfahrung haben es Depressive, die einen faßbaren, äußeren Verlust erlitten haben, etwas leichter, in ihrer depressiven Reaktionsweise auch einen Sinn zu suchen, als Menschen ohne faßbares Verlusterlebnis mit «nur» schicksalsartig aufgezwungen erlebten psychischen Schmerzen. Erstere befürchten in der Regel keine so tiefschürfende Aufwühlung ihrer Lebensgrundlagen wie letztere.

An dieser Stelle sei deshalb noch etwas vertieft auf die mögliche Bearbeitung depressiver Strukturen sowie auf die Veränderung depressionsfördernder Sozialbedingungen eingegangen, wie sie in Tab. 17 auf Seite 209 das vierte und fünfte Ziel charakterisieren. Es geht dabei darum, hinter der depressiven Reaktionsweise eine spezifische Verletzlichkeit für Verlustsituationen zu erkennen und darauf zu achten, welche fortlaufenden Sicherheitsvorkehrungen im sozialen Leben getroffen werden, um sich vor Berührung dieser verletzlichen Persönlichkeitsseite zu schützen. Im fünften Teil wurde bereits auf verschiedene familiäre Konstellationen hingewiesen, welche die Selbstsicherheit des heranwachsenden Kindes stören und Trauer schwermachen können. Es kann zum Beispiel verboten sein, sich innerhalb der Familie solche Gefühle einzugestehen, oder das eigene Verhalten kann so stark als von anderen Familienmitgliedern abhängig erlebt werden (und umgekehrt), daß sich eine persönliche gefühlsmäßige Abweichung als übermäßige Last für alle anderen auszuwirken scheint («symbiotisches Überlebensmuster»).[17]

Eine psychotherapeutische Zusammenarbeit mit solchen verletzlichen depressiven Menschen setzt meines Erachtens voraus, daß vom Therapeuten zuerst der Schmerz über den aktuellen Verlust einfühlsam nachempfunden wird. Ausgehend vom aktuellen Erleben kann den Gefühlen in früheren Verlustsituationen nachgegangen werden. Häufig führt diese Diskussion zur Darstellung eines schwierigen Verhältnisses mit einem Elternteil – es sei denn, ein «symbiotisches Überlebensmuster» verbiete vorerst eine Erörterung der Herkunftsfamilie.

Als Beispiel sei das Vorgehen an einem Fall etwas ausführlicher erörtert:

Die 25jährige Primarlehrerin Anna M. wird mir von ihrem Hausarzt wegen einer zweiten und jetzt therapieresistenten Depression überwiesen. Der überweisende Arzt hat die Patientin bereits kurz nacheinander mit zwei antidepressiven Mitteln behandelt, vermutet aber selber, eine ungelöste Sexualproblematik liege der Depression zugrunde. Im Erstgespräch begegne ich einer adrett gekleideten, ausgesprochen hübschen und betont höflichen, korrekten Frau von eher jüngerem, fast mädchenhaftem Aussehen. Im Erstinterview erkundige ich mich mit direkten Fragen nach der Problematik und ihrer aktuellen Lebenssituation sowie kurz nach der Familienvorgeschichte. Die Patientin gibt mir in klaren Worten ein Bild ihrer depressiven Verstimmung, die seit etwa drei Monaten andauere. Sie erwache frühmorgens nach zerhacktem Schlaf wie gerädert, finde in der Folge in ihren kreisenden und zermürbenden Gedanken keine Ruhe und könne sich nicht zum Schulgeben aufraffen. Sie sei seit vier Wochen arbeitsunfähig, müsse sich auch zum Essen zwingen und befürchte, ihr Elend nehme kein Ende. Zwar hätte sie wiederholt an den Tod als Erlösung gedacht, doch würden sie diese Ideen nicht häufig plagen. Auch sind keine ausgedachten Suizidpläne vorhanden. Sie könne sich im Gegenteil vereinzelt in Tränen Luft machen und habe in ihrem Freund eine Unterstützung. Allerdings verbringe sie seit zwei Monaten wieder einen Teil des Tages bei ihren Eltern zu Hause, nachdem sie bereits vor drei Jahren eine eigene Wohnung genommen habe.

Ich teile der Patientin am Schluß der ersten Stunde mit, daß sie an einer depressiven Verstimmung leide, diese Depression aber nach aller Erfahrung wieder völlig abklingen werde. Vorerst würde ich die antidepressive Behandlung (mit Amitriptylin) noch verstärken, sie gleichzeitig aber bis zur Aufhellung der Depression in mindestens wöchentlichen Gesprächen begleiten.

In der zweiten Stunde berichtet die Patientin eingehender von ihrer sexuellen Zurückhaltung gegenüber ihrem Freund. Sie fürchtet, entweder ihren Freund infolge mangelnder Erfüllung oder ihre Eltern, sollte sie sich mit ihrem Freund verloben, zu verlieren. Trotz des endogenen Musters ihrer depressiven Symptomatik berichtet die Patientin früh und relativ offen von ihrer persönlichen Konfliktsituation mit drohendem und von ihr in der Phantasie bereits vorweggenommenem Verlust ihres Freundes beziehungsweise ihrer Eltern. Nach drei Wochen hat die Depressionstiefe so weit abgenommen, daß sich – nach vorgängiger Erläuterung – eine psychotherapeutische Absprache im Sinne einer zeitlich begrenzten, vorerst 15stündigen Sitzungsfolge treffen läßt.

Die aktuelle Problematik nimmt in den folgenden Gesprächen Gestalt an. Die Patientin befürchtet, sich und ihre Bedürfnisse in der Beziehung zu ihrem Freund bei Verheiratung bis zur Selbstaufgabe zurücknehmen zu müssen, ähnlich wie sie es von ihrer Mutter in der elterlichen Ehe erlebt hat. Über einen Traum, in dem ihr jüngerer Bruder in ihr Zimmer eindringt und ihren privaten Bereich besetzt (und als Kennzeichen der Eroberung eine Fahne aus dem Fenster hißt), kommt die prägend erlebte Zurücksetzung gegenüber ihrem Bruder durch ihre Eltern zur Sprache: Als Anna M. eingeschult wurde, erlitt ihr zwei Jahre jüngerer Bruder einen gravierenden Unfall, der die Sorge ihrer Eltern über Jahre in Anspruch nahm. Neben dem teilweisen Verlust der mütterlichen Fürsorge wurde Anna M. in der Folge mit der Betreuung und Überwachung ihres Bruders beauftragt. Sie fühlte sich in den späteren Kindheits- und Jugendjahren anhaltend verpflichtet, für ihren Bruder, mitunter aber auch für ihre Sorge tragende Mutter da zu sein, auch wenn sie sich zunehmend über die Unbeschwertheit des gesundenden Bruders und dessen Bevorzugung durch die Eltern ärgerte.

Interessanterweise war der Patientin der Liebesverlust, den sie über längere Zeit durch ihre anderweitig beschäftigten Eltern erfahren hatte, zuerst nicht bewußt. Nach und nach erinnerte sie sich an Szenen, die ihr in der Zeit nach dem Unfall ihres Bruders besondere Schmerzen bereitet hatten, so wenn sich ihre Mutter nicht mehr von ihr verabschieden konnte, wenn sie sich auf den Schulweg machte. Sie erlebte auch ihr kindliches Heimweh wieder, wenn sie in Ferien oder später in Praktika von ihren Eltern getrennt war und dieses Fernsein von ihren Eltern als notwendiger Erziehungsschritt eingeschätzt wurde, obwohl Anna M. damit nicht zurechtkam. Sie vermochte ihre traurigen Erinnerungen um so besser wachzurufen, als diese auch positive Erfahrungen reaktivierten, zum Beispiel der geliebten Großmutter, die sie aus den unglücklichen Ferien zurückholte.

Anna M. realisierte im Verlauf der Therapie erstaunt, daß ihre Depression um so mehr wich, je stärker sie echt traurig sein konnte. Die letzten Sitzungen der nicht zu verlängernden Therapie waren der aktuellen Beziehungssituation gewidmet. Die Patientin erkannte die Gefahr, in ihrem Verhältnis zum Freund alte ambivalente Gefühle zu ihrem Bruder zu wiederholen. Sie bemerkte, daß ihre Verpflichtungsgefühle ihr eine auch sexuelle Offenheit verboten. Sie empfand es als traurig, ihrem Freund vorübergehend eine intensivere Zärtlichkeit zu verwehren, rang sich aber auch nach Abklingen der Depression zu diesem Schritt durch, bis in ihr selbst der Wunsch nach größerer Nähe erwachte. Die sichere Distanz erlaubte es ihr schließlich, zu ihrem Freund zu stehen und ihren Eltern die geplante Verlobung mitzuteilen.

In diesem Fallbeispiel war der biographisch erlebte Verlust relativ leicht aufdeckbar und von der Patientin bewußt nacherlebbar. Viel schwieriger ist es, wie gesagt, für stark familiär eingebundene und einer engen Weltanschauung verpflichtete Menschen, Zugang zu den Schattenseiten ihrer Biographie zu finden. Die geringste Kritik an den früheren häuslichen Verhältnissen kann eine solche Belastung für die Patienten darstellen, daß sie alle Trauer tief in sich begraben. Infolgedessen ist viel Geduld nötig, um den Therapeuten in die Nähe des vergrabenen Schmerzes, der oft auch tatsächlich wie ein verborgener Schatz gehütet wird, zu führen. Oftmals wird eine tief verspürte Ablehnung durch einen Elternteil die Patienten veranlaßt haben, «die Liebe dieses Elternteils zu suchen durch Nachgeben auf die elterlichen Wünsche und Verleugnung des eigenen authentischen Gefühls» (Friedman) [18]. Wenn schmerzhafte biographische Erfahrungen anhaltend verborgengehalten werden, kann dies vom Therapeuten als loyale Reaktion gegenüber diesem Elternteil verstanden und dem Patienten positiv gedeutet werden. Weil sein Selbstwertgefühl auf die Bindung an den dominanten Elternteil (oder dessen Ersatzperson) angewiesen geblieben ist, würde eine direkte Infragestellung dieses Elternteils den Depressiven ebenfalls treffen.

Auch der Therapeut wird für depressive Menschen vorübergehend zu einer «dominanten Bezugsperson» [19]. Da für Depressive jeglicher Liebesverlust zu einem Verlust an Selbstwertgefühl führt, versteht es sich von selbst, daß sie auch vom Therapeuten erwarten, daß er für ihr inneres Gleichgewicht weitestgehend verantwortlich ist. Entsprechend neigen sie dazu, alles, was sie sagen wollen, zu kontrollieren, um die Verhaltensweise des Therapeuten in Richtung größtmöglicher Verständigkeit und Güte zu steuern. Gleichzeitig fürchten sie, daß eine hintergründige Versagungs- und Ausbeutungstendenz ähnlich wie früher bei den Erziehern auch beim Therapeuten durchbrechen könnte. Für die behandelnden Ärzte und Psychologen stellt sich die Aufgabe, sich dieser Versuchungs- und Versagungssituation bewußt zu sein und sich weder strikt abstinent – und damit versagend – zu verhalten, noch sich zu reiner Unterstützung manipulieren zu lassen.

Manche depressiven Menschen bekommen in der Therapie den Eindruck, keinen Zugang zu ihren eigenen Gefühlen zu haben, sondern wie «Als-ob-Persönlichkeiten» zu leben. Je mehr sie aber erkennen, daß dieser Verlust an echten Gefühlen mit ihrer Neigung zu tun hat, auf dem Umweg über andere (mittels Fürsorglichkeit, Sich-verdient-Machen oder Anerkennungssuche) zu leben, und je häufiger sie in der Therapie den Partner als eigenständig erleben, desto eher vermögen sie zunehmend auch die eigenen, vorerst meist traurigen oder ärgerlichen Gefühle anzunehmen.

6.4.3. Die Depression als Lebensweg

Die dritte Weise, mit dem Leiden umzugehen, ist die Annahme der Erkrankung als notwendig und hilfreich. Sie ist unter depressiven Menschen wohl die Ausnahme und stellt bereits einen Übergang zu einem nicht mehr krankheitsorientierten Verständnis des Leidens dar. Ida Cermak nennt Blaise Pascal («La maladie est l'état naturel des Chrétiens»), Heinrich Federer und Reinhold Schneider als Beispiele. Es sind auffälligerweise alles religiöse Menschen. Der letztgenannte deutsche Dichter, anhaltend von Schwermut geplagt, sieht im Leiden, ähnlich wie Pascal, «das Paradox der Botschaft, daß wir in einem gewissen Sinn krank sein müssen, weil ER sonst nicht zu uns kommt; daß wir zugleich krank sind und geheilt werden»[20]. Reinhold Schneider sieht sich als «in düsteren Tagen» Gefangener. Doch empfindet er seine Schwermut als sein Schicksal und seine Möglichkeit: «Die Hoffnung ist das Leiden. Denn wie Kierkegaard sagt, die Wahrheit siegt durch das Leiden.»[21]
      Reinhold Schneider empfindet das Negative und Schwere von «höherem spezifischem Gewicht» als das Helle und Leichte. Nur läßt ihn diese Belastung kaum leben. «Ich habe genug gesehen für mein Billett. Ich bekomme ein schlechtes

Gewissen: So viel habe ich ja gar nicht bezahlt. Auch braucht man das Stück [die Weltgeschichte, D. H.] nicht abzusetzen, ich gehe gerne in der Pause.» [22]

Über die skeptische Annahme Reinhold Schneiders hinaus haben Mystiker im vergangenen Jahrtausend immer wieder versucht, «die dunkle Nacht» auch als Durchgang, als Weg zum «reinen Schauen» zu sehen. «Denn der Weg des Leidens ist weit sicherer als der Weg der Freude.» (Johannes vom Kreuz) [23]

Sie haben die depressive Trockenheit und Bitterkeit als Mittel gesehen, die Welt hinter sich zu lassen und ein Scheingleichgewicht oder eine oberflächliche Harmonie, die Schmerz und Übel ausblendet, in einer Krise zu durchbrechen. Diese Krise gleicht dann «dem Tor der großen Verzweiflung, sie ist das Tor zum neuen Sein, das nicht in einfacher Lebensentwicklung – und schon gar nicht als Reduktion – genommen werden kann. Dunkle Nacht... ist Vernichtung und Neuschöpfung zugleich.» (Ott) [24] Diese spirituelle Sicht entzieht sich einem (natur)wissenschaftlichen Verständnis. Es wäre aber kurzsichtig, sie vorschnell als masochistisch in eine tiefenpsychologische Weltsicht einzuordnen. Ich habe in nüchternen Worten eine Patientin erzählen hören, wie sie in einer als endogen diagnostizierten depressiven Zeit alle Dinge, unbehelligt von Interessen und aktivem Zugreifen, in gleichsam kristallklarer Sicht wahrgenommen habe, nachdem sie es aufgegeben hatte, sich gegen die Entkräftung und Entseelung ihres depressiven Zustandes zu wehren. Ähnliche Momente der Klarsicht werden von vielen depressiven Menschen geschildert, vor allem am Ende einer depressiven Phase, wenn sie spüren, daß sich ihr depressives Verhaftetsein löst und sie «am neuen Tag» eine Art Morgenröte erleben, ohne schon neue Pläne zu schmieden.

Für *einzelne* gläubige Menschen kann die Depression das Wagnis bedeuten, sich einem anscheinend sinnlosen Schicksal im Vertrauen, daß es doch sinnvoll sei, zu überlassen. Diesen Menschen öffnet sich ein anderer Verstehenshorizont, als für die Mehrheit im alltäglichen Lebensvollzug nachvollziehbar ist. Für den deutschen Reformator Martin Luther, der von Erik H. Erikson in einer psychoanalytischen Studie als manisch–depressiv eingeschätzt worden ist[25], gründet die dunkle Nacht auf dem Glauben, der «gelernt hat, auf dem Nichts zu stehen»[26].

In der zentralen Frage des «Wozu» rührt der religiöse Glaube an die integrativ-ökologische Sichtweise. Dabei betont die religiöse Erfahrung einen transzendentalen Sinn (indem sie darin einen Jakobskampf mit dem Engel oder Christi Verlassenheit am Kreuz wiedererkennt), während sich der integrative Ansatz mit einem lebensimmanenten Sinn begnügt. Für die Therapie gläubiger Menschen scheint mir aber entscheidend zu sein, daß solche transzendentalen Glaubenserlebnisse, wie sie Elisabeth Ott[27] in gleichzeitiger Abgrenzung und Gleichsetzung der «dunklen Nacht» mit der Depression beschrieben hat, nicht verhindert werden. Sonst drohen religiöse Menschen sich selbst den Vorwurf zu machen, den die offizielle Kirche im Mittelalter den Melancholikern ganz allgemein gemacht hat, daß sie nämlich in Todsünde lebten. Dieser Vorwurf liegt nahe, weil in einer Depression vorübergehend auch das Gefühl einer religiösen Glaubensbeziehung ausgelöscht wird. Nach einer systematischen Umfrage von Hole[28] bei depressiven Patienten vermissen religiöse Menschen in der Depression gerade auch eine Tröstung durch den Glauben. Ihre Hoffnungs- und Beziehungsunfähigkeit verunmöglicht gemütvolle Glaubenserfahrungen. Nach der Theologin Ingrid Weber-Gast, die selbst eine schwere «endogene» Depression durchmachte, hat für sie der Glaube in den allerschwersten Stunden «überhaupt keine Rolle mehr gespielt. Mein Verstand und mein Wille mochten ihn wohl weiterhin bejahen, aber für mein Herz war er unerreichbar. Er war kein Trost, keine Antwort auf verzweifelnd quälende Fragen, keine Hilfe, wenn ich nicht weiter wußte. Ja, im Gegenteil: Nicht der Glaube trug mich, sondern ich mußte noch den Glauben tragen.»[29]

Das Unglück der Depression enthält die Drohung, den Menschen völlig zu vernichten. «Es bemächtigt sich der Seele und prägt Dir bis ins Innerste einen Stempel auf, der nur ihm allein gehört: Den Stempel der Sklaverei...[30] Das Unglück verhärtet und läßt verzweifeln, weil es der Seele bis auf den Grund, gleich einem glühenden Eisen, jene Verachtung einprägt, jenen Ekel und jenen Abscheu vor sich selbst, jene Empfindung der Schuld und der Befleckung, die logischerweise das Verbrechen hervorrufen müßte und nicht hervorruft.» (Simone Weil)[31]

Es ist deshalb wenig erstaunlich, daß diese Gefährdung in einem spirituellen Weltbild mit der Bedrohung durch Dämonen in Zusammenhang gebracht worden ist. Dennoch hilft diese dämonische Sicht gerade jenen Menschen, die sich nach Simone Weil «am Fuße des Kreuzes, beinahe in größtmöglicher Entfernung von Gott»[32] empfinden, nicht weiter. Im Gegenteil verstößt es sie auch aus jener Gemeinschaft, die ihnen noch Halt gab.

In dieser Situation haben in der Geschichte verzweifelnde Menschen immer wieder in der Passion selbst Halt gesucht. Die großen Kirchenlehrer – von Paulus über Augustinus bis Luther – sind fast alle durch einen seelischen Zusammenbruch hindurchgegangen. (Ich weise darauf hin, ohne ihr Erleben einfach mit einer klinischen Depression gleichsetzen zu wollen.) Sie haben das Unglück als tiefere Wahrheit kennengelernt. Ein ökumenischer Kenner des Schamanentums, Arnold Bittlinger, hat mich im persönlichen Gespräch darauf verwiesen, daß auch die meisten schamanischen Heiler durch einen solchen Zusammenbruch gegangen seien. Johannes vom Kreuz hat bereits im 16. Jahrhundert seine seelsorgerlichen Kollegen eindringlich davor gewarnt, mit den Seelenkräften «nur zu hämmern und zu schlagen»[33] und zu den Menschen, die sich durch die dunkle Nacht bewegen, nur zu sagen: «Fort, laß all diese Dinge, sie sind nur Müßiggang und Zeitverlust, nimm etwas zur Hand, betrachte und erwecke innere Akte; Du mußt selbst tätig sein, alles andere sind nur Träumereien und Torheiten. Solche Menschen kennen die Stufen des Gebets und die Wege des Geistes nicht. Sie kommen nicht zur Einsicht, daß sich die Seele mit jenen Akten, deren Übung sie von ihr verlangen, nicht mehr beschäftigen kann, und daß der Weg des forschenden Nachdenkens, den zu wandeln sie ihr gebieten, schon zurückgelegt ist[34] ... Jene Seelen aber haben (jetzt) dazu keine Fähigkeit mehr und können sich auch dieser Übung nicht mehr hingeben wie ehedem; denn die Zeit ist vorüber und das ist nicht ihr Weg. So werden sie doppelt unruhig und glauben den Weg des Verderbens zu wandeln. Und ihre Führer bestärken sie noch in ihrer Meinung.»[35]

In ähnlicher Weise ist auch von modernen Psychotherapeuten zu erwarten, daß sie kein voreiliges, vom Unglück abgeleitetes Urteil abgeben, sondern Hoffnung machen auf dem Weg, den der Mensch in depressiver Not beschreiten muß. Denn unabhängig von jeglicher transzendentaler Sichtweise ist die Erwartung des Durchbruchs aus depressiver Verzweiflung realistischerweise angebracht. Eine Nachuntersuchung depressiver Menschen[36] hat auch eindrücklich belegt, daß dieses Hoffnung-Geben von den betroffenen Menschen im nachhinein als wichtigste Hilfe während der Depressionszeit beurteilt wird. Inwieweit darüber hinaus ein depressives Erleben von den betroffenen Menschen auch als «dunkle Nacht» in transzendentalem Sinne verstanden werden kann, entzieht sich den Einflußmöglichkeiten der Therapeuten (und wohl auch der Seelsorger).

Man kann das Unglück nach erlebter Aufhellung einfach liegen – gleichsam im übrigen Leben ausgestanzt ruhen – lassen, wie es nach der Untersuchung von Hole[37] auch die meisten dem christlichen Glauben verpflichteten Menschen tun. Oder es kann sich für einzelne ein Weg eröffnen, der ihre Sicht der Dinge von Grund auf relativiert und sie, mit den Worten Kierkegaards, dem Unbedingten dienen lassen: «Alle, die dem Unbedingten gedient haben, sie haben alle zuerst jenen Druck erfahren, der sie gleichsam zerschmetterte, doch ohne sie umzubringen, jenen Druck, der sie dann wieder unendlich erhob, unter welchem Druck aber doch ihr ganzes Leben stand und kraft welchen Druckes ihr Leben das war, was es war.»[38]

6.5.   Resistente Depressionen und ihre Therapie

So viele Stolpersteine den Umgang mit depressiven Menschen auch erschweren mögen und so verschiedenartig die persönlich geprägten Problemstellungen auch sind, so lassen sich dennoch für die (psychotherapeutische) Begleitung von Depressiven einige Grundsätze festlegen. Diese möglichen Regeln sind in Tab. 18 wiedergegeben. Diese Tabelle faßt zusammen, was in den vorausgegangenen Kapiteln bereits unsystematisch zum Ausdruck gebracht worden ist.

Tab. 18:

«Psychotherapeutisches Basisverhalten» im Umgang mit Depressiven

- Beachtung der eigenen Gefühle gegenüber dem Patienten (Leere, Ärger, Mitleid)
- anteilnehmende Beobachtung (Empathie *und* innere Distanz)
- dem Patienten Zeit lassen, sich Zeit nehmen
- strukturierendes Vorgehen («Rahmen setzen»)
- aktiv gezielte Fragen stellen
- beruhigende Versicherung (diagnostische Klarheit)
- realistische Hoffnung geben

Besondere Beachtung verdient der Grundsatz, dem Depressiven realistisch Hoffnung zu machen. Damit ist kein falsches Trost-Geben und keine Beschönigung des Leidens gemeint. Im Gegenteil. Es gehört zur therapeutischen Begleitung zu akzeptieren, daß Resignation und Hoffnungslosigkeit zu depressiven Menschen gehören, ja daß die negative Zukunftssicht sie sogar vor zu hohen eigenen und fremden Erwartungen, die sie überfordern, schützen kann. Selbst der Gedanke an den Tod und die Vorstellung der Selbsttötung bedeuten für Depressive manchmal eine gewisse Entlastung, solange diese Gedanken sie nicht zunehmend und gewaltsam bedrängen. Angesichts der depressiven Verzweiflung muten oberflächliche, dem Alltag entnommene Trostworte (wie: «Es wird schon wieder gut») wie eine Zumutung an und vertiefen den Graben zwischen Patienten und Begleiter.

Wo jedoch depressive Bedrückung und die Lähmung der aktuellen Lebenskräfte von den Therapeuten ernst genommen werden, erhält ihr gleichzeitiges Hoffnung-Geben eine andere Dimension. Spürt der depressive Mensch, daß sein Therapeut die Erkrankung annimmt – und sie ihm allenfalls auch in Worten erklärt, die genau mit seinen Empfindungen übereinstimmen –, so wird er auch für die Mitteilung hellhöriger, daß sein depressiver Zustand wieder abklingen wird. Dabei kann der Therapeut nicht genau sagen, wann dies der Fall sein wird. Eine zeitlich zu optimistische Prognose würde sogar den Erwartungsdruck auf den Patienten weiter ansteigen lassen. Aber er kann ihm vermitteln, daß nach aller Erfahrung Depressionen – insbesondere schwere Depressionen – abheilen.

Nun kontrastiert aber diese Aussagen mit der Existenz sogenannter therapieresistenter oder chronifizierender Depressionen. Zwar ist der Prozentsatz ungünstiger depressiver Verläufe – entsprechend einer unklaren Definition der therapieresistenten Depression – umstritten, doch kommen in einem kleinen Prozentsatz über mehr als ein Jahr anhaltende Depressionen vor, die scheinbar jeder Therapie trotzen.

Man könnte nun durch solche Verläufe dahin gebracht werden, die Hoffnung wenigstens für einzelne, prognostisch wenig günstige depressive Patienten zu verlieren. Es ist aber auch zu bedenken, daß gerade der Verlust an Hoffnung, welcher auch die Therapeuten erfaßt, dazu führt, daß diese Gruppe der therapieresistenten «Depressiven» nicht mehr die gleiche Aufmerksamkeit und nicht mehr die gleiche intensive Behandlung wie akut Kranke bekommen. Sind die behandelnden Ärzte enttäuscht, daß eine Depression nicht wie üblich innerhalb einiger Wochen oder wenigstens weniger Monate gebessert wird, laufen sie Gefahr, die Patienten wegen

ihrer anhaltenden depressiven Unmutsäußerungen abzuleh-
nen, sich von ihnen zurückzuziehen oder sie als gestörte Persön-
lichkeiten zu etikettieren. Infolgedessen ist die therapieresi-
stente Depression nicht nur als Problem der betroffenen Patienten, sondern vor allem als diagnostische und therapeutische
Problematik der behandelnden Experten zu betrachten.

Diese Überlegungen mögen aufzeigen, daß das «Prinzip
Hoffnung» gerade für länger anhaltende Depressionen von
besonderer Bedeutung ist. In der Tat hat es Sinn, depressiven
Menschen, die unter chronifizierten Depressionen leiden,
weiter Hoffnung zu geben. Mindestens drei Gründe sprechen
dafür. Erstens: Nach einer neuen und umfassenden Literaturübersicht[39] sind gerade die als therapieresistent eingeschätzten
depressiven Patienten meistens unterbehandelt, so daß ein
Teil von ihnen auf adäquate Therapien (zum Beispiel mit höher dosierten Antidepressiva) dennoch günstig anspricht.
Zweitens: Bei einem weiteren Teil können körperliche
Krankheiten, die zusätzlich schwächen, vorliegen, oder es
kann ein Mißbrauch von Suchtmitteln festgestellt werden.
Die Behandlung dieser Begleiterkrankungen führt dann vielfach zur Aufhellung der fälschlicherweise therapieresistent
genannten Depression. Hierzu meinen die kanadischen Depressionsforscher Guscott und Grof in ihrer Zusammenstellung der Weltliteratur darüber: «Es ist eine therapeutische
Tragik, daß Depressionen so ungenügend behandelt werden.»[40]

Eine dritte Gruppe «therapieresistenter» Depressiver sieht
sich mit besonders ausgeprägter sozialer Isolation oder familiären Problemen konfrontiert. Hier kann der Aufbau eines
«sozialen Netzes» oder Familientherapie hilfreich sein.

In allen genannten Gruppen chronifizierter Depressionen
sind äußere oder innere Einflüsse feststellbar, die der Selbst-

begrenzung der Depression entgegenwirken, indem ungünstige Reize die depressive Stimmung immer wieder aufs neue nähren. Es gilt deshalb, diesen Einflüssen nachzugehen und sie nach Möglichkeit zu beseitigen oder wenigstens zu verringern. Dabei sind nicht alle Probleme lösbar, so daß für einen therapeutischen Machbarkeitswahn kein Platz ist. Aber es besteht guter Grund, sich von der depressiven Aussichtslosigkeit nicht anstecken zu lassen, sondern als Therapeut Hoffnungsträger zu bleiben.

Im folgenden möchte ich an einzelnen längerfristig verlaufenden Depressionsfällen illustrieren, welche therapeutischen Einflußmöglichkeiten vor allem in paar- und familientherapeutischer Hinsicht in solchen Fällen bestehen. Indem ich mich auf zwischenmenschliche Problemstellungen und ihre therapeutische Beeinflussung konzentriere, kommen andere Möglichkeiten der Einflußnahme zu kurz. Einen Überblick über die Vielfalt solcher Möglichkeiten gibt Tab. 19.

In Teil 3 dieses Buches sind die verschiedenartigen Gegenreaktionen von Partnern Depressiver bereits dargestellt worden (vgl. S. 80 f). Sie können hier auch zum Verständnis unglücklicher Interaktionen bei resistenten Depressionen herangezogen werden. Hilflose Partnerreaktionen auf depressive Problemstellungen mögen dazu beitragen, daß ein betroffener Patient auf seinem Weg aus der Depression angehalten wird. Dabei muß keine (böse) Absicht im Spiele sein. Ähnlich, wie jemand auf einer Schaukel durch ungeschickte, zeitlich falsch plazierte Stöße seines Spielpartners trotz beginnender Bewegung keine Fahrt erhält, kann gutgemeinte Hilfe im Ernstfall der Depression eher zur Hemmung als zur Aktivierung des Depressiven beitragen, wenn der Zeitpunkt der Intervention unglücklich gewählt ist. Oder es kann der Fall eintreten, daß der Patient aus behütender Sorge heraus in

Tab. 19:
Behandlungsmöglichkeiten bei Therapieresistenz

biologisch	Medizinische Behandlung einer körperlichen oder psychiatrischen Begleiterkrankung höhere Dosierung oder andere Wahl eines Antidepressivums Lithiumzugabe zu Antidepressiva Infusionstherapie mit Antidepressiva circadiane Veränderung / Schlafentzug (Elektrokrampfbehandlung)
psychologisch	anderer psychotherapeutischer Ansatz (z. B. kognitive oder interpersonale Psychotherapie, Fokaltherapie)
sozial	Milieuveränderung (z. B. Hospitalisation) Angehörigenarbeit Paar- und Familientherapie

der Familie so «in Watte» gepackt wird, daß keine Bewegung, gleichsam kein Abstoßen möglich ist.

Ein Beispiel geben Familien, in denen ein äußerst starkes Harmonie-Ideal herrscht. Dadurch wird das von Natur aus schon stille depressive Leiden noch zusätzlich gedämpft. Ein dicker Teppich aus wohlwollenden, aber auch erstickenden Gefühlen läßt kein Abstoßen zu. Diese konfliktarmen familiären Milieus sind schwer zu fassen. Sie zeigen wenig Angriffsfläche und weisen doch eine Art «Seelenblindheit» für die depressiven Nöte auf, die sich in ihnen wie auf einem günstigen Nährboden entwickeln.

«Falsche Stöße» können aber auch aus einer lange in der Beziehung vorbestehenden Disharmonie oder aus einer kämpferischen Haßliebe heraus geschehen. Tritt in einer solchen Konstellation eine Depression auf, wird sie leichthin und unreflektiert als ein neues Kampfmittel des Gegners in der ehelichen Auseinandersetzung verstanden, dem es entgegenzutreten gilt. Damit verliert der Partner jedoch weitgehend das Gespür dafür, dem Depressiven im richtigen Augenblick (hochschaukelnd) Unterstützung zu geben. Vielmehr besteht die Gefahr, daß er sich protzig oder plump gegen aufkeimende Bewegungen zur Wehr setzt.

Eine besonders schwierige Situation tritt für die Partner Depressiver dann ein, wenn neben depressiven Erkrankungsphasen auch manische Verstimmungen auftreten. Manien gehen als Gegenteil der Depression mit einem mächtigen Energieschub einher. Wer als Partner einen manischen Patienten miterlebt hat, wie er in der Manie über jegliche Loyalität und Gebundenheit «allmächtig» hinweggeschritten ist, wird diesen Zustand kaum ertragbar finden.

Hat deshalb ein Partner eines jetzt depressiven Patienten schon eine Manie miterlebt, wird er dazu neigen, jeglicher zunehmenden Aktivität des Gatten entgegenzusteuern. Er wird es begreiflicherweise vorziehen, mit einem eher leicht depressiven als mit einem manischen Patienten zusammenzuleben und wird Entwicklungen zu manischen Entgleisungen im Keime zu ersticken suchen. Dadurch wird es ihm aber erschwert, in instinktiver Selbstverständlichkeit auf den Gatten einzugehen und aus einer tiefen Weisheit der Empfindungen heraus sich stimmig mit dem Partner zu bewegen. Durch das Übergewicht der bewußten Kontrolle über den Partner wird eine ausgewogene Feineinstimmung der Gefühle verhindert. Dadurch vermeiden solche Partner lieber das Aufschaukeln aus einem depressiven Zustand heraus, als daß sie die Gefahr einer erneuten Manie auf sich nehmen.

Es gibt eine Reihe von weiteren Voraussetzungen, die es

dem Partner erschweren, mit Fingerspitzengefühl auf depressive Verstimmungen einzugehen. Hierzu gehört auch die Verunsicherung durch frühere Selbsttötungsversuche, die bei neu auftretenden Depressionen das Schlimmste ahnen lassen.

So führte eine Schnittverletzung, die sich eine 60jährige Patientin in suizidaler Absicht am Handgelenk zugefügt hatte, dazu, daß sich ihr Ehepartner auch in späteren Jahren nicht mehr getraute, seine Frau allein zu lassen oder mit ihr Spaziergänge außerhalb des Hauses zu unternehmen. Die Patientin hatte früher schon wiederholt schwere Depressionen durchgemacht, die aber nach wenigen Monaten wieder abheilten. Ihr Gatte hatte sie in früherer Zeit jeweils eher zu früh als zu spät zu aktivieren versucht und aus der Klinik nach Hause genommen. Die an sich nicht lebensgefährliche Selbstverletzung der Frau verängstigte den äußerst stark um die Patientin bemühten Gatten so sehr, daß er sie in der Folge kraß überbehütete. Damit ging eine deutliche Verlängerung der Hospitalisationszeit einher. Die Patientin verharrte verängstigt-depressiv im Spital, bis sie in eine manische Angetriebenheit kam und sich gegen den Willen ihres Mannes weit über das Ziel hinaus verselbständigte.

Ein Suizidversuch muß aber nicht durch den Patienten selbst ausgeübt worden sein, um einen Partner zu verunsichern. Er kann auch in dessen eigener Herkunftsfamilie aufgetreten sein. Wenn ein Elternteil oder ein anderer nahe verbundener Angehöriger des Partners sich selber getötet hat, kann der Schock dieses Geschehens im wahrsten Sinn des Wortes «tief in den Knochen» des Betroffenen sitzen. Die Verarbeitung eines solchen Verlustes ist aus den verschiedensten Gründen auch in unserer sogenannt aufgeklärten Gesellschaft sehr schwer. Neueste Untersuchungen [41] sprechen hier eine deutliche Sprache. Infolge der Reaktivierung der nie ganz verarbeiteten Erschütterung vermag der Partner nicht mehr frei zu reagieren, wenn er mit einer Depression beim Gatten konfrontiert wird.

Die aufgetretene Depression trifft eine eigene Schwachstelle. Im Bestreben, «das Übel» möglichst schnell aus der Welt zu schaffen, richtet er unangemessene Aufforderungen an den Gatten oder leistet übertriebene Hilfe. Beides führt dazu, daß die Selbstheilungstendenz des Depressiven durch ungeschickte Reizung gehemmt werden mag.

Ein Beispiel einer «herabschaukelnden» Paardynamik (downregulation) und ihrer Therapie:

Eine solche Interaktionsweise beobachtete ich in der Paartherapie eines Ehepaares, das seit 15 Jahren verheiratet war und zwei schulpflichtige Töchter hatte. Der Vater des depressiv erkrankten Gatten war mehrere Male in einer Schweizer psychiatrischen Klinik wegen Depressionen behandelt und mit etwa 50 Jahren aus psychischen Gründen invalid geschrieben worden. Als der Patient vor zehn Jahren erstmals, im Anschluß an die Geburt der zweiten Tochter, arbeitsunfähig wurde und in einem ängstlich-erregten Zustand mit vielfältigen psychosomatischen Beschwerden in einem Kantonsspital medizinisch behandelt wurde, hatte dieser Einbruch trotz vorübergehendem Stellenverlust noch keine unmittelbaren Folgen für die Paarbeziehung. Der Patient fing sich wieder, wurde aber nie ganz beschwerdefrei und unterzog sich an einer ihn überfordernden Stelle einem ständigen Leistungsdruck. Nach erneutem Stellen- und Wohnortwechsel geriet der Patient in einen ängstlichen Ausnahmezustand und erstarrte zunehmend in depressiver Antriebslosigkeit mit schweren Schlafstörungen. Die Ehefrau erlebte diese Not des Mannes als äußerste Bedrohung. Sie befürchtete «einen Scherbenhaufen, wie ihn auch sein Vater zurückgelassen hat». Die Problematik, die sie mit ihrem eigenen alkoholabhängigen Vater erlebt hatte, sprach sie nicht aus. Aber sie warf ihrem Mann vor, er sei ein Taugenichts und wünsche nur zu einer Invalidenrente zu kommen. Seine Familie wäre ihm egal. Er würde erwarten, daß sie die Familie aus dem Dreck ziehe und für die Kinder sorge. Diese Sichtweise der Problematik traf nun zwar teilweise auf die Herkunftsfamilie ihres Mannes zu, spiegelte aber weit treffender die Familienkonstellation wider, die sie selbst bei sich zu

Hause erlebt hatte. Ihre verständliche Voreingenommenheit verhin-
derte, daß die Partnerin die tatsächliche depressive Gehemmtheit ihres Mannes erkennen konnte, und führte dazu, daß sie die depressive
Problematik ihres Mannes mit dem Suchtproblem des eigenen Vaters
verwechselte. So empfand sie die depressive Erkrankung ihres Mannes als ein Davonstehlen (allenfalls sogar mit einem Suizid). Daß sie
nicht ganz frei davon war, den Tod ihres Mannes auch als Entlastung
für sich zu sehen, war aus einem Traum zu schließen, den sie bereits
vor dem Wohnortwechsel und der schwereren Erkrankung ihres
Mannes hatte. «Ich träumte, wie mein Mann stirbt. Dabei habe ich
ganz wechselnde Gefühle. Auf der einen Seite bin ich über sein Verhalten enttäuscht, auf der anderen fühle ich mich auch von einer Last
befreit.» Als ihr Mann erkrankt und «sich nicht einmal mehr richtig
rasieren kann», wie die Gattin entsetzt bemerkt, steht sie unter dem
Eindruck, daß ihr Mann dies alles auch absichtlich mache. Sie sieht
den Lebensweg ihres Mannes in der Invalidisierung des Schwiegerva-
ters vorgezeichnet. Dabei prophezeit sie ihm einen Krankheitsver-
lauf, den sie vordergründig aufs schlimmste befürchtet, hintergrün-
dig aber auch aus einer biographisch erlernten Selbstgenügsamkeit
und Selbstbehauptungstendenz heraus als Beweis für ihre Selbstän-
digkeit sieht. In ihrer starken Ambivalenz handelt sie den Stimmungen und Entscheidungen ihres Mannes meist zuwider. Faßt ihr Mann
für einen Augenblick Mut und überlegt sich erste berufliche Wieder-
einstiegsversuche, wertet sie diese als verfrüht ab. Sieht sich ihr Mann
«völlig am Boden und ohne Zukunftsaussichten», versucht sie diese
generelle Hoffnungslosigkeit ebenso zu relativieren.

Meine bisherige Darstellungsweise ist aber insofern einseitig, als
auch der Mann auf Vorschläge seiner Frau eher mit verstärkter Hilflosigkeit reagiert, während er immer dann Hoffnungsschimmer äußert,
wenn seine Frau ihm keine Chance läßt. So ergibt sich ein gegenseiti-
ges «Herunterschaukeln» in der Kommunikation. Es nimmt erst
nach einjähriger Arbeitslosigkeit und Arbeitsunfähigkeit des Patienten in einer kombinierten Pharmako- und Paartherapie ein Ende.
Zeitlich fällt die Aufhellung des Patienten in der Paartherapie mit dem
Auftrag der Therapeuten an das Paar zusammen, sich in gemeinsamer
Absprache zu einigen, welche Aktivitäten sie ohne ihre Kinder auch

in Zukunft gemeinsam pflegen wollen. Hatten sie bis dahin versucht, die Therapeuten je auf ihre Seite zu ziehen, grenzten sie sich nun durch Verweigerung der Aufgabe nach außen ab und fanden in ihrer Negation erstmals wieder eine gemeinsame Linie. Zuvor hatte sich aber unter hochdosierter Antidepressivatherapie die motorische Blockade des Patienten bereits etwas gelockert. Ohne eine solche Aufhellung wäre eine paartherapeutische Intervention auch gar nicht möglich gewesen. Der Patient selber glaubte weder an einen Erfolg der medikamentösen noch der paarorientierten Therapie, sondern schrieb die Heilung in einem späteren Brief «dem Wirken der Zeit» zu. Dieser Auffassung soll hier nicht widersprochen werden, doch könnte «die Zeit» beziehungsweise die Selbstbegrenzung der Depression erst zur Wirkung gekommen sein, als paardynamische Probleme verändert waren.

Die Gefahr von Gegenmanipulationen ist immer dann am größten, wenn sich die Partner Depressiver zum Opfer des Patienten gemacht fühlen. In hilfloser Position ist es außerordentlich schwierig, die feindselige oder abstoßende Ausstrahlung des Patienten als etwas Depressionsspezifisches zu betrachten und sich dadurch nicht angegriffen zu fühlen. Dadurch wächst beim Partner das Bedürfnis, sich selbst zu schützen und den Patienten mittels zwangsartiger Beeinflussungsversuche unter Kontrolle zu bringen. Nimmt diese Reaktionsweise ein überaus großes Maß an, und beschränkt sie sich nicht wie üblich auf eine nötige Selbstabgrenzung, um dem depressiven Sog zu entgehen, droht die Paarbeziehung in einen malignen Zirkel zu geraten. Die Partner können infolge der stetig gesteigerten Depression nicht voneinander lassen. Statt Fürsorge und Anteilnahme herrschen Selbstbehauptung und Kritik der Partner. Es ist naheliegend, daß eine solche Beziehungsweise kaum Gratifikationen, aber sehr viel Frustrationen mit sich bringt. Die Beziehungsweise gleicht einer Sackgasse, aus der kein Entrinnen möglich ist. Ein Gatte hat diese Situation so charakterisiert: «Ich lebe wie ein Witwer, habe aber nur die Nachteile und keine der Vorteile, die dieser Status mit sich bringt.»

Therapiebeispiel einer chronifizierten Depression: In einem Fall einer seit jeher freudlosen Frau, die über fünf Jahre hinweg in eine immer tiefere Depression geriet, schien diese ohnmächtige Konstellation endgültig verfestigt. Die knapp 50jährige Patientin, deren zwei Kinder bis zu ihrer Verselbständigung weitgehend vom Gatten betreut worden waren, hatte eine Odyssee von psychiatrischen Behandlungen bei den verschiedensten Ärzten und Kliniken hinter sich. Während eines vollen Jahres, in dem ich sie in unserer Klinik behandelte, wurde sie auch vom Personal als «Nervensäge» erlebt. Infolge ihrer stereotypen Klagsamkeit suchte man ihr aus dem Weg zu gehen. Sie fühlte sich völlig verdummt. «Ich habe kein Gedächtnis mehr, kann nichts mehr leisten. Durch mein Verschulden ist die ganze Familie ins Verderben gekommen. Meine Kinder sind geächtet. Mein Mann hat sein Vermögen verloren.» Der als Kaufmann beruflich durchaus erfolgreiche Gatte, der sich übrigens auch ein schönes Einfamilienhaus erwirtschaftet hatte, besuchte seine Frau über die ganze Spitalzeit hinweg Tag für Tag. Er tat dies, obwohl er die Klagen seiner Frau kaum aushielt und sie immer wieder vergebens eines Bessern zu versichern suchte. Früherer ärztlicher Rat, eine Pause einzulegen, hatte bei ihm heftige Schuldgefühle ausgelöst. Als ich ihn kennenlernte, erlebte ich ihn als ausgesprochenen Co-Therapeuten. Er hatte sich eine halbe wissenschaftliche Bibliothek an Fachbüchern zugelegt und sprach von seiner Frau als von «meiner Patientin», die diese und jene Symptome habe. So war bei ihm auf der einen Seite eine äußerst objektivierende Distanz zu seiner Frau auffällig, die jedoch auf der andern Seite von größter Anhänglichkeit begleitet war. Er brachte mir einerseits wiederholt Zeitschriftenartikel in die Sprechstunde, die von neuen Behandlungsmöglichkeiten Depressiver berichteten, und schien andererseits überhaupt nicht mehr an eine Besserungsmöglichkeit seiner Frau glauben zu können.

In einem partnerorientierten Ansatz versuchte ich ihn als Experten der Problematik seiner Frau zu akzeptieren, ihn gleichzeitig aber auch in seiner Not anzunehmen. Für den Gatten war das erstere sichtlich leichter als das zweite. Er vermochte seine Verzweiflung nur unter dem Schutz des Therapeutenmantels zu offenbaren (was ja in helfenden Berufen auch vorkommt).

Als Co-Therapeut konnte er von meinem therapeutischen Optimismus leichter angesteckt werden denn als resignierter Partner. Im Gefühl, in seinen verschiedenen Facetten ernst genommen zu werden, legte er ein Stück weit seine Kontrolle ab, die er gegenüber seiner Frau, aber auch gegenüber dem Behandlungsteam an den Tag gelegt hatte. Vorschläge und Interventionen bei mir als behandelndem Arzt gaben ihm auch das Gefühl, das Nötige für seine Frau zu leisten, so daß er vorübergehend seine Besuche einschränken konnte und sich vermehrt seinem seit Jahren vernachlässigten Hobby als Sportfischer widmen konnte. Wie weit dabei eine leichte Verbesserung, die bei seiner Frau unter einer medikamentösen Kombinationsbehandlung (von Antidepressiva und Lithium) zu beobachten war, mitspielte, ist unklar, doch dürfte gerade eine eher günstige Entwicklung zur Verhaltensänderung des Partners beigetragen haben.

Tatsächlich kehrten sich die Verhältnisse in der Folge so um, daß die Frau nicht nur entlassen werden konnte, sondern über die folgenden sechs Jahre bis heute sogar einen bei ihr früher unbekannten temperamentvollen Eindruck hinterließ.

Solche glücklichen Entwicklungen sind natürlich weder im allgemeinen noch im Einzelfall allein auf paartherapeutische Interventionen zurückzuführen. Es gibt aber Anhaltspunkte dafür, daß eine Selbstheilungstendenz wie im vorliegenden Falle zum Zuge kommen kann, wenn sich ein maligner Zirkel löst. Eine solche Lösung wird durch paar- oder familientherapeutische Interventionen wohl eher angestoßen, wenn es den Therapeuten gelingt, die Situation der Angehörigen ebenso zu verstehen wie diejenige der Patienten und – ohne zu vermitteln

– den betroffenen Paaren oder Familien eine «geteilte Aufmerksamkeit» zukommen zu lassen.[42]

Darüber hinaus gilt es immer zu prüfen, inwieweit nicht nur
Paarbeziehungen, sondern auch therapeutische Verhältnisse
spontane Besserungen behindern. Behandlungssysteme sind
nicht dagegen gefeit, selber in depressive Hemmung zu verfallen. Alle Gefahren, die hier für Paare beschrieben worden sind,
lassen sich auch für die Patienten-Therapeuten-Beziehungen
beschreiben. Die Chance einer therapeutischen Beziehung
liegt weniger im Anderssein des Therapeuten als in der geringeren emotionalen Abhängigkeit und in der besonderen
therapeutischen Situation.

6.6.   Zusammenfassung

Wenn die Depression als unwissentlicher, reflexhafter Schutz-
versuch in einer Notsituation verstanden wird, so folgt daraus,
daß in der Therapie die Annahme der Not und die emotionale
Bindung an den betroffenen Menschen Vorrang hat. Die em-
pathische Zuwendung ist nötig, auch wenn der depressive
Patient darauf scheinbar gleichgültig reagiert oder sie gar
ablehnt («fremdelt»). Je schwerer die depressive Erstarrung
ist, desto mehr ist der Kranke darauf angewiesen, daß die
Kontaktaufnahme durch andere erfolgt. Er selbst ist in seiner
Beziehungsfähigkeit stark eingeschränkt. Die nötige Zuwendung gegenüber dem Depressiven erweist sich aber als höchst
anspruchsvoll, weil sie oft über weite Strecken ohne unmittelbare Resonanz bleibt. Sie kann mit helfenden Freunden oder
Verwandten zur Seite (oder mit einem Klinik-Team im Rük-
ken) leichter ohne ärgerliche Gegenreaktionen durchgehalten
werden als allein. In einem schwereren Erkrankungsstadium

bringen antidepressive Medikamente etwa in zwei von drei Fällen eine deutliche Entlastung. Verschreiben von Schlafmitteln bei gestörtem Schlaf, Wärmepackungen und Massagen bei starker Verspannung sowie das Hören von Musik können weiter zur Entlastung beitragen. Die Gefahr der Selbsttötung ist auch dann ernst zu nehmen, wenn sich die größte Erstarrung gelöst hat, Gefühle der Trauer und Verzweiflung wieder schmerzhaft ins Bewußtsein kommen.

Ist die Depression nicht so schwer oder bereits gebessert, so ist dem depressiven Patienten (wieder) ein gewisses emotionales Mitschwingen im Kontakt mit den andern Menschen möglich. In diesem Stadium ist der therapeutische Umgang leichter, bleibt aber durch Zwiespältigkeiten gefährdet. Jetzt wirkt sich eine gestufte Aktivierung mit sinnvollen Beschäftigungen, die dem Patienten das Gefühl geben, gebraucht zu werden, ich-stärkend und antidepressiv aus. Dem Beginn einer eigentlichen Psychotherapie hat eine klare Vereinbarung zwischen Therapeut und Patient vorauszugehen. Eine wesentliche psychotherapeutische Aufgabe ist das geduldige und einfühlsame Eingehen auf die oft unterdrückte Gefühlswelt des depressiven Menschen. Dabei werden von Depressiven verständlicherweise zuerst eher Gefühle der Angst und des Ärgers zum Ausdruck gebracht werden können, bevor auch Trauer über Verpaßtes und Verlorenes erlebt werden kann. Die Annahme eines großen Verlustes oder Mangels bedingt einen «Schritt ins Nichts», der häufig erst im Wissen um eine therapeutische Vertrauensbasis gewagt werden kann.

Bei enger familiärer Verflochtenheit des Depressiven mag dem Betroffenen eine individuelle Psychotherapie als zu gefährlich erscheinen. Hier ist manchmal ein paar- oder familientherapeutischer Ansatz möglich. Aus konstitutionellen Gründen depressionsempfindliche Menschen, die bereits mehrere

depressive Phasen durchgemacht haben, profitieren mehrheitlich von einer medikamentösen Prophylaxe mit Lithium oder
Carbamazepin.

Die verschiedenen Behandlungsmethoden sollten weniger
nach der psychologischen oder psychiatrischen Ausrichtung
der Therapeuten als nach den Bedürfnissen der depressiven Patienten ausgewählt werden. Diese sind vom Krankheitsstadium und den persönlichen Voraussetzungen der Depressiven
abhängig. Eine gestufte Anwendung einzelner ausgewählter
Therapiemethoden erscheint am besten geeignet, einen Menschen aus der Depression herauszubegleiten (vgl. zusammenfassende Tabelle 20). Dabei gilt: weniger ist manchmal mehr,
insbesondere, wenn sich aktives Eingreifen und geduldiges
Zuwarten zeitgerecht miteinander verbinden – letzteres im
Wissen um die Eigengesetzlichkeit des menschlichen Organismus und um seine selbstheilenden Kräfte.

Tab. 20:

Die Auswahl der Therapiemethoden nach dem Schweregrad und dem Verlaufsstadium depressiver Zustände

groß

**Energie-
verlust,
Bedrückung**

schwere
Depression

mittelschwere
Depression

leichte
Depression

gering

gering

groß

Trauerfähigkeit

Biologische Therapien

symptombehandelnd
(z.B. Antidepressiva)

prophylaktisch
(z.B. Lithium)

Aktivierende Therapien

lockernd
(z.B. Musik-, Physiotherapie)

gestaltend
(z.B. Ergotherapie)

Psychotherapien

stützend
(z.B. Gesprächstherapie)

bewußt machend
(z.B. psychodynamische Therapien)

Soziotherapien

beratend
(z.B. Angehörigenarbeit)

interaktiv
(z.B. Paar- u. Familientherapie)

Anmerkungen zu Teil 6

1 Hole 1985.
2 Eine leicht verständliche Einführung in die Pharmakotherapie hat Finzen 1990 verfaßt. Eine aktuelle Übersicht über die pharmakologische Behandlung von Depressiven gibt z. B. Woggon 1987.
3 Leder 1978, S. 5.
4 Wright und Beck 1985, S. 137f.
5 Für diese Problemstellung ist in den USA ein spezifischer Therapieansatz für depressive Patienten entwickelt worden: «Die interpersonale Psychotherapie». Eine englischsprachige Einführung in diese in ihrer Wirkung gut überprüfte Behandlungsweise findet sich bei Klerman et al. 1984.
6 Slipp 1985, S. 286.
7 Cermak 1983, S. 241.
8 Eine aktuelle Übersicht findet sich bei Karasu 1990.
9 Eine gute Einführung in die Transaktionsanalyse, die Gestalttherapie, die Bioenergetik, das neurolinguistische Programmieren und die Psychotherapie Milton H. Ericksons mit depressiven Patienten wird im Sammelband «Depression» von Schulz 1985 von prominenten Vertretern dieser Richtungen gegeben.
10 Zitiert nach Liebermann 1991.
11 Cermak 1983.
12 Zitiert nach Cermak 1983, S. 51.
13 A. a. O., S. 52.
14 Ebd.
15 Ebd.
16 A. a. O., S. 62.
17 Das «symbiotische Überlebensmuster» ist von Slipp 1985 illustrativ dargestellt worden.
18 Friedman 1985, S. 266.
19 Nach Arieti ist die Beziehungsweise depressiver Menschen dadurch charakterisiert, daß sie nach einem «dominant anderen» statt nach einem «signifikant anderen» suchen (vgl. Arieti und Bemporad 1978).
20 Cermak 1983, S. 38.
21 A. a. O., S. 37.

22 A. a. O., S. 38.
23 Ott 1982, S. 48.
24 A. a. O., S. 43.
25 Erikson 1958.
26 Zitiert nach Ott 1982, S. 99.
27 Ott 1982.
28 Hole 1977.
29 Weber–Gast 1989, S. 32 f.
30 Weil 1990, S. 13.
31 A. a. O., S. 16.
32 A. a. O., S. 18.
33 Johannes vom Kreuz 1979, S. 96.
34 A. a. O., S. 96.
35 A. a. O., S. 105.
36 Untersuchung von Laeri 1975.
37 Hole 1977.
38 Zitiert nach Weil 1990, S. 24.
39 Guscott und Grof 1991.
40 A. a. O., S. 702.
41 Übersicht bei Ness und Pfeffer 1990.
42 Vgl. familientherapeutische Überlegungen von Weber et al. 1987.

Zusammenfassung in historischen Bildern

Sehn-Sucht und Depression

Depressive Menschen erwarten sehnsüchtig bessere Zeiten. Dieser Zusammenhang ist trivial. Darüber hinaus aber wird von alters her depressives oder melancholisches Leiden mit unerfüllten Wünschen, deren Befriedigung herbeigesehnt wird, in Beziehung gebracht. Ohne auf die dynamische Spannung zwischen diesen beiden seelischen Zuständen – Sehnsucht und Depression – näher einzugehen, seien drei klassische Schilderungen melancholischer Erkrankungsweisen herangezogen.

In der biblischen Schrift Samuel tritt uns der erste König der Juden, Saul, als verzweifelter Mann gegenüber. Immer häufiger wird er von düsteren Verstimmungen geplagt. Zeitweise findet er Linderung, wenn ihm sein späterer Gegenspieler David auf der Leier vorspielt. Saul wird als zorn- und schwermütiger König gezeichnet, der seine Macht schwinden sieht. Vor allem verletzt ihn, nach dem Sieg Davids über die Feinde Israels, die Herabsetzung des sinnenden Volkes: «Saul hat Tausende geschlagen, David aber Zehntausende.»[1] Er sehnt sich nach der liebenden Anerkennung durch sein Volk und glaubt sich diese hauptsächlich durch seine Leistungen verdient zu haben. Um so tiefer ist er in seinem Selbstwertgefühl gekränkt, als David spielend gelingt, was ihm in aller Anstrengung versagt bleibt. Die Sehnsucht nach Geliebtwerden verwandelt sich in der Versagung in blinde Wut, wenn er den Speer nach David wirft.

In dieser biblischen Geschichte verbindet sich unerfüllte Sehnsucht mit Schwermut am Beispiel des Königs Saul, der sich schließlich in sein Schwert stürzt.

Das zweite Beispiel entstammt griechisch-römischer Zeit. In der Anekdote Plutarchs (um 46 – nach 120 n. Chr.) tritt uns die unerfüllte erotische Sehnsucht als Spielform der Melancholie entgegen. «Es ist die Geschichte von der Liebesleidenschaft, die der junge Prinz Antiochos für seine Stiefmutter Stratonike empfindet. Er fühlt sich schuldig und verzweifelt, verweigert jegliche Nahrungsannahme, täuscht eine geheimnisvolle innere Krankheit vor. So fein er sich aber auch verstellt, der Arzt Erasistratos kommt doch dahinter, daß sein übler Zustand einzig eine Folge seiner Liebesleidenschaft ist.» (Starobinski)[2] Der Arzt läßt verschiedene Personen in das Krankenzimmer des jungen Prinzen kommen und entdeckt an dessen Reaktionen unschwer seine Liebesgefühle. Er setzt den Vater des Prinzen in Kenntnis. Dieser ist bereit, seine Gattin Stratonike und einen Teil seines Königreichs ihm zu geben, um seinen Sohn zu retten.

Ganz anderer Art ist der Zusammenhang zwischen unerfüllter Sehnsucht und Depression im Eremitenleben der frühchristlichen Wüstenmönche. Bei Euagrius Ponticus (346–399), Johannes Cassianus (360–435) und anderen[3] wird eine reine, inhaltslose Sehnsucht beschrieben, welche die Einsiedler zur Mittagszeit befällt. Sie bildet das Grundsymptom der «acedia», die im Mittelalter zum Synonym für den älteren Begriff der Melancholie wurde. Der von Acedia befallene Mönch ist von dem heftigen Wunsch ergriffen, fortzugehen, sein Heil anderswo, außerhalb seiner Zelle, in einer unbestimmbaren

Ferne zu suchen. Er schaut sich eifrig um, ob nicht jemand ihn besuchen will. In seiner sehnsüchtigen Unruhe droht er in einen seelischen Müßiggang, in Apathie zu verfallen oder umgekehrt, eine stürmische Flucht zu ergreifen. Die Acedia, welche die genannten Wüstenmönche mit der «Seuche, die im Mittage verderbet» des 91. Psalms in Verbindung bringen, wird deshalb als so gefährlich erlebt, weil sie die Fähigkeit zur Sammlung und damit zum meditativen Gebet lähmt. Angesichts der alles umgreifenden Sehnsucht empfiehlt Euagrius Ponticus seinen Mönchsbrüdern in erster Linie, standhaft zu bleiben, der Acedia nicht zu weichen, sondern an Ort und Stelle zu bleiben. Dante Alighieri hat tausend Jahre später diese verzweifelt-schwermütigen Menschen, die von der Acedia ergriffen sind, in der «Divina Commedia» (Inferno, 7. Gesang, 115–130) als direkte Nachbarn der Zornwütigen in den Höllenpfuhl gesteckt, aus dem sie sich sehnsüchtig-wimmernd verständlich zu machen suchen, aber nur ein verworrenes Gurgeln zustande bringen.

Die drei historischen Beispiele knüpfen eine enge Beziehung zwischen Depression und Sehnsucht. Auch moderne psychoanalytische Autoren erkennen am Ursprung depressiver Störungen die Sehnsucht. So ist für Sandor Rado[4] «der Schrei nach Liebe», das sehnsüchtige Verlangen nach dem Glanz im Auge der Mutter, kennzeichnend für Depressive. Gaetano Benedetti[5] meint dasselbe, wenn er «von einer Gier nach Akzeptation» bei Depressiven schreibt.

Allzu schmerzliche Verlusterlebnisse

Was aber hat das sehnsüchtige Verlangen ursächlich mit depressiven Störungen zu tun?

Das zentrale Thema der Sehnsucht verweist bei Depressiven auf einen zugrundeliegenden Wunsch, etwas Verlorenes wieder zurückzuerhalten oder etwas bisher Unerfülltes nicht loszulassen. Die Grundthematik der Depression ist das Abschiednehmen-Müssen, ohne daß der eingetretene Verlust oder die Ent-täuschung grundlegender Bedürfnisse schon angenommen werden kann.

Im folgenden möchte ich diese Zusammenhänge an den zitierten Beispielen im Lichte des in diesem Buche vertretenen Ansatzes genauer ausführen. Generell kann zwischen biologischen, psychologischen und sozialen Einflüssen auf eine Depressionsentwicklung unterschieden werden. Eine solche Abgrenzung ist aber insofern künstlich, als die menschliche Wirklichkeit immer alle drei Aspekte umfaßt. Dennoch können Verlustsituationen, die mit einer Depression einhergehen, schwerpunktmäßig in biologischer, psychologischer oder sozialer Hinsicht beschrieben werden. Der Verlust kann sich erstens eher im naturhaften Geschehen auf organisch-biologischer Ebene ereignen. Er erscheint dann in gewisser Hinsicht schicksalhaft bedingt. Zweitens kann ein Mensch in seinen Beziehungen, aber auch beruflich oder in seinen inneren Wertvorstellungen mit einem Verlust konfrontiert werden, mit dem er nicht fertig wird. Drittens kann eine Mangelsituation in den tragenden sozialen Verhältnissen angelegt sein, indem primäre, vertrauensbildende Bindungsnotwendigkeiten durch die familiäre oder die soziale Gemeinschaft nicht gestillt worden sind. Eine solche Verlustsituation an der mitmenschlichen Lebensbasis ist schwerer zu fassen als die beiden vorangehenden und bleibt demzufolge auch dem Betroffenen oft verborgen. Sie beeinträchtigt aber die Vertrauensbildung in grundlegender Weise und kann dazu führen, für Verlusterlebnisse besonders verletzlich zu sein.

Wenn wir uns nun zuerst biologischen Mangelzuständen zuwenden, so kann uns die alte Mönchskrankheit Acedia als Beispiel dienen. Die Gluthitze der Wüste legt sich in den Mittagsstunden schwer auf die Glieder der Eremiten. Das Übel gleicht in vielem den Fieberanfällen einer somatischen Erkrankung mit dem Unterschied, daß es sich täglich wiederholt. Die gleißende Sonne der Wüstenlandschaft lähmt die geistigen Regungen und fördert die Sehnsucht nach einem kühleren Aufenthaltsort. Der Mönch, der auch in der Bruthitze an meditativer Konzentration festhalten möchte und sich gleichsam antizyklisch verhält, läuft Gefahr, aus Enttäuschung über sein Mißlingen alles fahrenzulassen, von der Zelle wegzulaufen oder in Apathie zu versinken. Konsequenterweise wurde die trübsinnige Gemütsschwankung von den Mönchen als tageszeitliche Schwankung erfaßt. Auch wenn sich heute in äquatorfernen Bereichen die zirkuläre Periodik der Gemütsschwere auf die Morgenstunden vorverlegt hat, bekommt das von den Eremiten beobachtete rhythmische Geschehen depressiver Erkrankungen in der modernen biologischen Psychiatrie neue Bedeutung. Zwar sind die Gründe für eine Entrhythmisierung des Lebenslaufes heute ganz anderer Art als vor eintausendfünfhundert Jahren. Die Entkoppelung der individuellen Rhythmen vom Kreislauf der umgebenden Natur wird aber immer genauer als depressiver Störfaktor im organischen Bereich erfaßt.

So konnte neuerdings mittels Ableitung des Hirnstrombildes und biochemischer sowie hormonaler Untersuchungen die Verschiebung der Zeitstruktur des Schlafes (zum Beispiel eine Vorverlagerung des sogenannten «paradoxen Schlafes») bei Depressiven detailliert nachgewiesen werden. Auch die Regelung der Körpertemperatur weist bei einem relativ großen Teil der depressiven Menschen auf eine tageszeitliche Verschiebung hin. Eine Veränderung der Schlaf-Wach-Gewohnheiten, vor allem ein forciertes Wachbleiben in der zweiten Nachthälfte, ist zudem die einzige moderne Behandlungsweise, die zu einem schnellen, allerdings auch vorübergehenden Verschwinden depressiver Symptome innerhalb von Stunden führt. Aber auch antidepressive Medikamente und das prophylaktisch hilfreiche Lithium sind chronobiologisch aktiv.

Heute steht außer Frage, daß Rhythmusstörungen in biologischer Hinsicht eines der markantesten Kennzeichen depressiver Menschen sind. Damit wird die Einbettung depressionsgefährdeter Menschen in eine für sie stimmige Rhythmizität auf längere Sicht besonders wichtig. Daß die Lebensführung für depressive Menschen von Bedeutung ist, war, wie ein Blick in die Melancholiegeschichte zeigt, schon den alten Ärzten bekannt. Nur war die Regulierung des Lebensrhythmus früher wohl auch gesellschaftlich stärker eingebunden. Vom «bete und arbeite!» des großen Klostergründers Benedikt von Nursia (480–550) als tägliche Richtschnur über die Einhaltung der Sabbatgebote an sonntäglichen Feiertagen im Rhythmus der Wochentage bis hin zur Festordnung des Kirchenjahres sind in den letzten zwei Jahrtausenden in Europa immer wieder Versuche unternommen worden, den rhythmischen Wechsel von An- und Entspannung, von Bewegung und Ruhe zu ordnen. Viele zu Depressionen neigende Menschen legen aus einem intuitiven Verständnis für ihre Situation selbst großen Wert auf einen geregelten Lebensrhythmus, mithin auf regelmäßige Schlafenszeiten, feste Arbeits- und Ruhezeiten sowie auf eine speziell sorgfältige Ordnung ihrer Angelegenheiten. Dieser Zug zur ritualhaften Lebensführung wird allerdings dann zum Risiko, wenn das Heilmittel bei falscher Dosierung zum Gift wird und der Betreffende in einem sich verselbständigenden Perfektionismus nicht mehr «im Atem der Natur» schwingen kann.

Persönlicher Verlust

Die psychologisch begründbare Ursache der Depression geht auf ein bewußt wahrgenommenes Verlusterlebnis zurück. So ist die Sehnsucht des liebeskranken Prinzen Antiochos nicht näher zu begründen. In der psychiatrischen Praxis ist der Liebeskummer allerdings selten so triumphal zu heilen wie vom griechischen Arzt Erasistratos in der Anekdote bei Plutarch. Häufig ist die Sehnsucht nicht durch Erfüllung der Wünsche zu kurieren. Bei Verlust eines Partners durch Trennung, Scheidung oder Tod ist der Verlust irreversibel. Dennoch hält die Sehnsucht des Zurückgelassenen nach dem Verlorenen oft lange an. Der Schrecken über den Verlust und die Sehnsucht nach einer tragenden Bindung können häufig so ausgeprägt sein, daß akzeptierende Trauer vorerst unmöglich ist. Wie systematische Untersuchungen an verwitweten Menschen gezeigt haben[6] (vgl. Teil 5), ist vielmehr der vom Verlust Betroffene in der ersten Phase wie betäubt. Darauf folgt meist eine längere Zeit der Suche nach dem Verlorenen. Daß in dieser zweiten Phase der entbehrte Partner nicht ganz aufgegeben wird, zeigt sich unter anderem in der ausgeprägten Tendenz, zufällige Geräusche als Anzeichen für eine Wiederkehr des Vermißten zu deuten oder in fremden Personen den fehlenden Gatten zu sehen. In die Sehnsucht mischt sich aber auch Zorn.

Der Trauernde wechselt in dieser zweiten Phase häufig zwischen zwei Zuständen hin und her. Auf der einen Seite beginnt er zu akzeptieren, daß der Verlust definitiv ist, mit allem Schmerz, der damit einhergeht. Auf der anderen Seite steht der Unglaube, daß alles unwiederbringlich ist, begleitet von dem Verlangen, nach der verlorenen Person zu suchen. Normalerweise wird diese Phase, allerdings oft erst nach einem Jahr, von einer kurzen Zeit der Verzweiflung abgelöst. Hier weicht die Ambivalenz zwischen Glaube und Unglaube der Erkenntnis, daß der Verlust von Dauer und unwiderruflich ist. Kurzfristig entsteht der Eindruck, alles sei verloren. Nach langem Suchen und Prüfen, wie und warum der Verlust geschah, tritt eine Leere ein, die kein Hinterfragen mehr erlaubt. Dieser Moment, der als Absturz so gefürchtet schien, führt aber im günstigen Falle relativ schnell zur Erholung, indem die Trauer nun abgelegt und das Leben neu geplant werden kann.

Wie gerade die Studien an Personen mit Partnerverlusten zeigen, erfolgt die Heilung der Sehnsucht über ein bewußtes Trauern. Tränen sind dabei meist hilfreich. Auf die Akzeptanz der depressiven Leere folgt kein neues Übel, sondern es kehren Ruhe und Ausgeglichenheit ein. Depression und Trauer darf man nicht miteinander verwechseln, obwohl sie beide mit Verlustsituationen zu tun haben: Während die Trauer die Sehnsucht fahrenläßt und den Verlust akzeptiert, verharrt der Depressive in seiner Bindung an das Verlorene. Dies hat bei überwältigenden Verlusten durchaus seinen Sinn. Die Depression blockiert den Menschen, wenn er ohne das Verlorene nicht leben kann. Aber die Heilung, die Zeit braucht, geht in aller Regel durch einen schmerzhaften Trauerprozeß. Als Psychotherapeut gilt es, nicht das Grundgefühl der Trauer zu bekämpfen, sondern im Hinblick auf die neuen

Lebensmöglichkeiten, die hinter dem Einschnitt der Leere aufscheinen, mit dem Leidenden ein Stück Leere auszuhalten.

Sozialer Rollenverlust

Einigen Menschen fällt es aus biographischen und konstitutionellen Gründen besonders schwer, Verlustsituationen anzunehmen. Sie suchen mit Hilfe starker Harmonisierungstendenzen von eingetretenen Frustrationen abzusehen, weil jeder Verlust als eigenes Versagen in der Aufrechterhaltung einer affektiven Beziehung erlebt wird. Dadurch ist ihnen eine Trauerarbeit erschwert. Vielfach haben sie aufgrund ambivalenter Erziehungsverhältnisse ihr Urvertrauen verloren. Sie neigen zur leistungsmäßigen Kompensation einer verlorenen Sicherheit und schützen ihre Bindungspartner, wie früher ihre Erzieher, idealisierend vor jeder Infragestellung. Ihre tiefsitzende Befürchtung, daß ihnen die Zuneigung von Menschen entzogen wird, wenn sie sich nicht ständig um sie verdient machen, läßt sie für Verluste besonders verletzlich werden.

Ein Beispiel eines solchen grundbescheidenen, in seinem Selbstvertrauen aber tief verunsicherten Menschen ist König Saul. Zwar wissen wir kaum etwas von seiner Kindheit. Aber als er nach dem Losentscheid als zukünftiger König gesucht wird, wird er beim Troß gefunden, wo er sich hinter einem Faß versteckt hat. «Von Sauls Bescheidenheit und Güte heißt es in der Überlieferung, sie seien so gewaltig, daß er mit seinem Schicksal nicht mitkommt, denn immer hält er sich für zu gering. Immer sucht er nach einem, der ihm sagt, wie es ist und was er tun soll.» (Weinreb) [7] Nach Weinreb verweist Sauls Schicksal, daß er nämlich am Volk Amalek scheitert, auf eine Haltung des Leisten-Wollens. Der Stamm des Worts «Ama-

lek» bedeutet «Werk, Leistung». Indem Saul den König des
Leistungsprinzips leben läßt, nimmt er den Auftrag Gottes,
aber auch sich selbst nicht an.

Depressive Menschen glauben oft, daß sie so, wie sie sind,
nicht genügen. Ihre große Gefahr ist das Leisten-Müssen. In
der alttestamentlichen Geschichte verliert Saul seine Macht an
David, der alles andere als fehlerlos ist, aber sich als «Gelieb-
ter» (Wortbedeutung von David) empfindet und singen und
spielen kann.

In der Therapie schwer depressiver Menschen geht es nach
medikamentös unterstützter Aufhellung der «winterlichen Erstarrung» in depressiven Phasen darum, einerseits die Patienten vor «sommerlich erhitztem» Leistungszwang zu schützen
und sie anderseits bei wachsender therapeutischer Vertrauensbasis behutsam zur Erfahrung und Annahme früherer Verluste
zu ermuntern. Wieviel Trauer und Wut depressive Menschen
anstelle von hilfloser Ergebung in der Behandlung dann erleben können, ist nicht einfach vom Geschick des Therapeuten
abhängig. Die therapeutische Begegnung stellt keine Leistung
dar, sie ist vielmehr Geschenk. Wo immer aber von früher Depressiven vermehrt echte Gefühle erlebt werden können,
schwindet auch die depressive und wächst die gesunde Seite.
So verweist jede psychiatrisch-psychotherapeutische Behandlung auf die Weisheit der Gefühle als basale Elemente der
Lebensorganisation. Zu diesen Elementen gehört auch die
Neugier, das Sichsehnen. Wo aber die eine Weise – das Sichsehnen nach etwas Entbehrtem – süchtig überhandgenommen
hat, sind die anderen Gefühle wie Trauer, Ärger und vor allem
Freude wieder neu zu stärken. Unsere Gefühle sind nichts Zufälliges und schon gar nichts Schädliches. Es sind gerade depressive Menschen, die uns den Wert des Gemütslebens wieder vor Augen führen.

Anmerkungen zur Zusammenfassung in historischen Bildern

1 1. Samuel 18; 7.
2 Starobinski 1960, S. 26.
3 A. a. O., S. 34 f.
4 Rado 1956.
5 Benedetti 1987.
6 Bowlby 1983.
7 Weinreb 1980, S. 19.

Diese Zusammenfassung habe ich in anderer Form unter dem Titel «Sehnsucht und Depression» am Engadiner Kollegium 1990 vorgetragen.

Verhaltensempfehlungen für Partner von Depressiven

(verändert nach Zöllner)

- Die negativen Empfindungen des Depressiven (z. B. Klagen über Unlust, körperliche Beschwerden, Schlaflosigkeit) nicht bagatellisieren, wegdeuten oder ausreden. Kein platter Trost oder triviale Aufmunterungen. Keine weiteren Aufheiterungsmanöver, wenn erste Versuche nichts fruchten.
- Die momentane Hoffnungslosigkeit des Depressiven als ein Zeichen des depressiven Zustandes nehmen, realistisch Hoffnung auf ein Ende der Depression geben.
- Nicht an den Willen appellieren. Nicht sagen, der Depressive solle sich zusammennehmen; er könne schon, wenn er nur wolle. Ihn hingegen spüren lassen, daß er kein Versager ist, daß er nicht einfach an seiner gegenwärtigen Befindlichkeit schuld hat.
- Nicht an Tugenden wie Glaube oder Verantwortung appellieren.
- Dem schwer Depressiven Entscheidungen abnehmen, wenn sie ihm qualvoll sind. Ruhige, bestimmte, sichere Führung. Allenfalls selber Arztbesuch organisieren und ihn dorthin begleiten.
- Keinesfalls lebenswichtige Entscheidungen während der depressiven Episode treffen lassen, wie z. B. Berufswechsel, Scheidung, Kinder bekommen etc.

- Nur relative Entlastung im Beziehungs- und Berufsbereich (außer bei schweren Depressionen). Keine einschneidende Veränderung der bisherigen Lebensgewohnheiten. Bei deutlich ausgeprägter Depression nicht in die Ferien gehen.
- Einfühlendes Verständnis zeigen, wenn der Depressive Schwierigkeiten hat, etwas zu tun; ihn jedoch darin unterstützen, daß er eigene und realistisch angesetzte Aufgaben durchführt. Den Depressiven auf alles, was ihm gelungen ist, aufmerksam machen – ohne triumphierenden Ton.
- Auf eine regelmäßige, rhythmische Gliederung des Tagesablaufs achten (aufstehen, arbeiten, essen, zu Bett gehen), die auch an Fest- und Feiertagen beibehalten werden sollte.
- Den Depressiven unterstützen, daß er am Morgen nicht regelmäßig im Bett liegenbleibt, sich am Abend nicht zu früh ins Bett zurückzieht und sich während des Tages nicht völlig isoliert.
- Verständnis dafür zeigen, daß sexuelle Gefühle während der Depression schwinden oder verlorengehen.
- Selbständige Körperpflege unterstützen.
- Sich im Umgang mit Depressiven nicht entmutigen lassen, z. B. wenn man spürt, daß der Depressive auf alles nur negativ reagiert und alles abwertet. Beziehung nicht verdünnen oder gar abbrechen, wenn die verbale Verständigung stockt.
- Vorgespielte Fröhlichkeit, Umtriebigkeit, dralle Aktivität im Zusammensein mit dem Depressiven meiden.
- Äußerungen vermeiden, die den Depressiven lächerlich machen könnten, die bei ihm Schuldgefühle wecken oder die ihn bloßstellen. Keine Vorwürfe oder Vorhaltungen. Daran denken, daß er sehr empfindlich und verletzbar ist und leicht heraushört, er sei nichtswürdig und unwert.
- Vorsicht mit Ironie, Sarkasmus und sog. harmlosen Scher-

zen. Der Sinn für Humor geht in der Depression oft verloren.

– Nicht auf das Grübeln über vergangene Ereignisse eingehen. Während einer schweren depressiven Phase nicht nach Anlässen und Gründen für die Verstimmung forschen. Möglichst in der Gegenwart, beim aktuellen Empfinden bleiben.

– Wenn der Depressive weinen kann (was viele Depressive nicht können), fördern, daß er sich ausweint. Die Tendenz, daß er immer Selbstbeherrschung von sich verlangt, nicht unterstützen.

– Bei nicht zu schweren Depressionen evtl. die Atmung anregen (Atemtherapie, Schwimmen, Leibtherapie). Evtl. spezifische Massage, z. B. Nacken, Bauch.

– Kreativen Selbstausdruck (Malen, Musik, Tanz) erst dann und nur dann fördern, wenn der Depressive selbst danach Verlangen hat.

Nachwort und Dank

Ich habe im vorliegenden Buch nach einem integrativen Verständnis der Depression gesucht. Diese Suche ist nicht abgeschlossen. Die «Landschaft der Depression» (so lautete ursprünglich mein Arbeitstitel) bleibt offen für weitere Begehungen. Wenn ich jetzt meinen eigenen Beitrag als Wegführer beende, so bleibt mir rückblickend, Dank zu sagen für alle Hilfe, die ich erfahren habe.

An erster Stelle müssen meine Dankesworte allerdings viel zu knapp bleiben, zuviel wäre sonst zu sagen. Denn: was ich geschrieben habe, wäre ohne die Einbettung in meine Familie und ohne Unterstützung durch meine Frau nicht möglich gewesen. Herzlichen Dank für geduldiges Verständnis und kritische Anregung auch an Clarisse, Anja und Wanja, der auch das Literaturverzeichnis geschrieben hat.

Besonders dankbar bin ich meinen vielen ambulanten und stationären Patientinnen und Patienten. Von ihnen habe ich am meisten gelernt. So hoffe ich, in diesem Buch nichts vertreten zu haben, was nicht mit ihrer Erfahrung übereinstimmt.

Die integrative Sichtweise, die das vorliegende Werk prägt, ist eine Folge meines beruflichen Werdegangs. Dazu haben meine heutigen Kollegen am Burghölzli, Jules Angst und Ambros Uchtenhagen, und mein Vorgänger und Lehrer Klaus Ernst viel beigetragen. Die Vertiefung dieses Ansatzes habe ich aber auch dem Umstand zu verdanken, daß mir von 1984 bis 1991 in Schaffhausen die Gelegenheit gegeben wurde, ein integratives psychiatrisches Versorgungsmodell zu verwirklichen. Die Arbeit an diesem Buch ist mir zusätzlich erleichtert worden, indem mir der Regierungsrat des Kantons Schaffhausen 1990 in verdankenswerter Weise einen zweimonatigen Arbeitsurlaub gewährt hat. Dank einer Einladung von Sylvie und Marc Kohler konnte ich einen Teil dieses Urlaubs unter günstigsten Bedingungen am Mittelmeer zum Schreiben nutzen.

Viele Mitarbeiterinnen und Mitarbeiter (ehemalige aus Schaffhausen, neue aus Zürich) sowie viele Freundinnen und Freunde haben mich in ganz unterschiedlicher Weise unterstützt. Namentlich möchte ich sehr herzlich danken: Beat Erne, Jacqueline Dutli, Magret Gestefeld, Peter und Brigitte Grob, Martha Koukkou Lehmann, Jiri Modestin, Ermano Pavesi, Gerhard Schmidt, Josef Schöpf, Jürg Willi und Peter Zingg. Sie alle haben die Arbeitsentwürfe in unterschiedlichen Stadien gelesen und mir wertvolle Verbesserungsvorschläge gemacht. Doris Schumacher hat die vielen Textversionen geschrieben. Margrit Milz hat sie ergänzt und mir wie Elisabeth und Hans Schweingruber bei der Publikation geholfen.

Schließlich möchte ich dem Rowohlt Verlag für die schöne Drucklegung danken und insbesondere dem Leitenden Sachbuchlektor Hermann Gieselbusch ein besonderes Kränzchen für seine stets sorgfältige und anregende Hilfe winden.

Ein Wort noch zum Titel, welcher erst nach Abschluß des Manuskripts vom Verlag und mir festgelegt wurde. «Welchen Sinn macht Depression?» Manch einer mag darüber stolpern, daß von «Sinn machen» statt in gewohnter Weise von «Sinn haben» die Rede ist. Dieser sprachliche Unterschied ist aber nicht unwesentlich für das Verständnis meines Buches. Die dem Englischen (to make sense) entlehnte neudeutsche Wortprägung «Sinn machen» sucht den Sinn nicht in der Depression selbst, sondern ermöglicht die Frage, unter welchen Umständen Depression Sinn ergeben, herbeiführen oder produzieren – kurz: Sinn machen kann. Damit verschiebt sich die Frage nach dem «Sinn von etwas» hin zur Frage nach dem «Sinn für etwas», nach dem

Zusammenhang, in dem etwas sinnvoll oder verständlich ist. Erst mit diesem kontextuellen oder «ökologischen» Aspekt entspricht die Titelfrage auch der Grundthematik des vorliegenden Buches.

Zürich im Juni 1992   Daniel Hell

Literaturverzeichnis

Angst, J. (1985): Angst und Depression: Symptomatik – Klassifika-
tion – Epidemiologie. In: Hell, D. (Hrsg.), Angstsyndrome und
Depression – aktuelle therapeutische Möglichkeiten. Ciba-Geigy,
Basel

Angst, J. (1987a): Epidemiologie der affektiven Psychosen. In: K. P.
Kisker et al. (Hrsg.), Affektive Psychosen; Psychiatrie der Gegenwart 5. Springer-Verlag, Berlin–Heidelberg–New York

Angst, H. (1987b): Begriff der affektiven Erkrankungen. In: K. P.
Kisker et al. (Hrsg.), Affektive Psychosen; Psychiatrie der Gegenwart 5. Springer-Verlag, Berlin–Heidelberg–New York

Angst, J. (1987c): Verlauf der affektiven Psychosen. In: K. P. Kisker
et al. (Hrsg.), Affektive Psychosen; Psychiatrie der Gegenwart 5.
Springer-Verlag, Berlin–Heidelberg–New York

Angst, J.; Merikangas, K.; Scheidegger, P.; Wicki, W. (1990): Reccur-
rent brief depression: a new subtype of affective disorder. Journal
of Affective Disorders 19, 87–98

Arieti, S.; Bemporad, J. (1978): Severe and mild depression. Basic
Books, New York

Baer, R. (1975): Die sozialpsychiatrische Prognose der zyklothymen
Depression. Georg Thieme Verlag, Stuttgart

Battegay, R. (1991): Depression. 3. Aufl., Verlag Hans Huber, Bern–
Stuttgart–Toronto

Beck, A. T.; Rush, J.; Shaw, B. F.; Emery, G. (1981): Kognitive Therapie der Depression. Urban und Schwarzenberg, München

Benedetti, G. (1975): Psychiatrische Aspekte des Schöpferischen. Verlag für Medizinische Psychologie, Göttingen

Benedetti, G. (1987): Analytische Psychotherapie der affektiven Psychosen. In: K. P. Kisker et al. (Hrsg.), Affektive Psychosen; Psychiatrie der Gegenwart 5. Springer-Verlag, Berlin–Heidelberg–New York

Benedetti, G. (1981): Zur Psychodynamik der Depression. Nervenarzt 52, 621–628

Bergener, M. (1986): Depressionen im Alter. Steinkopff, München

Bibering, E. (1953): The mechanisms of depression. In: P. Greenacre (Ed.), Affective disorders. International Universities Press, New York

Biemel, W. (1964): Jean-Paul Sartre. Rowohlt Taschenbuch Verlag, Reinbek bei Hamburg

Bischof, N. (1985): Das Rätsel Ödipus. R. Piper, München

Bischof, N. (1989): Ordnung und Organisation als heuristische Prinzipien des reduktiven Denkens. In: Meier, H. (Hrsg.), Die Herausforderung der Evolutionsbiologie. 2. Aufl., R. Piper, München

Bohus, M.; *Berger, M.* (1992): Der Beitrag biologisch-psychiatrischer Befunde zum Verständnis depressiver Erkrankungen. Zeitschrift für klinische Psychologie 21 (2), 156–171

Borbély, A. (1987): Das Geheimnis des Schlafs. Deutscher Taschenbuch Verlag, München

Bowlby, J. (1987): Verlust, Trauer und Depression. Fischer Taschenbuch Verlag, Frankfurt am Main

Boyd, J. H.; *Weissman, M. M.* (1981): Epidemiology of affective disorders. Arch. Gen. Psychiatry 38, 1039–1046

Brown, G. W.; *Harris, T.* (1978): Social origins of depression. A study of psychiatric disorder in women. Tavistock, London

Buber, M. (1982): Das Problem des Menschen. 5. Aufl., Verlag Lambert Schneider, Heidelberg

Buck, R. (1984): The communication of emotion. The Guilford Press, New York

Buddha, Reden des (1987). Philipp Reclam, Stuttgart

Cartwright, R. D. (1983): Rapid eye movement sleep characteristics during and after mood–disturbing events. Archives of General Psychiatry 40, 197–201

Cermak, I. (1983): Ich klage nicht. Diogenes Taschenbuch, Wien

Chance, M. R. A. (1976): Social structure of attention, John Wiley and Sons

Ciompi, L. (1982): Affektlogik. Klett–Cotta, Stuttgart

Cohen, M. B.; Baker, G.; Cohen, R. A.; Fromm-Reichmann, F.; Weigert, E. A. (1954): An intensive study of twelve cases of manic depressive psychoses. Psychiatry 17, 103–137

Coyne, J. C. (1976a): Depression and the response of others. J. Abnorm. Psychol. 85, 186–193

Coyne, J. C. (1976b): Towards an international description of depression. Psychiatry 39, 28–40

Dilling, H.; Weyerer, S.; Enders, J. (1978): Patienten mit psychischen Störungen in der Allgemeinpraxis und ihre psychiatrische Behandlungsbedürftigkeit. In: Häfner, H. (Hrsg.), Psychiatrische Epidemiologie. Springer-Verlag, Berlin–Heidelberg–New York

Dörner, K. (1984): Bürger und Irre. Europäische Verlagsanstalt, Frankfurt am Main

Dutka, W. D.; Hartmann, J.; Linden, M.; Hofmann, U. (1978): Der Sozialpartner von Depressiven. Z. klin. Psychol. Psychot. 26, 247–255

Eibl-Eibesfeldt, I. (1989): Liebe und Haß. 14. Aufl., R. Piper, München

Ellgring, H. (1989): Nonverbal Communication in Depression. Cambridge University Press, Cambridge

Emrich, H. M. (1990): Psychiatrische Anthropologie. Verlag J. Pfeiffer, München

Engel, G. L. (1962): Anxiety and depression withdrawal: the primary affects of unpleasure. Int. J. Psychoanal. 43, 82–97

Erikson, E. H. (1975): Der junge Mann Luther. Suhrkamp Taschenbuch Verlag, Frankfurt am Main

Finzen, A. (1990): Medikamentenbehandlung bei psychischen Störungen. 8. Aufl., Psychiatrie-Verlag, Bonn

Fisch, H.-U.; Frey, S.; Hirsbrunner, H.-P. (1983): Analyzing nonverbal behavior in depression. J. Abnorm. Psychol. 92, 307–318

Földényi, L. F. (1988): Melancholie. Matthes & Seitz Verlag, München

Frey, S.; Jorns, U.; Daw, W. (1980): A systematic description and analysis of nonverbal interaction between doctors and patients in a psychiatric interview. In: Corsen, S. A. (ed.), Ethology and Non-verbal Communication in Mental Health. Pergamon Press, New York

Frick, P. (1987): Krankheits- und Eheverlauf bei depressiven Patienten. Diss. Zürich

Friedman, L. J. (1985): Systemorientierte Familientherapie. In: Sulz, S. K. D. (Hrsg.), Verständnis und Therapie der Depression. E. Reinhardt, München–Basel

Gastpar, M. (1979): Diagnose und Therapie depressiver Patienten in der Praxis. Habilitation, Basel

Gebsattel, V. E. v. (1954): Prolegomena einer medizinischen Anthropologie. Springer-Verlag, Berlin–Heidelberg–New York

Goodman, A. (1991): Organic unity theory: The mind-body problem revisited. Am. J. Psychiatry 148, 553–563

Greden, J. F.; Caroll, B. J. (1981): Psychomotor function in affective disorders: An overview of new monitoring techniques. Am. J. Psychiatry 138, 1441–1448

Grossmann, K. E.; August, P.; Fremmer-Bombik, E.; Friedl, A.; Grossmann, K. (1988): Die Bindungstheorie: Modell und entwicklungspsychologische Forschung. In: Keller, H. (Hrsg.), Handbuch der Kleinkindforschung. Springer-Verlag Berlin–Heidelberg–New York

Grossmann, K. E.; Fremmer-Bombik, E.; Friedl, A.; Grossmann, K.; Spangler, G.; Suess, G. (1991): Die Ontogenese emotionaler Integrität und Kohärenz. In: Roth, E. (Hrsg.), Denken und Fühlen. Springer-Verlag, Berlin–Heidelberg–New York

Guscott, R.; Grof, P. (1991): The clinical meaning of refractory depression: A review for the clinician. Am. J. Psychiatry 148, 695–704

Haase, H. J. (1976): Depressionen. Schattauer-Verlag, Stuttgart

Häfner, H. (1978): Der depressive Ehepartner. CIBA-Revue, Basel

Hammen, C. L.; Peters, S. D. (1987): Interpersonal consequences of depression: Responses to men and women enacting an depressed role. J. Abnorm. Psychol. 87, 322–332

Hautzinger, M.; Hoffmann, N.; Linden, M. (1982): Interaktionsanalysen depressiver und nichtdepressiver Patienten und ihre Sozialpartner. Zeitschrift für experimentelle und angewandte Psychologie, Band XXIX, Heft 2, 246–263

Hell, D. (1982): Ehen depressiver und schizophrener Menschen. Springer-Verlag, Berlin–Heidelberg–New York

Hinchliffe, M. K.; Hooper, D.; Roberts, F. J. (1978): The Melancholy Marriage. John Wiley & Sons, Chichester–New York–Brisbane–Toronto

Hokanson, J. E.; Sacco, W. P.; Blumberg, S. L.; Landsum, G. C. (1980): Interpersonal behavior of depressive individuals in a mixed-motive game. J. of abnorm. Psychology 89, 320–332

Hole, G. (1985): Das Behandlungskonzept bei Angst- und Depressionszuständen unter Einschluß der Antidepressivatherapie. In: Hell, D. (Hrsg.), Angstsyndrome und Depression – aktuelle therapeutische Möglichkeiten. Ciba-Geigy, Basel

Holsboer-Trachsler, E. (1989): Depression, Angst und Schlaf. Therapiewoche, Neurologie Psychiatrie Schweiz, Sonderheft 2, 103–111

Horstmann, U. (1985): Der lange Schatten der Melancholie. Verlag die blaue eule, Essen

Izard, C. E. (1964): The effect of role-played emotion on affective reactions, intellectual functioning and evaluative ratings of the actress. J. Clin. Psychol. 20, 444–446

Izard, C. E. (1981): Die Emotionen des Menschen. Beltz Verlag, Weinheim

Jacobson, E. (1977): Depression. Suhrkamp, Frankfurt am Main

Jacobson, E. (1971): Depression: Comperative studies of normal, neurotic and psychotic conditions. International University Press, New York

Johannes vom Kreuz (1979): Lebendige Liebesflamme. 6. Aufl. Verlag Kösel, Kempten

Karasu, T. B. (1990): Toward a clinical model of psychotherapy for depression, II: An integrative and selective treatment approach. Am. J. Psychiatry 147, 268–278

Keith, J.; Brodie, H.; Leff, M. J. (1971): Bipolar Depression: A comparative study of patient characteristics. Am. J. Psychiat. 127, 1986–2091

Kellam, S. G. (1990): Developmental epidemiological framework for family research on depression and aggression. In: Patterson, G. R. (Hrsg.), Depression and aggression in family interaction. Lawrence Erlbaum, Hilldale, New Jersey

Kielholz, P.; Pöldinger, W.; Adams, C. (1981): Die larvierte Depression. Deutscher Ärzte-Verlag, Köln-Lövenich

Klein, M. (1962): Das Seelenleben des Kleinkindes und andere Beiträge zur Psychoanalyse. Ernst Klett, Stuttgart

Klerman, G. L.; Weissman, M. M.; Rounsavill, B. J.; Chevron, E. S. (1984): Interpersonal psychotherapy of depression. Basic Books, New York

Kline, N. S. (1958): Clinical experience with ipronazid (Marsilid). J. clin. exper. psychopath. Quart. Rev. Psychiat. Neurol. 19 (suppl. 2), 72–79

Koukkou, M. (1988): A psychophysiological information-processing model of cognitive dysfunction and cognitive treatment in depression. In: Perris, E. et al. (eds.), Cognitive psychotherapy. Springer-Verlag, Berlin–Heidelberg–New York

Kraepelin, E. (1913): Lehrbuch der Psychiatrie. Das manisch-depressive Irrsein, III. Band. 8. Aufl., Barth, Leipzig

Kraus, A. (1977): Sozialverhalten und Psychose Manisch-Depressiver. Ferdinand Enke Verlag, Stuttgart

Krause, R. (1988): Eine Taxonomie der Affekte und ihre Anwendung auf das Verständnis der «frühen» Störungen. Psychother. med. Psychol. 38, 77–86

Kuhn, R. (1957): Über die Behandlung depressiver Zustände mit einem Iminodibenzylderivat (G 22355). Schw. Medizinische Wochenschrift 35/36, 1135–1140

Kuhs, H.; Tölle, R. (1987): Symptomatik der affektiven Psychosen. In: Kisker, K. P. et al. (Hrsg.), Affektive Psychosen; Psychiatrie der Gegenwart 5. Springer-Verlag, Berlin–Heidelberg–New York

Lader, M.; Lang, R. A.; Wilson, G. D. (1987): Patterns of improvement in depressed inpatients. Maudsley Monographs 30

Laeri, M. (1975): Zur Interaktion zwischen Pflegepersonal und endogen depressiven Patienten. Lizentiatsarbeit Phil. I, Zürich

Langer, G.; Heimann, H. (Hrsg.) (1983): Psychopharmaka – Grundlage – Therapie. Springer-Verlag, Berlin–Heidelberg–New York

Leder, A. (1979): Über den Umgang mit Melancholikern. Unveröffentlichtes Manuskript

Lees, A. J. (1989): Neuropsychologische Störungen beim Morbus Parkinson. Nervenarzt 60, 71–79

Lepenies, W. (1972): Melancholie und Gesellschaft. Suhrkamp Taschenbuch Verlag, Frankfurt am Main

Lewis, H. B. (1987): The role of shame in symptom formation. Lawrence Erlbaum Ass., Hillsdale

Lieberman, S. (1991): Aspects of family therapy. Current opinion in psychiatry 4, 396–400

Lorenz, K. (1965): Über tierisches und menschliches Verhalten. R. Piper, München

Machleit, W.; Gutjahr, L.; Mügge, A. (1989): Grundgefühle. Springer-Verlag, Berlin–Heidelberg–New York

McLean, P. D. (1973): A triune concept of the brain and behavior. University of Toronto Press, Toronto

Meyer, M. (1990): Das dunkle Licht der Melancholie. NZZ 143, 65

Mishler, E. G.; Waxler, N. (1968): Interaction in families. John Wiley and sons, New York

Muhr, C. (1978): Depressionen. Fischer Taschenbuch Verlag, Frankfurt am Main

Murphy, H. B. (1982): Comparative psychiatry. Springer-Verlag, Berlin–Heidelberg–New York

Ness, D. E.; Pfeffer, C. R. (1990): Sequelae of bereavement resulting from suicide. Am. J. Psychiatry 147, 279–285

Nicolis, G.; Prigogine, I. (1989): Wissenschaft in einer Übergangsphase. In: Thüsen, H. B. v. d. (Hrsg.), Denkanstöße '90. R. Piper, München

Nissen, G. (1971): Depressive Syndrome im Kindes- und Jugendalter. Springer-Verlag, Berlin–Heidelberg–New York

Odgen, T. H. (1988): Die projektive Identifikation. Psychoanalyse 4, 1–21

Ott, E. (1982): Die Dunkle Nacht der Seele, Depression? Novalis Verlag, Schaffhausen

Paykel, E. S. (1987): Psychosoziale Faktoren. In: K. P. Kisker et al.

(Hrsg.), Affektive Psychosen; Psychiatrie der Gegenwart 5. Springer-Verlag, Berlin–Heidelberg–New York

Pflug, B. (1987): Rhythmusfragen bei affektiven Psychosen. In: K. P. Kisker et al. (Hrsg.), Affektive Psychosen; Psychiatrie der Gegenwart 5. Springer-Verlag, Berlin–Heidelberg–New York

Price, J. (1988): Alternative chanels for negociating asymmetry in social relationship. In: Chance, M. R. A. Social matrix of the mind. Lawrence Erlbaum, London, 157–196

Prigogine, I.; Stengers, I. (1986): Dialog mit der Natur. 5. Aufl., R. Piper, München

Porsolt, R. D. (1981): Behavioral despair. In: Enna, S. J. et al. (Hrsg.), Antidepressants: Neurochemical, behavioral and clinical perspectives. Raven Press, New York

Rado, S. (1956): The problem of melancholia. In: Rado, S.: Collected papers Vol 1. Gruse and Stratton, New York

Reiter, L. (1990): Die depressive Konstellation. System Familie 3, 130–147

Rilke, R. M. (1959): Werke – Auswahl in zwei Bänden. Erster Band, Insel Verlag

Rorsman, B.; Grasbeck, A.; Hagnall, O.; Lanke, F.; Öhman, R.; Öjesjö, L.; Otterbeck, L. (1990): A prospective study of first incidence depression. The Lundby Study, 1957–1972, Br. J. Psychiat. 156, 336–342

Royant-Parola, S.; Borbély, A.; Tobler, I.; Benoit, O.; Widlocher, D. (1986): Monitoring of longterm motor activity in depressed patients. Br. J. Psychiatry 149, 288–293

Sabelli, H. C.; Carlson-Sabelli, L. (1989): Biological priority and psychological supremacy: A new integrative paradigm derived from process theory. Am. J. Psychiatry 146, 1541–1551

Sandler, J.; Joffe, W. (1965): Towards a basic psychoanalytic model. Int. J. Psychoanal. 50, 79–90

Schwartz, G. E.; Fair, P. L.; Salt, P.; Mandel, M. R.; Klerman, G. L. (1976): Facial expression and imagery in depression: An electromyographic study. Psychosomatic Medicine 38, 337–347

Slipp, S. (1985): Psychoanalyse. In: Sulz, S. K. D. (Hrsg.) Verständnis und Therapie der Depression. E. Reinhardt, München–Basel

Starobinski, J. (1960): Geschichte der Melancholiebehandlung von den Anfängen bis 1900. Acta psychosomatica 4, Basel

Stevens, B. (1968): Marriage and fertility of women suffering from schizophrenia or affective disorders. Oxford University Press, London

Stierlin, H.; Weber, G.; Schmidt, G.; Simon, F. B. (1986): Zur Familiendynamik bei manisch-depressiven und schizoaffektiven Psychosen. In: Familiendynamik, Heft 4, Oktober 1986

Sulz, S. K. D. (Hrsg.) (1985): Verständnis und Therapie der Depression. E. Reinhardt, München–Basel

Tellenbach, H. (1983): Melancholie. 4. Aufl., Springer-Verlag, Berlin

Thase, M. E.; Frank, E.; Kupfer, D. J. (1985): Biological processes in major depression. In: Beckham, E. E., Leber, W. R. (Hrsg.), Handbook of depression. The Dorsey Press, Homewood, Illinois

Tölle, R. (1991): Zur Tagesschwankung der Depressionssymptomatik. Fortschr. Neurol. Psychiatr. 59, 103–116

Vogel, T. (1964): Die verlorene Einfalt. Verlag Stocker-Schmidt, Dietikon

Volkart, R. (1989): Affekt- und Beziehungsregulierung bei Borderline-Persönlichkeitsstörungen und neurotischer Depression. Diss. Zentralstelle der Studentenschaft, Zürich

Weber, G.; Simon, F. B.; Stierlin, H.; Schmidt, G. (1987): Die Therapie der Familien mit manisch-depressivem Verhalten. In: Familiendynamik 2, 139–161

Weber-Gast, I. (1989): Weil du nicht geflohen bist vor meiner Angst. 8. Aufl., Matthias-Grünewald-Verlag, Mainz

Weil, S. (1990): Zeugnis für das Gute. Deutscher Taschenbuch Verlag, München

Weinreb, F. (1980): Selbstvertrauen und Depression. Thauros Verlag, Weiler im Allgäu

Widlöcher, D. (1986): Die Depression. R. Piper, München

Willi, J. (1975): Die Zweierbeziehung. Rowohlt Verlag, Reinbek bei Hamburg

Wirz-Justice, A.; Graw, P.; Kräuchi, K. (1989): Winterdepression und Lichttherapie, Neurologie Psychiatrie Schweiz 2, 122–126

Woggon, B. (1987): Pharmakotherapie affektiver Psychosen. In: K. P.

Kisker et al. (Hrsg.), Affektive Psychosen; Psychiatrie der Gegenwart 5. Springer-Verlag, Berlin–Heidelberg–New York

Wright, J. H.; *Beck, A. T.* (1985): Kognitive Therapie. In: Sulz, S. K. D. (Hrsg.), Verständnis und Therapie der Depression. E. Reinhardt, München–Basel

Wu, J. C.; *Bunney, W. E.* (1990): The biological basis of an antidepressant response to sleep deprivation and relapse: Review and hypothesis. Am. J. Psychiatry 147, 14–21

Wulff, E. (1967): Psychiatrischer Bericht aus Vietnam. Aktuelle Fragen der Psychiatrie und Neurologie, Bd. V / 1. Karger, Basel–New York

Zerbin-Rüdin, E. (1987): Genetik. In: K. P. Kisker et al. (Hrsg.), Affektive Psychosen; Psychiatrie der Gegenwart 5. Springer-Verlag, Berlin–Heidelberg–New York

Zimmer, D. E. (1988): Die Vernunft der Gefühle. 3. Aufl., R. Piper, München

Zöllner, H. (1992): Unveröffentlichtes Merkblatt der Psychiatrischen Universitätsklinik Zürich

Personenregister

Sachregister

Erstellt von Barbara Steinwachs

Wolfgang Schmidbauer
Eine Auswahl

«Du verstehst mich nicht!»
Die Semantik der Geschlechter
304 Seiten. Broschiert

Männer und Frauen verstehen unter «Liebe», einer «guten Beziehung» oder einer «richtigen Trennung» ganz verschiedene Dinge. Der Psychoanalytiker Schmidbauer untersucht die geschlechtsspezifischen Sprachen, um die Verständigungsprobleme von Paaren besser verständlich werden zu lassen.

Liebeserklärung an die Psychoanalyse
rororo sachbuch 8839

«Das Buch sollte Pflichtlektüre für alle Psychologen sein. So klar, sachlich richtig und angenehm werden sie sonst nirgendwo in die Grundzüge psychoanalytischen Denkens eingeführt.
Hier wirkt persönliches Engagement nicht als ideologische Verbohrtheit, sondern als sehr sympathisch wirkende Offenheit, wobei man teilnehmen kann am intellektuellen und emotionalen Prozeß, mittels dessen sich Schmidbauer die Psychoanalyse angeeignet hat.»
Eva Jaeggi, Psychologie heute

Die subjektive Krankheit
Kritik der Psychosomatik
304 Seiten. Broschiert

Die hilflosen Helfer
Über die seelische Problematik der helfenden Berufe
256 Seiten. Broschiert

Alles oder nichts
Über die Destruktivität von Idealen
rororo sachbuch 8393

Helfen als Beruf
Die Ware Nächstenliebe
256 Seiten. Broschiert und als rororo sachbuch 9157

Rowohlt Verlag